LA CIUDAD DE CRISTAL

LA CIUDAD DE CRISTAL

Urbanismo migrante en Sevilla, Lisboa y Buenos Aires

FRANCISCO J. CUBEROS GALLARDO

CONSEJO SUPERIOR DE INVESTIGACIONES CIENTÍFICAS
Madrid, 2025

Como citar: *La ciudad de cristal: urbanismo migrante en Sevilla, Lisboa y Buenos Aires* / Francisco J. Cuberos Gallardo. Madrid: CSIC, 2025.

Catálogo de publicaciones de la Administración General del Estado: https://cpage.mpr.gob.es

EDITORIAL CSIC: *http://editorial.csic.es* (correo: *editorialcsic@csic.es*)

© CSIC, 2025
© Francisco J. Cuberos Gallardo
© Imagen de cubierta: danzas caboverdianas durante la procesión del Kola San Jon en el barrio Cova da Moura (área metropolitana de Lisboa). Junio de 2014 (fotografía del autor).

ISBN: 978-84-00-11416-9
e-ISBN: 978-84-00-11417-6
NIPO: 155-25-064-2
e-NIPO: 155-25-065-8
Depósito legal: M-10959-2025

Coordinación editorial: Enrique Barba (Editorial CSIC)
Corrección: María José Pérez
Maquetación: Doce Calles S.L.
Impresión y encuadernación: Gráficas Muriel, S.A.
Impreso en España. *Printed in Spain*

En esta edición se ha utilizado papel ecológico sometido a un proceso de blanqueado ECF, cuya fibra procede de bosques gestionados de forma sostenible.

Índice

Prefacio

Este libro propone una discusión amplia y multidimensional sobre la relación que los migrantes sostienen con las ciudades que habitan. He decidido pensar esa relación tomando como eje el espacio físico: las plazas y las esquinas, las casas y las iglesias, las aceras y calzadas, los rótulos de las calles y las tuberías de saneamiento... En definitiva, toda esa parte de la ciudad que, de tan presente, ha llegado a pasarnos inadvertida en nuestras experiencias cotidianas. Y es que, generalmente, nuestra percepción del espacio tiende a concentrarse en aquellos elementos que, por su singularidad o su novedad, resultan contrastivos con el entorno; mientras que solemos pasar por alto que todas las cosas aparecieron en algún momento por vez primera, y que hasta los más elementales componentes de los paisajes que habitamos tuvieron un nacimiento y contribuyeron, desde entonces, a condicionar todo lo acontecido a su alrededor.

La imagen de la ciudad de cristal me pareció sugerente para ilustrar esta idea, justamente por el contraste entre la sencilla transparencia que asociamos a este material en la imaginación popular y su condición de proceso solidificado. Los vidrios que cierran nuestras ventanas, que separan nuestras oficinas y delimitan nuestras paradas de autobús escapan con frecuencia a nuestra percepción, para revelar su presencia con el tenue reflejo de nuestra propia figura o con el dolor repentino de un choque imprevisto. Solo entonces reparamos en la influencia decisiva de una materialidad que, por lo demás, rara vez se emplaza en nuestras vidas sin un trabajo previo y riguroso para dotarla de la forma, la medida, el grosor y la textura convenientes a un objetivo predefinido. Todo ese proceso de producción del cristal, que obedece siempre a unos objetivos, a unos criterios, a unos valores y, en definitiva, a un modo de entender las cosas —una cultura—, queda plasmado en la solidez de un producto que, a partir de su primera creación, tenderá a confundirse en el paisaje hasta que una nueva presencia lo dote de nuevos usos o nuevos significados, tal vez moviéndolo, decorándolo o rompiéndolo en pedazos.

La propuesta de este libro es acercarnos al espacio urbano como si todo él fuera de cristal o, mejor dicho, asumiendo con Castells (1996) que ese espacio es *tiempo cristalizado*, y reconstruyendo lo acontecido en ese tiempo para entender mejor las formas espaciales que hoy habitamos. Concretamente, me he propuesto discutir el papel jugado en ese proceso por las personas migrantes. En parte, sin duda, porque las poblaciones migrantes han sido el centro de mis estudios desde que comencé a hacer investigación antropológica, allá por el año 2005. Y en parte porque, lamentablemente, nuestra sociedad sigue albergando sectores hostiles hacia estas personas, y sigue siendo necesario desmontar los prejuicios que construyen al migrante como una exterioridad amenazante.

En este sentido, tomar conciencia de la presencia cristalizada de la inmigración en el paisaje físico de nuestras ciudades es interesante por muchos motivos. En primer lugar, porque permite desafiar la separación artificial —y hasta retorcida— que el racismo y la xenofobia establecen entre el migrante y su ciudad, al presentar a este como un *otro* que se inscribe a posteriori en un paisaje ya acabado. En segundo lugar, porque reconocer la incidencia del migrante en los espacios que han enmarcado y moldeado nuestras vidas nos invita a preguntarnos cuánto de esa *otredad* se ha filtrado en nuestras experiencias hasta cristalizar como parte de lo que nosotros mismos hemos terminado siendo. Y en tercero, porque entender los procesos que han cristalizado en nuestro entorno material nos permite pensar juntos formas de reorientarlos, cambiarlos o reinventarlos para crear ciudades más cómodas, más amables, más humanas.

El material necesario para la escritura de este libro ha sido producido a lo largo de más de quince años y ha ido nutriéndose de diferentes proyectos de investigación científica. En último término, el origen de mi interés por la espacialidad de la inmigración y la producción de espacios urbanos por parte de los migrantes se remonta, probablemente, a un lejano 2005, cuando mi primer contacto con la inmigración latinoamericana en Sevilla se tradujo, antes que nada, en mi descubrimiento de toda una Sevilla *otra*, compuesta por lugares, redes y trayectos insospechados para mí hasta ese momento. La Sevilla latina, triste y exuberante, me atrapó probablemente el mismo día en que acompañé a mi profesora Emma Martín a unas canchas semiabandonadas del extrarradio donde unos indígenas que no me parecieron indígenas bebían celebrando algo que llamaban Inti Raymi. Fue pocas semanas después de abandonar mi empleo como periodista taurino, tras aceptar la invitación de Emma para incorporarme al proyecto «El papel de las mujeres inmigrantes en el desarrollo de sus localidades de origen: el caso de las marroquíes y las ecuatorianas» (Ministerio de Trabajo y Asuntos Sociales 156/04). Mi interés por la dimensión espacial de la inmigración latinoamericana no dejó de acentuarse durante el desarrollo de mi tesis doctoral. Esta pudo llevarse a término gracias a la feliz obtención de una beca de Formación de Profesorado Universitario y tuvo por objeto, en un principio, las asociaciones de inmigrantes latinoamericanos. Muy pronto el trabajo de campo, ese bálsamo emocional e intelectual, me fue demostrando que más allá —y a través— de las asociaciones formalmente establecidas había todo un mundo de relaciones que se solapaban, se complejizaban y hasta se contradecían en su tránsito por canchas, iglesias, locutorios y discotecas. La tesis terminó siendo un intento de problematizar las estrategias asociativas de los inmigrantes tomando como referencia la variabilidad de sus concreciones geográficas en la ciudad.

Posteriormente, la obtención de una beca postdoctoral de la Fundação para a Ciência e a Tecnologia (FCT) me ofreció una triple oportunidad: la primera, continuar ganándome la vida con la actividad que me hacía feliz; la segunda, vivir en Lisboa; y la tercera, prolongar mis estudios sobre poblaciones migrantes en otro contexto. Esta vez decidí centrarme en la experiencia de los inmigrantes caboverdianos en la periferia de Lisboa, asumiendo un enfoque claramente encuadrado ya en el análisis socioespacial. La Cova da Moura me ofrecía un interesante contraste con la experiencia que había observado entre los latinoamericanos del distrito Macarena de Sevilla. Frente a la incorporación a la ciudad de estos últimos, que había sido reciente y dispersa en un espacio urbano hiperconstruido, la Cova da Moura reflejaba una trayectoria larga, y una comunidad de inmigrantes que había habitado su espacio con un considerable margen de exclusividad y autonomía.

Fue en el marco de esta investigación cuando, en el año 2016, la necesidad de renovar mi beca me estimuló a presentar un proyecto de investigación comparativo que incorporaba nuevos casos de estudio en dos ciudades latinoamericanas: Buenos Aires (Argentina) y Florianópolis (Brasil). La elección de estos emplazamientos respondía al muy pragmático motivo de que mi incorporación al proyecto europeo «Multilevel governance of cultural diversity in a comparative perspective: EU-Latin America (GOVDIV) (PIRSES-GA-2013-61617/FP7-PEOPLE-IRSES)» me brindaba la posibilidad de hacer estancias de investigación en estos lugares. Si bien en Florianópolis apenas practiqué una breve incursión en la favela de Contestado —en compañía de mi colega Francisco Canella—, la realización de dos estancias en Buenos Aires me permitió hacer un trabajo de campo serio y sistemático, que es la base del estudio de caso sobre el barrio del Abasto que integra el presente trabajo. Finalmente, el proyecto de investigación «La política del espacio de la fuerza laboral en la industria logística (SPATIALPOLITICS) (PID2021-122890OB-I00)», coordinado por el profesor Beltrán Roca y por mí mismo, ha sido importante para profundizar en el debate sobre la producción social del espacio urbano y el papel que las poblaciones migrantes juegan hoy en este proceso.

El contenido y la estructura de este libro responden, por tanto, a una antigua cuenta pendiente por sistematizar lo aprendido en una trayectoria larga que me ha permitido explorar varias ciudades, distintos problemas de investigación y múltiples enfoques teóricos y metodológicos. He optado por ordenar esta diversidad mediante capítulos temáticos, a partir de pequeñas introducciones teóricas seguidas de descripciones de lo aprendido en cada uno de los tres estudios de caso que he desarrollado a lo largo de mi trayectoria: el de los migrantes latinoamericanos en el distrito Macarena (Sevilla), el de los caboverdianos en la Cova da Moura (Amadora, Distrito de Lisboa) y el de los peruanos en el barrio del Abasto (Buenos Aires).

Por lo demás, también este libro debe ser leído como la cristalización de un tiempo en el que tuve el placer de transitar por diversas instituciones, diversas situaciones laborales y diversas relaciones profesionales. La Universidad de Sevilla me dio la oportunidad de formarme en el campo de la Antropología y de iniciarme en el estudio de las migraciones, de la mano de mi maestra Emma Martín. Posteriormente la propia Emma y mi otro maestro, Isidoro Moreno, me guiaron y me apoyaron en el desarrollo de mi tesis. En esta etapa y en esta universidad se forjaron también otras fecundas relaciones. Cabe destacar la que me ha unido hasta hoy a mi colega Simone Castellani. Fuera de mi universidad materna tuve ocasión de alojarme temporalmente en la Facultad Latinoamericana de Ciencias Sociales (FLACSO-Sede Ecuador), en El Colegio de la Frontera Norte (El Colef, México), en el Center for Comparative Immigration Studies (UCSD, Estados Unidos de América) y en el Centro de Investigação e Estudos de Sociologia (ISCTE-IUL, Portugal). En cada uno de estos lugares encontré a magníficos investigadores y bellas personas que contribuyeron valiosamente, cada uno a su manera, a que este libro salga ahora a la luz. Recuerdo con especial cariño a Susy Rojas y a Gioconda Herrera en Quito, a Kristofer Patrón en Tijuana, a Carmen Fernández Villanueva en San Diego y a Beatriz Padilla en Lisboa. Precisamente, Beatriz Padilla fue quien me apoyó en la obtención de la beca postdoctoral que me permitió trabajar bajo su dirección entre 2013 y 2019 en el seno del CIES-IUL, en Lisboa. Una etapa maravillosa que trae a mi mente amistades tan preciadas, en lo personal y en lo académico, como Sofia Sampaio y Erika Massanet en Lisboa; Susana Sassone, Brenda Matossian y Cecilia Melella en Buenos Aires; y Glaucia Assis y Francisco Canella en Florianópolis. La consecución de un contrato postdoctoral en la Universidad de Sevilla me permitió volver a Andalucía en el año 2019, y gracias a ello reforzar los intensos vínculos profesionales y de amistad que me unen a Anastasia Bermúdez, Marta Rodríguez, Juan Pablo Aris, Beltrán Roca e Ibán Díaz. Fuera de Andalucía, he tenido la oportunidad reciente de entablar contacto con valiosas colegas como Yolanda Aixelà en Barcelona, Asunción Merino y Yoan Molinero en Madrid y Carolina Sánchez en Ciudad de México. Todos ellos han contribuido a este libro con sus comentarios, con sus consejos, con sus críticas y con su apoyo.

Y entretanto, el tiempo transcurrido también estuvo lleno de experiencias personales decisivas. El trabajo de campo se encabalgó con las amistades y la militancia política, los encuentros y los desencuentros, los amores y las despedidas. La antropología se entretejió con mi vida creando un variado pespunte junto con un montón de viajes, un montón de risas, la paternidad por partida doble, un matrimonio, un ictus, un divorcio y un montón de cosas más. Todas y cada una de estas experiencias sumaron algo a mi vida y constituyen hoy el núcleo de su arquitectura. Este libro está dedicado a las personas que me han acompañado durante todo este camino o durante una parte de él. A todas las personas, inmigrantes o no, que compartieron conmigo su tiempo, sus ideas y sus experiencias durante mi trabajo de campo en Sevilla, Lisboa y Buenos Aires: a Diana, Olguer, Jairo, Walter, Verónica, Eva, Jill, Mercedes, Lieve, Bia, Emilia, Niche, Deolinda, Luis, Ana, Rosa, Yesenia y muchos más. A mis padres, Paco y Marta; a mis hermanos, Marta, Manuel y Luna; a mis amigos, que por suerte son más de los que puedo nombrar aquí; a mis compañeros en la lucha por un mundo más justo; a Begoña, que me acompañó durante un tiempo muy largo y muy hermoso; a Carmela, que me acompaña con su amor, su valentía y su inteligencia. Y por supuesto a mis hijas, Lupe y Miren, que son el centro geográfico de mi vida y la cristalización de todas mis esperanzas.

Este libro articula, desde una perspectiva comparada, los resultados alcanzados en los proyectos de investigación mencionados. Muchos de estos resultados fueron difundidos en formas preliminares o en análisis independientes en diversos artículos científicos. Conste aquí mi agradecimiento a las siguientes revistas: *International Journal of Urban and Regional Research; International Migration; Journal of Urban History; Scripta Nova: Revista Electrónica de Geografía y Ciencias Sociales; EURE: Revista Latinoamericana de Estudios Urbano Regionales; Ethnic and Racial Studies; AIBR: Revista de Antropología Iberoamericana; Cultural Studies; Latin American and Caribbean Ethnic Studies; Bitácora Urbano Territorial; Revista de Antropología Social; OBETS: Revista de Ciencias Sociales; Horizontes Antropológicos; Sociologia. Problemas e práticas; Revista Andaluza de Antropología; CONTEXTO: Revista de la Facultad de Arquitectura de la Universidad Autónoma de Nuevo León; Imagonautas: Revista Interdisciplinaria sobre Imaginarios Sociales; Perifèria: Revista de recerca i formación en antropología; Párrafos Geográficos; GeocritiQ; Revista de Ciencias Sociales UNAP* y *Revista Interdisciplinar da Mobilidade Humana.*

Los distintos capítulos del libro abordan de manera ordenada una pluralidad de problemas relacionados con el estudio científico del urbanismo migrante. Para ello, se arranca con una contextualización teórica y metodológica del trabajo para, a partir de ahí, profundizar en aspectos específicos que son discutidos en una estructura fija de comparación sistemática entre los tres estudios de caso seleccionados.

Así, el primer capítulo del libro propone un breve recorrido histórico por el abordaje que las ciencias sociales han hecho de la relación entre el migrante y la ciudad, en el que se observa la tendencia hacia una progresiva problematización del proceso de producción del paisaje urbano. En este contexto, se introduce la noción de *urbanismo migrante,* entendida como un conjunto de dispositivos específicos que las poblaciones migrantes ejecutan para proyectar sus culturas en los espacios urbanos que habitan cotidianamente. Igualmente, se propone una pauta metodológica de análisis para las estrategias de configuración espacial de los migrantes, que toma como referencia tres dimensiones: la apropiación, la delimitación y la definición funcional del espacio urbano.

El capítulo segundo ofrece una contextualización básica de los tres estudios de caso que sustentan el libro, con el objetivo de ilustrar la variedad de formas en que se concreta la incorporación física de los migrantes a la ciudad. Para cada uno de estos casos se ofrece una descripción procesual que permite enmarcar históricamente la experiencia migratoria y entender su evolución en el tiempo, detallando en cada caso los factores estructurales—económicos, políticos y jurídicos—, que condicionan la inserción del migrante en la ciudad, así como los recursos y los obstáculos que este encuentra a su llegada.

El tercer capítulo plantea ya un primer acercamiento a las pautas generales de configuración que los migrantes aplican al espacio. Una vez más, los tres estudios de caso seleccionados son abordados de manera ordenada para comparar, mediante datos empíricos, las formas diversas en que estos grupos se apropian del espacio urbano, así como los criterios que aplican a lo hora de trazar límites y activar significados coherentes con sus identidades culturales. Con el fin de ilustrar la pluralidad de las pautas de territorialización de los migrantes, estas son caracterizadas atendiendo a cinco criterios espaciotemporales: centralidad, concentración, frecuencia, duración y contraste.

Para una mejor comprensión del sentido de estas pautas de territorialización, el capítulo cuarto propone una discusión específica sobre los imaginarios que en cada contexto enmarcan la figura del migrante y su relación con el paisaje urbano. Los distintos casos etnográficos permiten problematizar nociones cargadas de implicaciones, como las de *compatibilidad cultural, gueto* o *patrimonio*. El rescate de los imaginarios colectivos sobre lo urbano nos permite interpretar la ciudad como un lugar atravesado por percepciones, comportamientos y creencias que adquieren su sentido en distintos marcos discursivos. Estos coexisten en condiciones de desigualdad estructural y expresan las distintas posiciones de los actores en el campo, las cuales condicionan y legitiman sus respectivos repertorios de acción.

Con el capítulo quinto nos adentramos en el análisis de las prácticas de los migrantes, en cuanto que agentes configuradores del espacio urbano. Estas prácticas son analizadas tomando en consideración los distintos actores que intervienen en la producción del espacio en cada caso, así como las relaciones complejas y cambiantes que estos sostienen entre sí. En este capítulo, la comparación entre los tres estudios de caso seleccionados es llevada a cabo teniendo en cuenta simultáneamente el contexto estructural de precariedad que impone el urbanismo neoliberal, la coexistencia e interlocución permanente entre distintos actores en los mismos espacios y la articulación en sus estrategias de múltiples escalas geográficas.

Por último, el capítulo sexto ofrece una descripción minuciosa de dispositivos específicos del urbanismo migrante. Concretamente se ofrece un análisis comparado de la minga y la *vaquita* que los inmigrantes latinoamericanos practican en Sevilla, el *djunta-mon* que los caboverdianos ejecutan recurrentemente en la Cova da Moura y las polladas que los peruanos organizan en el barrio porteño del Abasto. Cada una de estas prácticas es abordada atendiendo a sus manifestaciones formales, pero también a las funciones que adquieren en relación con las necesidades de los distintos grupos, así como a los significados que estos activan para involucrar a sus miembros.

El libro se cierra con un capítulo de conclusiones en el que se reivindica la importancia de pensar a los migrantes como sujetos que juegan un papel activo en la producción física de la ciudad. Partiendo de esta premisa, se propone una interpretación del paisaje urbano en cuanto producto cristalizado, que siempre es resultado de interacciones concretas y relaciones contingentes entre distintos actores. Así, la imagen de la ciudad de cristal adquiere su sentido dentro de una concepción del espacio urbano que problematiza prioritariamente el proceso de su producción social, reconociendo la intervención en dicho proceso de distintos agentes, cuyas interacciones evolucionan de forma cambiante en el tiempo y en el espacio, y se encuentran atravesadas por relaciones de poder.

1. El migrante, la ciudad, lo urbano

De todos los cambios que han marcado la experiencia humana sobre la tierra, es probable que muy pocos hayan sido tan decisivos como el proceso de urbanización acelerada que se inicia a fines del siglo XIX y se desarrolla, ininterrumpidamente, hasta nuestros días. La incorporación a la vida en la ciudad de miles de millones de personas ha transformado radicalmente el mapa de la distribución demográfica de nuestra especie, pero también nuestras estructuras económicas y nuestros métodos de gobierno, la forma en que percibimos a nuestros semejantes, la manera en que administramos nuestro tiempo y el modo en que ocupamos nuestros espacios. Desde hace ciento cincuenta años, la inmensa mayor parte de la especie se ha familiarizado en mayor o menor medida con la ciudad, entendida como «un asentamiento relativamente grande, denso y permanente de individuos socialmente heterogéneos» (Wirth [1938] 1969, 148). En el año 2007, finalmente, el número de personas viviendo en entornos urbanos superó a la población rural por primera vez en la Historia (UNFPA 2007). Y se espera que la proporción de población urbana aumente considerablemente en las próximas décadas.

Este crecimiento inusitado de las ciudades en todo el mundo no habría podido acontecer sin los movimientos migratorios que le han servido de motor principal. La migración ha sido para la ciudad un factor de crecimiento económico y de innovación. Ya en la ciudad preindustrial, los flujos migratorios jugaban un papel regulador esencial, conservando la fuerza de trabajo en etapas de alta mortalidad —por epidemias, por ejemplo—, o incluso aumentándola cuando el dinamismo económico lo requería (Capel 1997). Sin embargo, fue con el advenimiento de la sociedad industrial cuando se consagró la necesidad estructural de un crecimiento urbano basado en la incorporación masiva de población migrante. Desde entonces han sido los inmigrantes, con sus diferentes orígenes, recursos, capacidades, identidades y situaciones administrativas, quienes han impulsado la configuración actual de lo urbano como escenario principal de la forma humana de estar en el mundo. La migración, en la sociedad industrial, no es la vivencia excepcional de una fracción de la población urbana: es la dinámica demográfica que impulsa la construcción misma de la ciudad. Lo que significa que la ciudad, más que como un contenedor fijo de población estable, puede y debe ser pensada como la cristalización de múltiples movilidades —de capital, de bienes, de personas, de imágenes— entre las que juega un papel destacado la migración humana.

El proceso de incorporación de los migrantes a la ciudad ha estimulado el debate científico desde hace tiempo. Problemas como el acceso de estas personas a la vivienda, su entrada en el mercado de trabajo, su uso de los espacios públicos o sus pautas de sociabilidad y asociacionismo han despertado el interés de numerosos investigadores desde muy distintas perspectivas teóricas y disciplinas científicas. Sin embargo, ese interés rara vez se ha orientado de manera específica al impacto de las migraciones en la configuración física de la ciudad.

1.1. EL URBANISMO COMO FORMA DE VIDA Y EL MIGRANTE COMO URBANITA DISFUNCIONAL

Los trabajos de la Escuela de Chicago constituyen probablemente el primer esfuerzo sistemático por estudiar científicamente la ciudad. Si Georg Simmel (1903) ya había señalado con anterioridad la intensificación de la vida nerviosa como estado psicológico característico del urbanita; y Weber (1905) se había centrado en los aspectos institucionales que caracterizan la vida en la ciudad —mercado y relaciones políticas libres—; Robert Park y sus discípulos integran ambos argumentos en un enfoque ecológico, que interpreta la urbe como un conjunto heterogéneo, compuesto por áreas diferenciadas «donde individuos de la misma raza y de similar ocupación viven juntos en grupos segregados» (Park [1925] 1999, 55). Dentro de estas diferentes áreas, autores como Burgess, Wirth, Anderson, Thrasher o Cressey construyen ricas etnografías que nos informan sobre tipos urbanos específicos como el *hobo* (Anderson 1923), agrupamientos característicos como las pandillas (Thrasher 1927) o prácticas innovadoras como los salones de baile (Cressey 1932). Todos estos fenómenos son estudiados en cuanto que expresiones culturales indisolublemente ligadas a la ciudad como escenario físico:

> La ciudad [...] es algo más que una combinación de hombres individuales y convenciencias sociales —calles, edificios, farolas, tranvías, teléfonos, etcétera—, algo más, también, que una mera constelación de dispositivos administrativos e instituciones —tribunales, hospitales, escuelas, policía y funcionarios civiles de distinto tipo—. La ciudad es, más bien, un estado de mente, un cuerpo de costumbres y tradiciones, y de actitudes y sentimientos organizados que son inherentes a dichas costumbres y se transmiten por medio de la tradición. En otros términos, la ciudad no es un mero mecanismo físico ni una construcción artificial. Está involucrada en el proceso vital de la

gente que la compone: es un producto de la naturaleza, y en particular, de la naturaleza humana (Park [1925] 1999, 49).

En las palabras de Park, y en el conjunto de la obra del grupo que lideró, se constata la preocupación constante por abordar el urbanismo como un modo de vida (Wirth [1938] 1969) y la ciudad como el escenario físico que determina su emergencia. Partiendo de esta premisa, las poblaciones migrantes tienden a ser concebidas como portadoras de culturas que se revelan disfuncionales en el nuevo contexto y que se encuentran condenadas de antemano a disolverse en el *melting pot* urbano. La organización física de la ciudad es pensada por estos autores en base a variables genéricas como el tamaño, la densidad y la heterogeneidad de los asentamientos (Wirth [1938] 1969), pero no encontramos en sus investigaciones una discusión sistemática sobre el modo en que los migrantes y sus culturas pueden contribuir a la concreción de formas variables de entorno construido.

Como se pone de manifiesto en su ensayo clásico sobre *La ciudad* ([1925] 1999), Park asume que la incorporación al medio urbano tiene un efecto de desestabilización en la cultura del inmigrante. Dentro de la ciudad rige un sistema de relaciones abiertas, anónimas y discontinuas, que imposibilitan la subsistencia de los códigos que regulaban la vida del inmigrante en su sociedad de origen. Incorporarse a la vida urbana implica para ese inmigrante «la ruptura de las ataduras locales y el debilitamiento de las obligaciones y de las inhibiciones del grupo primario» (Park [1925] 1999, 67). La desintegración del orden moral de los migrantes, que Park y sus seguidores interpretan a partir de las estadísticas al alza de fenómenos como el divorcio o el absentismo, estaría en la base del vicio y la criminalidad que caracterizarían la vida en las grandes ciudades. Así, la ciudad, en la obra de estos autores, parece albergar una forma de vida —una cultura, en definitiva— que es preexistente al inmigrante y que resulta esencialmente incompatible con la cultura que este importa desde su lugar de origen.

Tal y como ha descrito pormenorizadamente Francisco Cruces (2007), van a ser los antropólogos quienes confronten abiertamente la concepción de los de Chicago del urbanismo como estilo de vida. La aplicación del método etnográfico, que el propio Park había reivindicado para el estudio de la ciudad (Park [1925] 1999, 50), pronto reportó datos que demostraban que su interpretación de lo urbano se encontraba seriamente condicionada por el peculiar contexto de crecimiento e industrialización que Chicago y otras ciudades de los Estados Unidos de América y Europa habían atravesado en un momento histórico muy concreto. Autores como Miner (1953) encontraron los límites del modelo chicaguense al tratar de aplicarlo a ciudades africanas como Tombuctú, y lo mismo le pasó a Bascom (1955) en las ciudades yoruba. Sjoberg (1960), por su parte, desarrolla la noción de *ciudad preindustrial* para definir un tipo de entorno urbano diferente al teorizado por la Escuela de Chicago. El tipo que apunta Sjoberg se basa en una tecnología dependiente de la energía animal más que de la energía mecánica y, según este autor, permitiría explicar mejor las ciudades feudales europeas, pero también las ciudades del tercer mundo de su tiempo. Pero el cuestionamiento de la visión del urbanismo de la Escuela de Chicago también se fragua dentro del entorno europeo y norteamericano, concretamente en las investigaciones sobre *pueblos urbanos* con que autores como Whyte (1943), Gans (1962) o el propio Lewis (1965) ilustran la pervivencia en la ciudad de formas de vida incorporadas por los migrantes desde sus lugares de origen. Estos trabajos presentan etnografías sobre poblaciones urbanas que, aun procediendo del entorno rural, no parecían afectadas por ninguna forma de desorganización moral ni sufrían el naufragio de sus referentes culturales en la impersonalidad y el anonimato. Todo ello parecía apuntar a que el modo de vida urbano descrito por la Escuela de Chicago representaba más una experiencia histórica particular que una pauta universal. Tal y como señala Hannerz ([1980] 1986), la acumulación de evidencias en este sentido favoreció que la emergencia de la antropología urbana, como disciplina consolidada durante los años sesenta y setenta, provocase un desplazamiento del foco analítico sobre la ciudad y se abandonase progresivamente la idea del urbanismo como modo de vida para pasar a interesarse por la urbanización como proceso.

1.2. LA URBANIZACIÓN COMO PROCESO Y LA IDENTIDAD CULTURAL COMO RECURSO PARA EL MIGRANTE

El interés por pensar la urbanización como un proceso tiene como punto de referencia obligado las investigaciones de la Escuela de Mánchester. Con este nombre identificamos genéricamente a un nutrido grupo de antropólogos, organizados bajo la dirección de Max Gluckman y con el amparo institucional del Instituto Rhodes-Livingstone de Rodesia del Norte (actual Zambia). Pertrechados con el armazón teórico-metodológico del funcionalismo británico, autores como James Clyde Mitchell (1956), Elizabeth Colson (1960) o Arnold Epstein (1992) se instalan a mediados de siglo en ciudades como Luanshya o Broken Hill —hoy Kabwe— para estudiar los efectos que la ciudad provoca en la cultura de los indígenas africanos que abandonan la aldea para incorporarse a la vida urbana. Debe tenerse en cuenta, en este punto, el peculiar contexto de estudio que representa esta región del Copperbelt. Aquí, la vida urbana se desarrolla íntegramente en torno a la industria minera que se instala en la zona con el respaldo de la autoridad colonial. Los antropólogos observan en tiempo real cómo la ciudad se nutre de grandes contingentes de indígenas directamente llegados desde comunidades rurales con una organización de base tribal.

De hecho, el análisis teórico de la Escuela de Mánchester se apoya, originalmente, en el concepto de *destribalización*. Según el planteamiento de Wilson, antecesor inmediato de Gluckman en la dirección del Rhodes-Livingstone, los inmigrantes llegados a la ciudad en este contexto tenían que optar entre dos sistemas de normas y valores incompatibles: el tribal-tradicional y el urbano. La principal aportación de Gluckman y sus acólitos será cuestionar este supuesto para ofrecer una visión más compleja con el ajuste de los inmigrantes a la vida urbana. Una visión que privilegia el sentido estratégico con que estos inmigrantes combinan ambos sistemas, reorganizando sus lealtades de origen e imprimiendo a sus identidades tribales un uso situacional orientado a la acomodación en el ambiente urbano.

Este planteamiento transforma radicalmente la concepción del proceso migratorio del campo a la ciudad. Como observa Hannerz ([1980] 1986), la cultura tribal pasa a ser pensada como un sistema incorporado a la vida urbana, que opera en su seno y que dentro de ella asume nuevas formas, funciones y significados. La tribu, en el contexto urbano, «no se refería tanto a una unidad política operativa, cuanto a una manera de clasificar y tratar a la gente que el habitante de la ciudad se encontraba en el trabajo, en el barrio o en la cervecería» (Hannerz [1980] 1986, 163). Las creencias, costumbres e identidades de la vida tribal no representaban una rémora ajena a la cultura urbana, sino un arsenal de referencias con las que implementar estrategias coherentes para la vida en la ciudad. Si en el planteamiento de la Escuela de Chicago las culturas de los inmigrantes son un lastre disfuncional en el contexto urbano, la Escuela de Mánchester ve en ellas un punto de apoyo para la organización de los inmigrantes en la sociedad receptora.

A miles de kilómetros del Copperbelt, Nathan Glazer y Daniel Patrick Moynihan también van a confrontar de manera explícita el modelo analítico de la Escuela de Chicago. En su estudio sobre cinco minorías de origen inmigrante en la ciudad de Nueva York (Glazer y Moynihan 1963), estos sociólogos ilustran de manera convincente cómo esas poblaciones sostienen a largo plazo identidades diferenciadas que son reconocidas tanto por los miembros de cada grupo como por el resto de la población, y que se actualizan en torno a nuevos rasgos culturales que van asumiendo el papel de marcadores de la etnicidad. Así, y después de varias generaciones, la pervivencia de estas identidades, y su eficacia para la implementación de estrategias colectivas, obligan a cuestionar seriamente la imagen de la ciudad como espacio de anonimato y la ruptura con el orden social preexistente como destino inevitable para todos los migrantes que se incorporan a ella (Glazer yMoynihan 1963, 18). Esta investigación marca un punto de inflexión, tanto por la contundencia argumental de su crítica a la noción de *melting pot* como por el hecho de fundamentarse empíricamente en la ciudad que sirvió de ejemplo paradigmático para ese concepto. La publicación de esta obra consagra la necesidad de atender al uso estratégico de las identidades de los inmigrantes en el corazón de los estudios norteamericanos sobre la ciudad. Sin embargo, tampoco en ella encontramos una reflexión sistemática sobre el impacto de esas identidades en el entorno construido. Si bien los autores esgrimen la tesis de que los inmigrantes subsisten como grupos con identidades diferenciadas, no parecen encontrar evidencias del impacto de esas identidades en la configuración física de la ciudad. Así, y aunque reconozcan que los puertorriqueños se organizan para combatir la destrucción de los suburbios en que se concentran (Glazer y Moynihan 1963, 108) o que los italianos erigen frecuentemente estatuas en homenaje a compatriotas ilustres (Glazer y Moynihan 1963, 193), no analizan pormenorizadamente la influencia de estos grupos en las formas de territorialización de la Gran Manzana. Conviene anotar que los autores sí constatan esa influencia en otras dimensiones de la vida social, como la política, en la que identifican sin dificultad un fuerte influjo de la experiencia importada por los irlandeses (Glazer y Moynihan 1963, 223-228). El entorno construido va a permanecer aún algún tiempo ajeno al análisis sobre la pervivencia y la influencia de las culturas inmigrantes en la ciudad. Algo que muy probablemente conecta con una tendencia a pensar el espacio urbano como un mero continente de sociedades, que preexiste a las relaciones sociales y que es, por tanto, culturalmente neutro. Por ello, la posibilidad de pensar al migrante como sujeto urbanizador se verá estimulada en la medida en que, previamente, se desarrolle una revisión profunda de esta forma de concebir el espacio urbano.

1.3. DEL ESPACIO URBANO COMO CONTENEDOR DE LO SOCIAL AL ESPACIO URBANO COMO PRODUCCIÓN SOCIAL

En la primera mitad del siglo XXs se contempla la consolidación de una concepción abstracta del espacio, que reduce su papel al de «escenario pasivo de los hechos sociales y los procesos históricos» (Díaz y Roca 2021, 13). Curtido en el paradigma positivista, este enfoque no contempla el espacio dentro del campo de interés del científico, que se circunscribe de manera estricta a los hechos políticos, económicos, sociales y culturales generados en la acción social directamente observable, y que muestra una incapacidad notable para detectar, caracterizar y problematizar la acción social previa que origina y explica la configuración del espacio en el presente. Es esto lo que ya en 1990 apuntaba Anthony King, cuando lamentaba el sesgo analítico de esa teoría social, tendente a centrarse en:

> Un mundo de relaciones sociales, de discursos sobre la cultura, en el que el entorno construido, entendido como los contextos físicos y espaciales, las formas construidas, los límites socialmente construidos, los contenedores materiales, las representaciones

arquitectónicas, los tipos de edificios socialmente espacializados, no solo no existen, sino que no desempeñan papel alguno en la producción y reproducción de la sociedad (King 1990, 404). [Traducción del autor]

Esta concepción del espacio como mero contenedor de la acción social va a ser desafiada por nuevas investigaciones que, a partir de los años setenta, empiezan a pensar el espacio urbano como un recurso, que es disputado por las distintas clases sociales que estructuran la sociedad en el marco del capitalismo industrial. Dentro de estos trabajos cabe destacar la importancia decisiva de *La producción del espacio*, obra publicada por Henri Lefebvre en 1974. No obstante, el planteamiento del filósofo francés es desarrollado en extenso por una pluralidad de autores, procedentes tanto del campo de la sociología como de la geografía, entre los que cabe destacar a Manuel Castells (1977), David Harvey (1973) o Jean Lojkine (1981). Todos ellos comparten una formación original en la teoría marxista. Y todos asumen la premisa de que el espacio urbano, en el contexto de la sociedad capitalista, es mucho más que el marco físico en el que se desarrolla la lucha de clases: es un recurso en disputa, cuyo control habilita a la clase hegemónica para producir relaciones sociales funcionales a sus intereses.

La teoría de la producción social del espacio parte de la interpretación de Lefebvre del espacio como algo que no solo alberga relaciones sociales, sino que es producido a través de relaciones sociales (Lefebvre [1974] 1991). Su objetivo, por tanto, es identificar las fuerzas sociales, políticas y económicas que producen el entorno construido y, a la inversa, el impacto del entorno construido en la acción social. Esto explica que los conceptos de referencia en estos trabajos apunten a las nociones de *producción y reproducción social,* y que en su elaboración se involucren autores de muy diversas disciplinas. Así, desde el campo de la historia, Anthony D. King (1980) ha propuesto interpretar el tamaño, la apariencia, la ubicación y la forma de los edificios atendiendo a la evolución de las sociedades en lo ideológico, en su organización económica, en sus formas de autoridad y en sus creencias. Los estudios de economía política del espacio, por otro lado, analizan cómo se reproducen las relaciones de clase, género, raza y cultura en el entorno construido. El geógrafo David Harvey (1973, 1977, 1990, 2006), por su parte, ha construido un sólido acercamiento desde el marxismo al estudio de la ciudad, que interpreta su forma física como expresión de la distribución de poder. Desde esta perspectiva, la planificación urbana aparece como una herramienta que la clase hegemónica utiliza para la reproducción de su dominio mediante la gestión estratégica del espacio urbano. Un planteamiento similar observamos en la obra del sociólogo Manuel Castells (1974, 1977, 1981), que presta una particular atención a los movimientos sociales urbanos en cuanto canalizadores de las estrategias de resistencia de los grupos subalternos.

Así, los métodos de autoorganización de estos grupos cobran interés, y las formas de intervención física en el medio urbano, como las tomas de tierra o la autoconstrucción en régimen irregular en las periferias, pasan a ser leídas como estrategias de resistencia en un marco de conflicto. Michel de Certeau (1988), a su vez, plantea el conflicto sistemático que enfrenta al urbanismo con el uso cotidiano que hacen de la ciudad los vecinos, al construirse el primero con un sentido propio que juzgaría al segundo como una *desviación,* del mismo modo en que los gramáticos y lingüistas definen formas ideales de habla que nunca se corresponden con las prácticas reales y concretas de los hablantes. Por último, cabe citar la obra de Michel Foucault, en la que también encontramos una problematización de las relaciones entre el espacio y el poder. Aquí la arquitectura es leída como tecnología disciplinaria, que hace posible una intervención sobre los cuerpos para la producción de sujetos dóciles, tal y como analiza en torno a instituciones como la escuela, el manicomio y la prisión (Foucault 1970, 1975, 1984).

En definitiva, concebir el espacio urbano como una producción social nos permite proponer su abordaje desde una perspectiva conflictiva y procesual. El foco de interés se traslada así hacia las relaciones que explican la configuración específica que asume el espacio urbano en un momento concreto y en un determinado lugar. Y esto abre todo un abanico de nuevas preguntas para el estudio de las poblaciones migrantes: ¿Qué papel juegan los inmigrantes en la producción del espacio urbano? ¿En qué medida el entorno construido refleja concepciones y valores sobre la inmigración como otredad cultural? ¿Y en qué medida contribuye a corregir o reproducir la desigualdad que sufren estas personas? ¿Hasta qué punto es sensible la planificación urbana a la singularidad cultural de los vecinos inmigrantes? ¿Qué papel juega la apropiación y significación de ciertos lugares en las estrategias de autoorganización de los inmigrantes? ¿Qué dispositivos de vigilancia y disciplina hacia los inmigrantes son incorporados al paisaje físico y cómo operan? ¿Qué formas de desobediencia se intuyen en las formas en que los inmigrantes practican la ciudad? Para abordar estas preguntas, la disciplina antropológica nos ofrece un interesante repertorio de estudios de caso, conceptos teóricos y herramientas metodológicas.

1.4. EL ABORDAJE ANTROPOLÓGICO DEL ENTORNO CONSTRUIDO

En una rigurosa revisión de la producción antropológica desde la segunda mitad del siglo XIX, Lawrence y Low (1990) constatan que esta disciplina se ha esforzado casi desde sus orígenes por teorizar la relación del entorno construido con la sociedad y la cultura, generalmente expresada en términos de *acomodación, adaptación, expresión, representación* y, más recientemente, *producción y reproducción* (1990, 454). La noción de *entorno construido* ha sido concebida por la antropología de un modo amplio, en coherencia con la vocación holística y transcultural de la disciplina, incluyendo cualquier alteración física del entorno natural a través de la construcción por parte del ser humano y abarcando prácticamente cualquier edificación orientada a albergar, definir y proteger la actividad humana. En este empeño, los antropólogos han convergido sistemáticamente con especialistas de otras disciplinas y, muy especialmente, con sociólogos, psicólogos, geógrafos, arquitectos y planificadores urbanos (Lawrence y Low 1990, 454-455).

Así, ya los evolucionistas del siglo XIX pensaban el entorno construido como parte del conjunto de rasgos que permitían a un grupo adaptarse y mantenerse con éxito en su entorno natural. En estos trabajos, las formas arquitectónicas son interpretadas como recursos orientados al mantenimiento de la sociedad en su conjunto, al acomodar a los individuos y expresar aspectos como las pautas de organización social de un grupo, su estructura social o su cosmología, entre otras. Morgan ([1881] 1965), por ejemplo, observó cómo el tamaño de las casas se planificaba para albergar a varias familias, lo que permitía la producción y el consumo conjunto de alimentos; y tomaba esto como prueba de lo que denominaba *comunismo primitivo*. Mauss ([1904-1905] 1979), por su parte, apuntó al ritmo desigual de las celebraciones rituales para interpretar por qué el tamaño de las viviendas de los esquimales variaba a lo largo del año.

Aun sin teorizar explícitamente sobre el entorno construido, a partir de los años veinte del siglo XX encontramos un buen número de investigaciones etnográficas que problematizan los usos, formas y funciones de la arquitectura propia de distintas sociedades. La tradición funcionalista continúa leyendo el entorno construido como parte del orden social, mientras que en Estados Unidos de América la etnografía de inspiración boasiana produce detalladas descripciones sobre técnicas y procesos de construcción, materiales y sistemas estructurales. No obstante, en todos estos trabajos el entorno construido continuó ocupando un lugar pasivo en la etnografía (Lawrence y Low 1990, 457).

Tras la Segunda Guerra Mundial, algunos arquitectos desencantados con las soluciones arquitectónicas modernas comienzan a explorar principios de diseño inspirados en las sociedades llamadas *primitivas*. Desde entonces y hasta la actualidad, varios arquitectos y geógrafos se han interesado por las relaciones entre la cultura y el entorno construido, a menudo describiendo la variación y distribución de las formas construidas dentro de una cultura o región concreta (Ardelan y Bakhtiar 1973; Andersen 1977; Denyer 1978; Jett y Spencer 1981; Blair 1983; Knapp 1989) o entre culturas (Guidoni 1978; Faegre 1979; Oliver 1987). Estos estudios se centran en explicar las características físicas del entorno construido —forma exterior, distribución interna, decoración, emplazamiento, etc.— rastreando la influencia en ellas de factores sociales y culturales. Por lo demás, la variabilidad y distribución de las formas construidas también ha despertado el interés de algunos geógrafos, folcloristas e historiadores de la arquitectura vernácula (Lawrence y Low 1990, 459-460).

Dentro de la disciplina antropológica, el estudio de la arquitectura ha conectado alternativamente con una pluralidad de problemas y líneas de indagación teórica. Destacan en este punto los trabajos que han interpretado el entorno construido en relación con la organización social de los grupos humanos, y que generalmente han apuntado la influencia que tienen en el paisaje físico factores como la composición del grupo doméstico y los criterios de *residencialidad* (Freeman 1958; Goody 1958; Bourdieu 1970; Laslett 1972; Hammel y Laslett 1974; Segalen 1984; Wilk y Netting 1984). La prioridad en estos trabajos ha sido explorar el encaje de las formas construidas en el más amplio sistema organizativo de la vida en sociedad. Los enfoques simbólicos, por su parte, interpretan las construcciones como una expresión de estructuras y procesos mentales compartidos transculturalmente, conectando con el planteamiento estructuralista y prestando una especial atención a la acción ritual (Levi-Strauss 1958; Bourdieu 1972; Kuper 1972; Hugh-Jones 1979; Duncan 1981); mientras que desde la fenomenología se ha enfatizado la importancia de las experiencias sensoriales subjetivas que vinculan las características físicas de la ciudad con la identidad personal (Bachelard 1957; Tuan 1974; Relph 1976; Seamon 1979; Buttimer y Seamon 1980; Seamon y Mugerauer 1985; Serfaty-Garçon 1985; Seamon 1989). En su repaso a la producción existente, Lawrence y Low incluso identifican una colección de interpretaciones «psicologistas», que estarían centradas en la vinculación de la arquitectura con la concepción del yo y, más específicamente, con las dimensiones espaciales de la conducta no verbal, la cognición y el lenguaje.

Así, a partir de su revisión histórica, Lawrence y Low (1990) concluyen que la relación entre el ser humano y el entorno construido plantea cuatro conjuntos de preguntas que continúan interpelando directamente a los/as antropólogos/as:

1) ¿De qué manera las formas construidas acomodan el comportamiento humano y se adaptan a las necesidades humanas? ¿Cómo «encaja» el grupo social en la forma que ocupa?

2) ¿Cuál es el significado de la forma? ¿Cómo expresan y representan las formas construidas aspectos de la cultura?

3) ¿En qué sentido es la forma construida una extensión del individuo? ¿Cómo se relaciona la dimensión espacial del comportamiento humano con los procesos mentales y las concepciones del yo?

4) ¿Cómo produce la sociedad formas y las formas reproducen la sociedad? ¿Qué papel desempeñan la historia y las instituciones sociales en la generación del entorno construido? ¿Cuál es la relación entre espacio y poder? (Lawrence y Low 1990, 455). [Traducción del autor]

El objetivo de este libro es incorporar estas preguntas al estudio de la inmigración en contextos urbanos. Para ello, aporto el material etnográfico recabado en tres estudios de caso y propongo su abordaje como experiencias de lo que llamo *urbanismo migrante*. La última sección de este capítulo introductorio tiene el objetivo de discutir este concepto y describir pormenorizadamente la forma en que se aplica en este trabajo.

1.5. EL URBANISMO MIGRANTE COMO DISPOSITIVO DE ESPACIALIZACIÓN DE LA CULTURA

Indagar en el papel de los inmigrantes en cuanto agentes configuradores del paisaje urbano implica concebir de antemano el espacio urbano como producción social. Desde esta perspectiva, hoy consolidada en el conjunto de los estudios urbanos, la concreción física de la ciudad no es *natural* ni se desarrolla al margen de la vida social de los grupos (Zukin 2011). Por el contrario, el paisaje urbano es siempre la proyección física de unos valores, unos patrones, unas costumbres y, en suma, de una cultura. Ahora bien, teniendo en cuenta la diversidad cultural que caracteriza a las ciudades contemporáneas, parece razonable pensar que, más que como la proyección armónica de un universo cultural integrado y plenamente coherente, los paisajes urbanos actuales tienden a proyectar espacialmente una realidad cultural que es por definición diversa, fragmentaria y, con frecuencia, conflictiva. En este sentido, más que trazar conexiones mecánicas entre los distintos elementos del paisaje y unos rasgos culturales predefinidos y asociados a un grupo homogéneo, se trata de problematizar en qué forma cada grupo interviene estratégicamente en el espacio urbano con el objetivo de negociar ventajosamente las condiciones de su reproducción como grupo.

En torno a este debate, Setha Low introduce una interesante noción con la idea de *spatializing culture* (Low 1999). La espacialización de la cultura se ejecutaría, según esta autora, como una ubicación física y conceptual de las prácticas y de las relaciones sociales en el espacio (Low 1999, 111). El entorno construido puede ser interpretado, desde esta perspectiva, como la cristalización de prácticas y relaciones cargadas de sentido. En este punto, la propia Low hace una sutil distinción, provechosa a los efectos de nuestro trabajo, entre los conceptos de *producción social* y *construcción social* del espacio. El primero denota un cierto énfasis materialista y apunta, sobre todo, a los factores políticos y económicos que dan forma al espacio urbano, mientras que el segundo se aplicaría, de forma más específica, a la experiencia simbólica del espacio por parte de los sujetos que lo habitan, una experiencia mediada por formas de intercambio, conflicto y control, pero dotada, en último término, de un sentido distintivo para un grupo humano. Es desde esta experiencia de construcción social del espacio que grupos humanos diferenciados proyectan identidades culturales que orientan su acción estratégica en contextos de conflicto. Para analizar la forma específica en que los grupos inmigrantes hacen esto aplicamos la noción de *urbanismo migrante*.

El concepto de *urbanismo migrante* es propuesto por Suzanne M. Hall (2015) para explorar las prácticas que permiten a los migrantes participar en la configuración de la ciudad desde dentro, en un marco de convivencia caracterizado por la diversidad y la innovación. Puede decirse que, en términos generales, este concepto encaja con la visión de autores como Doreen Massey, que proponen pensar el espacio urbano como el producto de un conjunto de relaciones entre actores diversos y desiguales, entre los que hay que contar a los vecinos, pero también a las agencias estatales, las instituciones privadas, etc. (Massey 1999, 159). El concepto de *urbanismo migrante* nos permite incorporar a las poblaciones migrantes como un actor más de cuantos participan de esas relaciones cotidianas y, de esta forma, romper con el discurso pernicioso que presenta la migración como una fuerza externa que desafía desde fuera la integridad nacional (Hall 2015, 854). Más que como un asalto excepcional desde el exterior, la presencia del inmigrante formaría parte de la cotidianeidad de un mundo construido sobre la movilidad (Castles 2010).

La globalización capitalista ha provocado una multiplicación e intensificación de los flujos migratorios, que tiende a maximizar la importancia del urbanismo migrante en la actualidad. La relación entre las migraciones y los procesos de trans-formación urbana se estrecha (Glick Schiller y Çağlar 2011; Foner *et al.* 2014) y convierte el paisaje urbano contemporáneo en una pista fundamental para el rastreo de contrageografías imbricadas en la circulación global de imágenes, ideas y capitales, pero también de personas (Sassen 2003). Esto plantea al investigador de lo urbano el reto de trascender lo directamente observable en la ciudad para atender a las conexiones que ensamblan lo urbano en el marco de circuitos transnacionales. Un desafío especialmente excitante en el análisis de barrios como la Macarena, la Cova da Moura o el Abasto, donde tendencias como la densa concentración de inmigrantes o una alta velocidad en el crecimiento de esta población han favorecido un repliegue del enfoque analítico hacia factores contenidos dentro de los límites de un espacio preconcebido como aislado y esencialmente diferente del entorno. Tal y como la propia Hall ha señalado para las etnografías canónicas sobre el gueto, como las de Liebow (1967), Suttles (1968), Duneier (1982, 1999) o Anderson (1999), existe el peligro de interpretar los barrios de inmigración atendiendo exclusivamente a lo que sucede dentro de ellos. El concepto de *urbanismo migrante* nos ayuda a pensar un paisaje urbano que no puede ser entendido al margen de las relaciones que lo conectan con el mundo exterior.

Ciertamente, la necesidad de interpretar el urbanismo como una realidad conecta-
da con flujos de orden global ya venía siendo abordada desde comienzos del siglo XXI
en el debate teórico sobre el concepto de *urbanismo transnacional* (Collins 2019). Este
término, que surge originalmente en el marco de la teoría transnacional, es usado
por primera vez por Smith y Guarnizo (1998) como una de las vías de indagación
posibles para un transnacionalismo desde abajo. Su objetivo era compensar el sesgo
macroeconomicista que observaban en autores como Sassen (1991), reivindicando
la agencia de los individuos y las comunidades, y pensando la ciudad como una
realidad que, más allá de la economía global, también era modificable por la acción
humana (Smith 2001, 98). Proponían así concentrar el análisis en aspectos como los
circuitos de comunicación, las prácticas sociales, las políticas de creación de lugares,
las diferencias de poder y la generación de diferentes identidades en las ciudades.
La principal aportación de este concepto es poner el énfasis en las conexiones que
establecen los individuos y grupos a través de las fronteras como factor conformador
y alterador de las ciudades (Collins 2019, 2). Ahora bien, esta predilección por el
análisis de la dimensión transnacional se proyecta en la teorización de conceptos
como los de *ciudad transnacional* o *emplazamiento multilocal* (Smith 2005) y, a cambio, tiene como efecto un relativo desinterés hacia los efectos materiales que los
colectivos migrantes generan en el paisaje físico de la sociedad receptora. En este
sentido, la revista *Journal of Ethnic and Migration Studies* editó en el año 2005 un
número monográfico en torno al urbanismo transnacional, que recogía trabajos sobre
aspectos como las redes de las elites gerenciales transnacionales (Beaverstock 2005),
las formas de movilidad en contextos de turismo y trabajo (Clarke 2005; Conradson
y Latham 2005), las conexiones entre las formas de vinculación local y transnacional (Ehrkamp 2005), las movilidades transfronterizas (Strüver 2005), el papel de
las redes de parentesco transnacional (Voigt-Graf 2005) o de las zonas urbanas de
contacto entre distintos grupos de trabajadores migrantes transnacionales (Yeoh
y Willis 2005). Dentro de esta colección de trabajos, en definitiva, prima el interés
por las relaciones transnacionales de los habitantes de la ciudad y no tanto por su
impacto en el paisaje físico de las ciudades que habitan. Apenas uno de estos trabajos, el de Friesen, Murphy y Kearns (2005), abunda en este aspecto, al detenerse
en la conexión de la inmigración india con la aparición de nuevos puntos de venta
minorista y nuevos lugares de culto en la ciudad neozelandesa de Auckland.

En el trabajo que aquí se presenta, me interesa más el concepto de *urbanismo
migrante,* entendido como conjunto de dispositivos observables, ejecutados por las
poblaciones migrantes en primera persona y que proyectan en la sociedad receptora
nuevas formas de *urbanismo creativo* (Robinson 2006). En ese sentido, la habilita-
ción de formas estables y socialmente reconocidas de participación vecinal podría
beneficiar el paisaje urbano, al permitir su reconstrucción en relación con muchos

y diversos marcos de referencia cultural y geográfica (Ong 2011). Sin embargo, los modelos hegemónicos de planificación urbana no suelen conceder un reconocimiento pleno a las poblaciones migrantes en cuanto actores participantes en la configuración del entorno construido. Por otra parte, el urbanismo migrante puede ayudarnos a interpretar las relaciones que conectan a las sociedades receptoras con una pluralidad de sociedades de origen. En casos como el de Lisboa o Sevilla, esas relaciones se enmarcan de manera inequívoca en una experiencia colonial que es fundamental para la comprensión de estas ciudades desde cualquier punto de vista. Retomando la bella metáfora propuesta por Nasreen Ali (2006), podemos pensar migraciones como la caboverdiana a Lisboa o la latinoamericana a Sevilla como *implosiones imperiales,* y prácticas como el *djunta-mon* o la minga en cuanto dispositivos de urbanismo migrante que se encargan de grabar la huella de esas implosiones en el paisaje físico de la ciudad.

Finalmente, y tomando como referencia la experiencia del sujeto migrante, el urbanismo migrante también puede ser pensado como un dispositivo que posibilita la materialización de lo que Garbin (2013) llama «derecho a la alteridad». Un derecho que según este autor pasaría necesariamente por la apropiación espacial, la regeneración y el reencantamiento del paisaje espacial. Nuestro acercamiento a prácticas como la minga, la pollada o el *djunta-mon,* en definitiva, apuesta por pensar estas prácticas como dispositivos que puede habilitar la expresión por parte de los migrantes de su derecho a la alteridad, pero que contribuyen simultáneamente al enriquecimiento del paisaje urbano en su conjunto, mediante la absorción de la diversidad cultural que lo atraviesa y su cristalización en el entorno construido.

Las prácticas de urbanismo migrante ofrecen así un interés analítico incuestionable, en cuanto nos dan acceso a las disposiciones durables y transferibles —el *habitus* (Bourdieu 1972)—, que enmarcan la participación de estas personas en la vida urbana. Ahora bien, no podemos perder de vista que esa participación se desarrolla generalmente en condiciones de subalternidad estructural. Si la ciudad es el lugar de producción y colisión de múltiples *habitus* contradictorios (Wacquant 2023, 42), las poblaciones migrantes encuentran generalmente severos obstáculos políticos, económicos y jurídicos para proyectar los suyos propios en un espacio físico coherente con sus necesidades y demandas.

1.6. Propuesta metodológica

El urbanismo migrante puede ser definido, según lo expuesto anteriormente, como las formas específicas de configuración espacial que un grupo humano implementa en el marco de su experiencia migratoria con el fin de maximizar el éxito de sus estrategias colectivas. El concepto de *territorialización*—y su equivalente *configuración espacial*— es interpretado aquí como un conjunto coherente de prácticas y discursos que permiten a un grupo humano vincularse con un espacio acotado mediante su significación y diferenciación. Recogiendo planteamientos afines de autores como Garcés (2006), podemos operacionalizarlo en base a tres dimensiones directamente observables: la apropiación del espacio, la delimitación del espacio y la definición funcional del espacio.

La apropiación del espacio urbano por los inmigrantes asume una pluralidad de formas, funciones y niveles de intensidad. Estrictamente hablando, tal ocupación puede observarse potencialmente en todas las actividades que integran su vida en la ciudad, desde el momento en que un inmigrante arriba a la sociedad receptora y a lo largo de toda su experiencia. Sin embargo, ciertas formas de ocupación del espacio urbano habilitan prácticas de urbanismo migrante en la medida en que promueven una vinculación explícita entre dicho espacio y la identidad diferenciada de un grupo percibido como inmigrante. Esto puede suceder por una pluralidad de razones. Un primer motivo puede ser la alta concentración de miembros del grupo migrante en un espacio concreto. Basta con que un número importante de inmigrantes se junten en un determinado sitio para que tanto los miembros del grupo como los otros asocien simbólicamente ese lugar con el grupo en cuestión, incluso si las prácticas que desarrollan en él son homologables a las que el resto de los vecinos suelen dar a espacios equivalentes. Un caso bien conocido es el de las canchas latinas, que en el Estado español ha sido abordado en una pluralidad de estudios (Llopis y Moncusí 2005; Moncusí y Llopis 2008; Müller 2008, 2011; Torres 2008; Cuberos Gallardo 2011, 2014, 2015). El hecho de que los inmigrantes practiquen deporte de una forma estandarizada y acorde a los usos previstos por la población autóctona para estas canchas no impide que su agrupación numérica en canchas específicas sea leída en clave de ocupación diferenciada del espacio. Pero la ocupación del espacio por los inmigrantes también es percibida como diferenciada, independientemente de su concentración o su dispersión geográfica, cuando implica prácticas distintivas y ligadas directa o indirectamente a la cultura de origen de estas personas. Un ejemplo evidente de este tipo pueden ser los establecimientos de comercio étnico, que incluso cuando se encuentran ubicados en vecindarios de mayoría autóctona son percibidos mayoritariamente como espacios *de inmigrantes*.

La incorporación de los migrantes a la ciudad también se proyecta en formas diferenciadas de delimitación funcional del espacio urbano. La manera específica en que cada grupo define los límites que organizan sus usos del espacio conecta con diferentes dimensiones de su experiencia migratoria, incluyendo los factores que condicionan su incorporación a la sociedad receptora, pero también los patrones culturales que importan desde las sociedades de origen. Dentro del primer grupo podemos englobar el estatus jurídico, los sectores laborales de inserción, los niveles de renta o las posibilidades de acceso a la vivienda, entre otros. Los casos de estudio que sustentan este trabajo ofrecen una casuística variada a este respecto. Así, por ejemplo, la dificultad de acceso a la residencia legal en la sociedad receptora puede traducirse en una precariedad en los usos del espacio urbano por parte del migrante, por ejemplo, incrementando su necesidad de frecuentar espacios donde generar, ampliar y diversificar contactos. O, en sentido contrario, evitando aquellos lugares en que su condición irregular pueda alcanzar una visibilidad inconveniente. Paralelamente, la inserción en el mercado de trabajo es una necesidad para la mayor parte de los inmigrantes, que se proyecta en estrategias muy variadas que presentan a su vez expresiones espaciales diversas. Como veremos en las siguientes páginas, el acceso a ciertos nichos laborales ubicados en el mercado secundario (Piore 1979) exige con frecuencia contactos personales que pueden ser realizados preferentemente en espacios de sociabilidad informal entre los propios inmigrantes. Paralelamente, la existencia de formas de economía étnica en áreas concretas de la ciudad facilita que los miembros del grupo migrante de referencia se instalen en ellas, normalmente por encontrar allí posibilidades ventajosas de acceso al empleo y a la vivienda. En otros casos, la demanda de mano de obra inmigrante puede conectar con la distribución de la población local: por ejemplo, cuando en un barrio la concentración de personas autóctonas de ingresos relativamente altos y una media de edad avanzada genera un nicho de demanda de cuidados personales que provoca la concentración en la zona de trabajadoras domésticas de origen inmigrante. En cuanto a las posibilidades de acceso a la vivienda, sabemos que estas crecen en las áreas de la ciudad donde el precio del suelo resulta más asequible. Pero más allá de este patrón general, la existencia de barrios con una alta concentración de inmigrantes de un determinado origen favorece que se instalen en ellos los nuevos llegados del mismo país, ya sea por disponer de contactos previos con residentes en la zona o, simplemente, porque valoren positivamente la posibilidad de convivir cotidianamente con miembros de su propio grupo étnico o nacional. Finalmente, debe notarse que distintas culturas de origen involucran modos diferenciados de usar el espacio urbano y, por tanto, de trazar límites en el mismo. Así, los latinoamericanos residentes en Sevilla pueden buscar la co-presencia con la población autóctona en espacios compartidos como la parroquia y, simultáneamente, ocupar diferenciadamente ciertas canchas deportivas; mientras que los caboverdianos de Lisboa pueden hacer de las peluquerías afro un espacio de referencia para la sociabilidad intra-grupo y los peruanos hacer lo propio con los singulares *boliches* o discotecas en que se congregan durante las noches de los fines de semana en la ciudad de Buenos Aires.

Por último, es preciso atender a los mecanismos de significación del espacio urbano que los migrantes implementan en su vida cotidiana. En su experiencia en la sociedad receptora, todas las personas migrantes generan un conocimiento sobre el espacio que habitan, que involucra la asignación de valores desiguales a los múltiples emplazamientos en los que trabajan, por los que transitan y en los que socializan. Algunos de esos espacios llegan a adquirir un sentido trascendente para los miembros de un grupo, en la medida en que son asociados a la identidad concreta que comparten. La asociación entre un espacio y una identidad habilita la emergencia del *lugar*, entendido como un emplazamiento físico cargado de sentido para los miembros de un grupo. En todas las investigaciones que sustentan este libro se constata la importancia central de la construcción de lugares propios para todos los grupos inmigrantes estudiados. Estos lugares propios presentan características muy diversas: abarcan desde la cancha del extrarradio sevillano que se convierte en un lugar latino durante unas cuantas horas cada semana hasta los barrios africanos que son permanentemente habitados por una mayoría de inmigrantes en la periferia de Lisboa. Consecuentemente, las prácticas que visibilizan la significación del espacio también son altamente variables. En ciudades donde la población inmigrante se incorpora de una forma dispersa en el espacio, su representación tiende a ser minoritaria dentro de cada área por separado. En estos casos, es más probable que el grueso de la vida social de cada grupo inmigrante se desarrolle en espacios compartidos con otros inmigrantes y/o con la población autóctona. Resulta lógico, por tanto, que para la significación de un lugar como propio se recurra a la ocupación intensiva de espacios muy concretos durante breves fracciones de tiempo, como se observa por ejemplo en el uso intensivo de ciertas canchas deportivas entre los inmigrantes latinoamericanos residentes en distintas ciudades españolas. La significación de estos espacios como *latinos* es marcada mediante intervenciones superficiales en el espacio, incluyendo el despliegue de decoración portátil —banderas, cartelería...—, la emisión de un sonido diferenciado —música latina—, o la distribución de productos con sabores y olores característicos de los países de origen —elaboración, venta y consumo de comidas típicas, etcétera—. La concentración de todos estos estímulos sensoriales habilita la significación, pasajera, de un espacio como latino que, transcurrido el breve plazo de su ocupación intensiva por los inmigrantes, vuelve a adoptar la forma de un espacio compartido por el conjunto de los vecinos de la zona. Por el contrario, cuando los inmigrantes llegan a concentrarse residencialmente en un área hasta el punto de ser mayoría, es probable que la significación del espacio tienda a adoptar formas de asociación permanente con la cultura y la identidad del grupo inmigrante mayoritario. Es lo que se observa en determinados enclaves de la periferia de Lisboa, donde la abrumadora mayoría de población africana se deja notar en la estética de las viviendas, en la decoración de los espacios públicos, en el perfil de los establecimientos comerciales y hasta en la rotulación de las calles. La significación del espacio urbano se construye mediante formas continuas de intervención que dejan una huella permanente en el paisaje físico de la ciudad. No obstante, el acto mismo de significar el espacio urbano es siempre una práctica potencialmente controvertida cuando hablamos de poblaciones migrantes, en la medida en que las instituciones de gobierno suelen manejar una concepción de la ciudad donde la organización del espacio debe tender a la adopción de formas culturalmente neutras. Algo que excluye de antemano su asociación explícita con identidades culturales expresamente asociadas a grupos nacionales extranjeros y que, con frecuencia, confunde la neutralidad cultural con las formas culturalmente aceptables para la mayoría autóctona.

Las dinámicas de apropiación, delimitación funcional y significación del espacio urbano no se materializan por separado ni de manera sucesiva en el tiempo. Por el contrario, la forma en que cualquier grupo humano desarrolla su vida en la ciudad involucra prácticas y discursos que proyectan, simultáneamente, formas densamente entretejidas de apropiarse del espacio, trazar límites en el mismo y significarlo en formas coherentes con su propia identidad cultural. Por otra parte, son raras las veces en que este proceso llega a materializarse en una vinculación exclusiva y estable en el tiempo, entre un lugar y un grupo humano. Antes bien, la copresencia entre poblaciones diversas que es característica de la vida urbana parece favorecer la predominancia en la ciudad de formas de territorialización precarias, que necesitan ser constantemente negociadas con otros grupos en el marco de una disputa permanente por el espacio. Y esa precariedad tiende a ser más acusada en las poblaciones migrantes, precisamente por la posición subalterna que suelen ocupar estos grupos en la estructura social. El estudio de las pautas de urbanismo migrante no puede ser pensado, por tanto, como la mera documentación de un fenómeno unívoco que se manifieste de forma clara y estable. Por el contrario, el urbanismo migrante se presenta ante el antropólogo en expresiones siempre frágiles, generalmente discontinuas, que amenazan con disolverse en cualquier momento en el frenesí urbano y que, cuando lo hacen, vuelven a aparecer con frecuencia bajo otras formas, en otros sitios, con otros ritmos.

1.7. EL ANTROPÓLOGO EN LA CIUDAD DE CRISTAL

El estudio de lo urbano ha concitado el interés de numerosos especialistas que, desde hace aproximadamente un siglo, han ido aplicando una pluralidad de enfoques teóricos y metodológicos. A lo largo de todo ese tiempo, la ciudad ha sido concebida cada vez menos como un ecosistema autocontenido y más como un eje de relaciones inscritas en marcos políticos y económicos más amplios (Gupta y Ferguson 1997, 2002). Dichas relaciones involucran a múltiples actores, con identidades diversas, que interactúan en formas cambiantes y que van dotando a cada realidad urbana de sus características definitorias. Esta evidencia, que desde hace tiempo enmarca los análisis sobre aspectos como la composición demográfica de las ciudades o las pautas de sociabilidad predominantes en cada una de ellas, también puede ser aplicada al entorno construido. Desde esta perspectiva, el paisaje físico de la ciudad puede ser leído como el producto de una cristalización de procesos socioculturales.

Procedente del campo de la química, la imagen del cristal nos remite a la forma característica de ciertos sólidos constituidos a partir de un elemento líquido o gaseoso. Su origen etimológico en el término griego *kryos* 'frío' remite a la formación del hielo a partir del agua. La metáfora de la ciudad de cristal nos invita así a pensar la arquitectura característica de los enclaves urbanos en cuanto solidificación contingente de relaciones que son fluidas y cambiantes. Partiendo de esta premisa, el estudio de los procesos migratorios debe tener en cuenta el modo en que el paisaje físico incorpora valores y jerarquías que condicionan la inserción de los migrantes, pero también las prácticas con que los migrantes transforman el entorno construido que habitan.

Esta manera de abordar la experiencia de lo urbano entre los migrantes obliga a las antropólogas y los antropólogos a ejecutar un abordaje metodológico coherente con la necesidad de rastrear vínculos, movilidades y cambios tras un paisaje físico que tradicionalmente fue concebido como autónomo, estático y continuo. El método etnográfico nos ofrece sin duda herramientas técnicas prometedoras en este sentido. La posibilidad de registrar directa y detalladamente las características del paisaje urbano a través de la observación puede ser complementada con la recuperación de discursos que nos informan sobre las cosmovisiones de los distintos grupos; la frescura en la captación de datos vivos puede verse enriquecida con la reconstrucción diacrónica de experiencias que den cuenta de los cambios y procesos dilatados en el tiempo. No obstante, la forma en que el método etnográfico ha sido implementado tradicionalmente ha dibujado en demasiadas ocasiones imágenes espaciotemporales cerradas, uniformes y coherentes. La búsqueda de la continuidad y la armonía ha tendido con frecuencia a perder de vista lo cambiante, lo fragmentario, lo incompleto. La interpretación que propone este trabajo sobre la relación entre los migrantes y la ciudad —una relación viva, conflictiva y fragmentaria— obliga a cambiar la disposición de las antropólogas y los antropólogos en el campo. El estudio de la ciudad de cristal les obliga a abordar el paisaje urbano no como un escenario acotado para el trabajo de campo, sino como un nudo de relaciones condensadas, desde las cuales es posible reconstruir las realidades fluidas y porosas que están en el origen de la ciudad misma.

Ya desde fines de los noventa, distintos autores han apuntado la necesidad de corregir la preferencia histórica de la antropología —o, al menos, de la mayoría de los autores— por el estudio de problemas interpretables en base a pertenencias y apegos en relación con lugares estables; y la necesidad consiguiente de prestar mayor atención a los desplazamientos, las migraciones y, en suma, las movilidades que sustentan las expresiones de la cultura. Este desplazamiento en el foco analítico, que Clifford (1997) expresa metafóricamente como un viraje desde el estudio de las raíces, *roots*, hacia el de las rutas, *routes*, no implica necesariamente abandonar por completo el interés por el primer campo semántico. De hecho, la constitución de emplazamientos estables para las prácticas, redes e identidades de los seres humanos es una pauta incuestionable en la especie. Se trata, simplemente, de asumir que esos emplazamientos son siempre el resultado —y al mismo tiempo el punto de partida— de desplazamientos que nos informan sobre el cambio, la discontinuidad y la hibridación.

Durante mucho tiempo, la escritura etnográfica ha recreado un modelo de *narrativas del embrollo con final feliz* (Cruces 2003, 163), que presupone la existencia de un primer momento de confusión, coincidente con la entrada del etnógrafo en el campo, que poco a poco avanza hacia un desenlace de claridad y coherencia, en el que la destreza del antropólogo como *traductor entre culturas* permite dotar de orden y armonía al universo cultural estudiado. El problema es que este modelo, forjado en el paradigma de la antropología colonial, se torna inverosímil por los efectos interrelacionados de los procesos de descolonización, urbanización, modernización y globalización (Cruces 2003, 164-165). Transcurridas ya dos décadas del siglo XXI, se hace evidente que hoy la vida social de cualquier ciudad se vertebra a través de relaciones que desbordan sus límites geográficos, y que involucran una movilidad permanente de personas, mercancías, ideas y capitales (Appadurai 1996).

El *ancient regime* espaciotemporal ha perdido su credibilidad (Cruces 2003, 170), y hoy tenemos que construir acercamientos etnográficos que atraviesen la dicotomía que confronta lo *local* con lo *global* (Marcus 1995). En ciudades como Sevilla, Lisboa y Buenos Aires, las calles albergan cotidianamente símbolos, imágenes, tradiciones, relaciones e identidades que conectan con escenarios ubicados a miles de kilómetros, lo que habilita la emergencia de campos transnacionales de relaciones. Las poblaciones migrantes constituyen el eje central de análisis en este trabajo, pero otros actores móviles, como las grandes empresas privadas o los usuarios del mercado turístico también territorializan la ciudad y dejan huellas identificables en el paisaje urbano. El estudio del impacto de estas realidades en la ciudad nos obliga a desbordar los estrechos límites que enmarcan lo inmediatamente observable, conectándolo con procesos más amplios que lo contextualizan y lo dotan de sentido (Burawoy 2000). La labor del etnógrafo ya no es la de abarcar por completo todo lo contenido dentro de un campo espaciotemporal delimitado de antemano, sino más bien la de perseguir las conexiones de sentido entre lugares físicamente distantes, asumiendo que esas conexiones no vienen dadas, sino que son construidas en la práctica investigadora (Marcus 2008, 33). Es en la exploración de estas conexiones en la que las movilidades históricas entre Portugal y Cabo Verde pueden revelarse como marcos explicativos de las formas de construir viviendas de los inmigrantes de la periferia de Lisboa. El paisaje físico de la ciudad, que un día fue asumido como el escenario neutro de relaciones sociales íntegramente contenidas en su seno, puede ser reinterpretado como la cristalización de relaciones forjadas a distancia y renegociadas a través de la movilidad.

Y, si debemos tener en cuenta la condición emergente, fluida y transnacional de los procesos que dan forma al paisaje urbano, también es preciso entender que tales procesos son múltiples, heterogéneos y, con frecuencia, contradictorios. Así, la concentración de turistas puede propiciar la instalación de servicios específicos en un determinado enclave urbano, que a su vez favorezca un desplazamiento de ciertas instalaciones productivas hacia el extrarradio y, paralelamente, provoque un encarecimiento del precio del suelo que expulse a ciertos pobladores y atraiga a otros. O bien las formas diferenciadas del urbanismo migrante pueden ser activadas como producto de interés turístico. Esto genera dinámicas cuyos efectos pueden ser diversos y despertar respuestas divergentes en una pluralidad de actores públicos y privados. Se trata de asumir, en definitiva, que el paisaje físico de la ciudad no solo es sensible a fuerzas que se articulan en campos transnacionales, sino que esas fuerzas son muchas, son heterogéneas e impulsan procesos de territorialización que pueden entrar en conflicto entre sí. Cuando esto sucede, es posible que la pugna por la apropiación, la delimitación y la significación del espacio urbano termine resolviéndose en beneficio íntegro para una sola de las partes. Pero esto es infrecuente, y lo más común es que la ciudad de cristal se sostenga en un equilibrio tenso, que ofrece reflejos variables a la mirada de los distintos actores, y que a veces estalla en pedazos para recomponerse siempre en formas difícilmente previsibles, pero finalmente explicables.

2. Contextos: condicionantes en la incorporación de los migrantes al espacio urbano

La incorporación física de los migrantes a la ciudad se concreta en formas variables, en función de una pluralidad de factores de orden político, jurídico, económico, social y cultural. De antemano, la categoría del migrante es potencialmente aplicable a realidades tan diversas como las que representan los trabajadores por cuenta ajena, los refugiados, los estudiantes internacionales o los jubilados de nacionalidad extranjera, por citar solo algunas realidades recurrentes en las sociedades contemporáneas. A su vez, estas personas poseen generalmente niveles desiguales de acceso a derechos importantes —al trabajo, a la vivienda, al voto, etc.—, que se proyectan en formas muy distintas de afrontar el proyecto migratorio. Debemos tener en cuenta, además, que incluso dentro de una misma corriente migratoria no todos los sujetos poseen la misma cantidad de recursos para hacer frente a las necesidades del proceso de instalación en destino. Y las sociedades receptoras de la inmigración, por su parte, ofrecen contextos locales de inserción extremadamente variopintos, dependiendo de circunstancias diversas y variables en el tiempo, como la estructura del mercado de trabajo, el stock de vivienda disponible, el precio del suelo, la política municipal de vivienda o las opciones existentes en materia de transporte y movilidad. Pensar en la incorporación de los migrantes al espacio urbano implica, en definitiva, tomar en consideración una cantidad de variables tan amplia y heterogénea que resulta casi imposible acotar la casuística existente en una clasificación clara y precisa. No obstante, existen algunos debates que son recurrentes en este punto y que ameritan una revisión crítica.

El primero de ellos tiene que ver con la distribución residencial de las personas inmigrantes en el espacio urbano, y los niveles variables de concentración o dispersión a los que puede dar lugar. En este punto, cabe rescatar la observación de Gonick (2024) sobre el papel decisivo del mercado de la vivienda en la incorporación residencial de los migrantes y, por extensión, en la forma en que estas personas experimentan la ciudad. En términos generales, la evolución de los mercados privados de la vivienda ha tendido a agravar estructuralmente la vulnerabilidad de las poblaciones migrantes. Ahora bien, en diferentes contextos urbanos los colectivos llegados desde el exterior se han insertado de múltiples formas, dependiendo de factores diversos como la condición socioeconómica, la etnicidad y las características del mercado local de la vivienda (Bellet 2013, 42). A veces los niveles de segregación de estos grupos alcanzan valores relativamente altos, lo que da lugar a enclaves residenciales donde los miembros de uno o varios grupos étnicos se concentran hasta el punto de ser mayoría frente a la población autóctona. Dentro de esta casuística, podemos encontrarnos situaciones en que la población inmigrante ocupa una posición superior en la jerarquía social, como en el caso paradigmático de los procesos de colonización. En ese tipo de contextos, el grupo inmigrado asume frecuentemente, mediante el refuerzo de la distancia física, formas de segregación residencial voluntaria como forma de sostener su distancia social frente a la población autóctona. Ahora bien, en las ciudades actuales es más frecuente que sean las poblaciones inmigrantes quienes padezcan una posición de subalternidad en la estructura social. Cuando esta posición se ve reforzada mediante el aislamiento físico en enclaves residenciales segregados, emerge la realidad típica del gueto (Duneier 2016, 220). Aplicando las categorías de la trialéctica de Bourdieu (Wacquant 2023), podríamos convenir que en el primer caso la segregación voluntaria en el espacio físico persigue la construcción por el grupo inmigrado de un espacio simbólicamente exclusivo, con el fin de restringir el acceso a un capital acumulado en su propio espacio social; mientras que en la segunda situación descrita, que es en la que encajan los estudios de caso seleccionados, la ocupación del espacio físico de los migrantes está determinada por su exclusión de los espacios sociales donde se acumula el capital, lo que provoca que sus espacios de referencia resulten simbólicamente estigmatizados.

De hecho, la conformación de guetos de población inmigrada constituye un temor recurrente en las sociedades receptoras de flujos migratorios. Bajo este temor subyacen los supuestos del paradigma asimilacionista de gestión de la diversidad cultural, que promueve la proximidad física de los grupos como vía hacia su integración indiferenciada. Tal y como explica Francisco Torres, «la relación entre distribución residencial y proceso de inserción social, entendido como asimilación, se interpreta como una fuerte correlación entre dispersión espacial e integración social» (Torres Pérez 2005, 34). Desde esta premisa, la existencia de una alta concentración de inmigrantes en un determinado barrio es percibida como una situación potencialmente problemática, muy especialmente si el resultado relega a la población autóctona de ese enclave a la condición de minoría. Esta lectura obedece, en primer lugar, a la tendencia a asumir la concentración de los inmigrantes en un lugar como el resultado de su exclusión del resto de lugares. Se trata, parcialmente al menos, de una visión victimizadora, que interpreta al inmigrante como un sujeto pasivo frente a la preferencia que tengan los grupos autóctonos más poderosos por excluirlo de ciertas áreas de la ciudad y confinarlo en otras (Wacquant 2004).

Sin embargo, el estudio transhistórico y transcultural del gueto ha demostrado que, más allá de las dinámicas de exclusión que los inmigrantes sufren en ciertos entornos residenciales, el hecho de que se concentren en algunos otros también responde a las posibilidades ventajosas que esto ofrece a los propios inmigrantes en lo referente al despliegue de estrategias organizativas autónomas. En este sentido el gueto, dice Wacquant (2013, 131), es la espada con que los dominantes truncan las oportunidades de vida de los dominados, pero también el escudo que proporciona a estos últimos un espacio separado en el que efectuar la acumulación primitiva del capital económico, social y cultural necesario para desafiar la denigración de su estatus. Así, Richard Sennett (2014) ha documentado cómo incluso los guetos judíos de la etapa renacentista, en ciudades como Roma y Venecia, tuvieron una estructura que, si bien respondió en gran medida a una voluntad de control desde el exterior, también posibilitó formas de autonomía y protección entre los miembros del grupo étnico segregado. El propio Louis Wirth (1956) coincidió en señalar la importancia del gueto como lugar de protección para los judíos en un mundo anti-semita, pero también vio los guetos norteamericanos del siglo XX como lugares de autopreservación de los grupos residentes, al menos para la primera generación. En estos contextos más recientes, el estudio de los guetos también ha señalado que las minorías étnicas que se concentran en ellos pueden hacer de la proximidad geográfica un recurso desde el que implementar formas de organización coherentes con sus necesidades e intereses (Whyte 1943; Suttles 1968; Duneier 1982; Anderson 1999).

Por otro lado, una alta concentración residencial de inmigrantes en ciertas áreas del espacio urbano a menudo es interpretada como el signo de una ausencia de voluntad de integración entre estas personas. En este caso, se apunta a la propia población inmigrante, al detraer que su concentración espacial refleja una falta de interés por interactuar cotidianamente con el resto de la población local. Esta hipó-tesis ha sido obcecadamente desmentida desde los tiempos de la Escuela de Chicago, cuyos autores señalaban ya a comienzos del siglo XX que los barrios y lugares étnicos habilitaban para los inmigrantes estrategias orientadas a una mejor integración en el conjunto de la realidad local. Este argumento, además, ha sido recientemente actualizado, no solo en Estados Unidos de América (Portes 2006), sino también en Europa (Delgado 1998). En su defensa, ha sido crucial la aplicación del método etnográfico, que ha permitido superar la imagen estereotipada que a menudo se construye sobre el gueto desde el exterior y acceder a discursos producidos por sus propios habitantes, que reflejan de manera inequívoca una capacidad de agencia y una conciencia de autonomía entre los inmigrantes.

Sin embargo, la estigmatización del gueto sigue proyectándose hoy en un extendido temor a la concentración residencial de los inmigrantes en el espacio urbano.
Algo que se refleja en las políticas públicas, que generalmente siguen apostando por
lo que Fenster (1998) denomina *enfoque procedimental* de la planificación urbana.
Dicho enfoque hunde sus raíces en el paradigma asimilacionista, y asume por tanto
que el objetivo último de la planificación debe ser propiciar y acelerar en lo posible
la desaparición de las diferencias que separan a los inmigrantes del resto de habitantes de la ciudad. En la práctica, este modelo de planificación suele adoptar un
planteamiento funcionalista, que se concreta en procedimientos formalizados de
arriba abajo de identificación de las diferencias para interpretarlas como desviaciones
a corregir. Anteponiendo el valor de la igualdad formal al reconocimiento de las
diferencias, este modelo se interesa por la inserción residencial de los migrantes solo
para identificar desviaciones del patrón general, recopilar datos, formular objetivos
de corrección, diseñar alternativas, aplicarlas y hacer un seguimiento del resultado
orientado a la retroalimentación (Moser 1993).

Multitud de estudios de caso dan cuenta de políticas públicas expresamente
orientadas a fomentar la dispersión residencial de los inmigrantes, generalmente
justificada como un estímulo a la convivencia de estas personas con la población
autóctona. En los Estados Unidos de América, por ejemplo, Ui (1991) documentó
la experiencia de las mujeres camboyanas residentes en California, y constató su
resistencia a la política de dispersión de la población refugiada que era impulsada
por el Gobierno federal de este país. Para explicar la tendencia de estas mujeres a
concentrarse en enclaves concretos, Ui apunta a factores que tienen que ver con la
estructura de la sociedad receptora, y describe cómo estas personas se instalaban en
California por tener acceso allí a servicios y beneficios que otros estados no ofrecían
(Ui 1991, 163); pero también enfatiza la importancia que estos enclaves étnicos
residenciales tienen para ofrecer seguridad a los miembros del grupo inmigrante,
así como para brindar un espacio para el desarrollo de actividades económicas estratégicas para el grupo (Ui 1991, 165-167).

Desde una perspectiva distinta, Smets y Den Uyl (2008) se interesan por las políticas de dispersión residencial de los inmigrantes discutiendo el concepto de *mezcla
cultural* que con frecuencia justifica su diseño e implementación. Estos autores se
centran en el caso de los Países Bajos, que consideran representativo de una Europa
occidental donde la segregación residencial tiende a producirse en función de la
clase y no de la etnicidad, y donde resulta extraño por tanto encontrar los guetos
característicos de algunas ciudades de Estados Unidos de América. En concreto, se
interesan por la mezcla entre grupos étnicos distintos como elemento crucial de
las políticas públicas holandesas de reestructuración de barrios (Uitermark 2003).
Mediante el abordaje de varios estudios de caso, Smets y Den Uyl describen las

concepciones de lo étnico que están en la base de estas políticas. Y constatan que dichas concepciones son extremadamente vagas, y que los planificadores urbanos al cargo son reacios a definir de forma explícita a qué grupos se quiere mezclar, pero también los motivos que aconsejan la mezcla o las pautas a seguir para lograrla. Todo ello lleva a los autores a concluir que las políticas de dispersión residencial orientadas a la mezcla interétnica responden a la deseabilidad de lo políticamente correcto, pero contienen graves carencias en su diseño y, en todo caso, suelen fracasar en su implementación al carecer de control sobre la herramienta central en este tipo de planificación urbana: el mercado de la vivienda (Smets y Den Uyl 2008, 1458).

Frente a las apuestas por la dispersión residencial de los inmigrantes, que genéricamente englobamos en el *enfoque procedimental* de la planificación urbana descrito por Fenster (1996, 1998), el mismo autor habla de *planificación pluralista* para describir nuevos enfoques que interpretan la diferencia étnica como un valor compatible con el derecho a la igualdad, y que debe ser respetado y promovido en el diseño físico de la ciudad. Este enfoque, sustentado en una concepción postestructuralista de las relaciones sociales, apunta a una «planificación para públicos múltiples», en cuyo centro está «el reconocimiento y la celebración de la diferencia» (Sandercock y Forsyth 1996, 178-179). Como tendremos ocasión de comprobar más adelante, este modelo de planificación resulta aún ajeno a las políticas públicas implementadas en las ciudades que sustentan los estudios de caso abordados en este libro. No obstante, la importancia de una planificación urbana sensible al valor de la diversidad étnica sí empieza a ser tomada en cuenta tanto por las administraciones públicas como, muy especialmente, por los sectores organizados de las propias poblaciones inmigrantes.

El otro aspecto central en los debates sobre la incorporación física de los migrantes a la ciudad tiene que ver con la visibilidad de sus culturas en el espacio público. En principio, parece lógico suponer una cierta correlación entre los niveles de concentración residencial de los inmigrantes y los grados de visibilidad de sus culturas. Se asume, generalmente, que las expresiones culturales características de un grupo inmigrante tienden a alcanzar una alta visibilidad en aquellos enclaves urbanos en que ese grupo se concentra. Sin embargo, la relación entre ambas variables es más compleja de lo que puede parecer. Dos barrios con una proporción similar de inmigrantes de un mismo grupo pueden presentar niveles muy desiguales de visibilización de su identidad cultural. Y dentro de un mismo barrio puede haber dos o más grupos inmigrantes que, teniendo niveles de presencia semejante, visibilicen de formas muy desiguales sus identidades. Incluso un único grupo inmigrante, considerado aisladamente, puede implementar formas muy diversas de visibilizar su identidad si atendemos a su heterogeneidad interna en términos de género o edad, y todas esas expresiones pueden, a su vez, experimentar modificaciones a lo largo del tiempo.

Las formas en que los migrantes visibilizan sus identidades en el espacio público pueden ser provechosamente interpretadas si nos apoyamos en la concepción barthiana de la etnicidad (Barth 1969). Se trata de asumir que la etnicidad, como identidad socialmente efectiva, emerge en el marco de procesos flexibles de organización y definición política de las diferencias culturales. Desde esta perspectiva, el vínculo que existe entre una expresión cultural y el grupo étnico al que se asocia no es esencial: no está inscrito en la naturaleza de los miembros del grupo ni tiene por qué mantenerse en el tiempo o en el espacio. Por el contrario, son las condiciones concretas que enmarcan las relaciones que un grupo inmigrante establece con otros grupos las que le inducen a seleccionar ciertas expresiones culturales como marcadores de su identidad diferenciada. Son generalmente estas expresiones culturales las que estos grupos tratan de visibilizar en un determinado espacio público cuando su objetivo es establecer una vinculación explícita entre ese espacio y el grupo en cuestión. Ahora bien, la activación de esos marcadores tiene un carácter estratégico y, por tanto, no se produce siempre e incondicionalmente cuando los miembros del grupo ocupan o utilizan un espacio. Por el contrario, sucede a menudo que las poblaciones migrantes ocupan, delimitan y significan ciertos espacios públicos en formas que no afirman de un modo explícito sus identidades diferenciadas. En otros espacios, sin embargo, los mismos grupos sí pueden conceder una prioridad estratégica a la visibilización de sus identidades.

Para entender esta dinámica, resulta útil la distinción conceptual propuesta por Torres (2008) entre espacios comunes y espacios *etnificados*. Los espacios comunes son, potencialmente, todos los que son usados por el conjunto de los vecinos sin distinción de origen ni criterio de pertenencia de ningún tipo; mientras que los espacios *etnificados* son aquellos en los que el uso se encuentra explícitamente vinculado a la participación de una identidad étnica específica. Dentro de los primeros, se incluye la mayor parte de las calles, plazas, parques y, en definitiva, los lugres de acceso abierto que existen en cualquier ciudad. Entre los espacios *etnificados* incluimos, exclusivamente, aquellos espacios que, aun siendo públicos y estando potencialmente abiertos al uso de cualquier persona, quedan asociados a un grupo en concreto por el efecto de mecanismos específicos de marcación étnica del territorio. Para analizar correctamente la naturaleza de ambos tipos de espacios debemos hacer tres observaciones importantes.

La primera de ellas tiene que ver con los procesos que desembocan en la cristalización de espacios *etnificados*. Tales procesos son ampliamente variables respecto de varios niveles: en cuanto al número y el perfil sociodemográfico de los sujetos que *etnifican* el espacio; en cuanto a las expresiones culturales concretas que son elegidas para visibilizar la identidad étnica y en cuanto a los niveles de visibilización de esas expresiones culturales. Así, podemos encontrarnos con que una plaza, un bar o una cancha deportiva lleguen a ser asociados a un grupo concreto porque miembros de ese grupo de distintas identidades de género, edad o clase lo hagan suyo; pero también es común que sean sectores muy concretos de un grupo étnico —hombres jóvenes, o mujeres mayores, por ejemplo— los que se apropien del espacio e intervengan en él para *etnificarlo*. Por otra parte, los rasgos culturales concretos que vehiculan la *etnificación* del espacio son seleccionados en cada contexto específico, dependiendo de qué sector lidere el proceso de territorialización, pero también de otros factores, como por ejemplo quiénes sean percibidos como los *otros* frente a los que debe marcarse el contraste cultural, las características físicas del espacio en cuestión u otros condicionantes de tipo económico o legal que limiten los usos posibles del espacio. En este sentido, los niveles de visibilización de la etnicidad varían mucho entre unos espacios y otros, y también en base a distintos criterios. Como tendencia general, parece que la etnicidad puede requerir de formas de visibilización más explícita en aquellos espacios cuyo control por parte de un grupo es precario, ya sea porque exista una presencia simultánea y significativa de personas de otros grupos, o bien porque el control efectivo del espacio tenga un carácter intermitente en el tiempo y solo sea efectivo en momentos concretos.

Una segunda observación que debe hacerse es que la necesidad de construir espacios *etnificados* no es exclusiva de la cultura de ningún grupo, sino que aparece como resultado estructural del proceso de incorporación de los inmigrantes a la ciudad. La necesidad de abordar retos importantes, como la búsqueda de alojamiento, la obtención de un empleo o la construcción de amistades en un entorno nuevo y desconocido hace que sea más importante que nunca para el migrante contar con mecanismos eficaces de acceso a otros sujetos con los que pueda vincularse a través de una identidad compartida. Es precisamente la dificultad de mantener en el contexto urbano las redes sociales y las formas de sociabilidad que sostienen la existencia del grupo lo que obliga a sus miembros a activar estratégicamente la *etnificación* de ciertos espacios. Hay que tener en cuenta, además, que en la mayor parte de las ocasiones —y en las tres investigaciones que sirven de base a este libro—, los migrantes ocupan posiciones subalternas en la estructura social. En ese sentido, las dinámicas de *etnificación* de ciertos espacios solo pueden ser entendidas en el más amplio marco de una sociedad local en la que es la población autóctona, y muy particularmente los sectores más poderosos de esta, la que tiene la iniciativa sobre el control y la gestión del espacio urbano. La constitución de espacios *etnificados* entre los inmigrantes conecta siempre con la condición de minoría que afecta a estos grupos, que por lo demás no refiere tanto al peso numérico de sus miembros sobre el total de la población como a su condición subalterna.

Finalmente, la tercera observación necesaria es que todos los grupos inmigrantes combinan el recurso a espacios públicos compartidos y espacios *etnificados* en sus

estrategias de incorporación al espacio urbano. El hecho de que un grupo vincule de
forma explícita un determinado espacio a su identidad diferenciada no constituye
la prueba de un fracaso en el proceso de incorporación a la sociedad receptora, pero
tampoco entraña por sí mismo un avance en dicho proceso. Antes bien, la propia
naturaleza de la urbe, como espacio de coexistencia entre diferentes, parece estimular en todos los grupos humanos dos pautas de territorialización diferentes y
complementarias: una orientada a la constitución de lugares propios, que entre los
inmigrantes se articulan con frecuencia en torno a la etnicidad o criterios afines de
identidad compartida; la otra tendente a la participación indiferenciada de espacios
comunes, donde las identidades culturales quedan relegadas a un segundo plano en
beneficio de una sociabilidad característicamente urbana por lo que tiene de anónima
y estandarizada. Aparentemente, el éxito del proceso de incorporación a la ciudad no
se desprende de la sublimación de ninguna de estas dos pautas por separado, sino
más bien de una conjugación estratégica de ambas.

En definitiva, para analizar el papel de los migrantes en la configuración del
espacio urbano es preciso comenzar por describir el contexto espacial y temporal en
que se produce la propia incorporación física del migrante a la ciudad. Tal y como se
desprende de la discusión anterior, una descripción de este tipo puede organizarse
en torno a los criterios de distribución y visibilidad, detallando los niveles específicos
de concentración o dispersión espacial que caracterizan a cada grupo y los grados
desiguales de visibilidad en el espacio urbano. Ahora bien, coherentemente con los
argumentos expuestos, esta forma de descripción debe respetar escrupulosamente
tres principios:

- En primer lugar, debe ser necesariamente una descripción procesual. La
  ilustración de los estudios de caso tiene que ser sensible a la evolución de
  las circunstancias a lo largo del tiempo, tomando en consideración la trayectoria histórica de los flujos migratorios en el área, los cambios legales e
  institucionales acontecidos o la evolución de la experiencia de los migrantes
  estudiados a lo largo de los años. Para cumplir con esta premisa, el análisis
  debe retrotraerse al origen del proceso migratorio, problematizando sus
  causas y observando el discurrir de la experiencia migratoria a lo largo de
  un plazo de tiempo razonablemente extenso.
- En segundo lugar, la descripción debe atender a los factores estructurales que
  enmarcan la experiencia migratoria. Más allá de recabar cifras, discursos de
  los migrantes o datos sobre sus prácticas cotidianas en el espacio urbano, es
  necesario profundizar en el contexto político, económico e institucional que
  alberga esa realidad y la dota de un sentido propio. Esto se consigue incluyendo información sobre el marco legal que los migrantes encuentran a su

llegada a la sociedad receptora, pero también sobre los sectores del mercado de trabajo en que se insertan y sobre las condiciones económicas, geográficas o de otro tipo que pueden predisponer su concentración en ciertas áreas de la ciudad o la evitación de otras.

– Finalmente, describir la incorporación de los migrantes a la ciudad implica necesariamente atender a lo estratégico, es decir: a la agencia de los migrantes, entendida como capacidad para articular acciones alternativas con fines prácticos. Esto pasa por ilustrar de manera detallada los objetivos prioritarios que cada grupo se marca, así como los recursos disponibles para alcanzarlos y los obstáculos que van dificultando su alcance.

Siguiendo este patrón general, a continuación, introducimos los tres estudios de caso que sustentan esta obra, siguiendo el orden en que fueron abordados a lo largo del tiempo. Comenzamos así con el caso de los inmigrantes de origen latinoamericano residentes en el distrito Macarena de la ciudad de Sevilla; posteriormente abordamos la experiencia de los inmigrantes de origen africano que habitan el barrio de Cova da Moura, en la periferia de Lisboa y finalizamos este apartado describiendo el proceso de incorporación de los inmigrantes peruanos al barrio del Abasto, en la ciudad de Buenos Aires.

2.1. Los inmigrantes latinoamericanos en el distrito Macarena (Sevilla, España)

La historia de la inmigración latinoamericana en la ciudad de Sevilla se ajusta al patrón general observado en las principales ciudades del Estado español. Se trata por tanto de una migración que se remonta en su origen a la década de los setenta, y que experimenta un punto de inflexión coincidiendo con el cambio de siglo (Martín Díaz et al. 2012a). La segunda mitad de la década de los noventa, y muy especialmente la primera década de los dos mil, determinan la consagración de la migración latinoamericana como principal fuente de población extracomunitaria en Sevilla y en el conjunto del Estado (Ayuso y Pinyol 2010). A partir de ese momento, colectivos como el boliviano, el ecuatoriano o el colombiano se consolidarán entre las más importantes minorías inmigrantes en Sevilla y en España.

En términos comparativos, Andalucía será una de las principales comunidades en cuanto al número de estos inmigrantes instalados en su territorio. El inicio del estudio que ejecuté en la Macarena, en el año 2008, coincidió con la finalización del gran crecimiento de la inmigración latinoamericana en España. En ese momento, Andalucía contaba con un total de 180 241 habitantes de origen latinoamericano.

No obstante, estas cifras se mantenían a una distancia significativa de las principales áreas de instalación de esta población, entre las que destacaban las comunidades de Madrid —588 945 personas—, Cataluña —491 126— y Valencia —249 889—, y dentro de cada una de ellas sus principales núcleos urbanos (Martín Díaz *et al.* 2012a). En Andalucía la ciudad de Sevilla constituía uno de los principales lugares de asentamiento de la inmigración latinoamericana, y acogía en aquel momento a un total aproximado de 12 800 personas (Martín Díaz *et al.* 2012a).

El origen de los movimientos migratorios entre España y Latinoamérica puede retrotraerse potencialmente a los años de la conquista del subcontinente. No obstante, y asumiendo una perspectiva de la migración más ajustada a los parámetros típicos de la era contemporánea, observamos que ya durante la segunda mitad del siglo XIX y la primera del XX las jóvenes repúblicas americanas acogieron la llegada de una importante cantidad de españoles, así como de italianos, portugueses y alemanes (Palazón Ferrando 1993; Bade 2003). El impacto demográfico de este proceso, desigualmente repartido a nivel geográfico, fue decisivo en zonas como el Cono Sur. Aquellas migraciones, vinculadas al trabajo, establecieron los lazos que más tarde facilitarían nuevas migraciones asociadas al exilio político de miles de españoles en el contexto de la dictadura franquista.

En sentido inverso, el origen de la migración contemporánea de latinoamericanos hacia España puede situarse a fines de los setenta, y conecta directamente con el exilio político provocado por las dictaduras militares en el subcontinente. Los golpes de Estado en el Cono Sur —Argentina, Chile, Uruguay— provocaron la llegada de exiliados de estos países, que destacaban en número junto con contingentes de venezolanos, colombianos, peruanos y cubanos (Colectivo IOÉ 1987). En 1983, España reconocía legalmente la existencia de 167 refugiados latinoamericanos en su territorio, mientras que la investigación realizada en esa época por el Colectivo IOÉ (1987) cifraba el número real en torno a los 45 000. Según sus datos, los migrantes latinoamericanos constituían el 76 % del total de la población refugiada en España.

En 1985 se aprobaba la Ley Orgánica 7/1985 sobre Derechos y Libertades de los Extranjeros, la primera Ley de Extranjería española, que cumplía una condición indispensable para la inclusión de España en la Comunidad Económica Europea (CEE), que se materializaría en 1986. Esta ley suponía un punto de inflexión en una política de inmigración que hasta entonces apenas se había definido y que, desde ese momento, posicionaba a España como frontera sur de Europa (Martín Díaz y De la Obra 1998; King 2000). No obstante, esta ley incluía cláusulas que facilitaban la entrada de los nacionales latinoamericanos como turistas, como una expresión del deseo de España de establecer políticas preferenciales para con sus antiguas colonias. Si la ley obligaba al común de los extranjeros a disponer de un visado para entrar en España, el artículo 12.2 de la misma establecía como excepciones «las condiciones previstas en las leyes internas o en los Tratados Internacionales en los que España sea parte», contándose entre estos tratados internacionales los acuerdos bilaterales existentes con los Estados iberoamericanos. Debido a estas circunstancias, y coincidiendo con el endurecimiento de las políticas fronterizas de los Estados Unidos de América a inicios de los dos mil, España se consolidaba como una alternativa deseable para miles de trabajadores latinoamericanos, que en sus países de origen sufrían las duras consecuencias de las políticas de ajuste neoliberal. Fue en esta etapa cuando se produjo el gran crecimiento de la migración latinoamericana, en Sevilla y en el conjunto de España. La mayoría de estos migrantes optaban por entrar al territorio español como turistas, ya que por ley se les permitía una estancia de tres meses sin necesidad de visado. Dentro de este modelo es posible identificar las corrientes pioneras de mujeres dominicanas y peruanas que ya alcanzaron cifras significativas a lo largo de los noventa. Pero es a finales de esta década cuando se produce un crecimiento inédito hasta la fecha de la migración latinoamericana a España, que presentó sucesivamente aportes destacados de ecuatorianos, colombianos, bolivianos y paraguayos entre otros grupos nacionales (Martín Díaz, Cuberos Gallardo y Castellani 2012b).

El gran crecimiento de la inmigración latinoamericana en la ciudad de Sevilla se daba, por tanto, a partir de la segunda mitad de la década de los noventa, y debe ser contextualizado dentro de la intensificación de la globalización capitalista, marcada por una integración creciente de los mercados de trabajo y una división internacional del trabajo que acentúa la dependencia estructural del sur global respecto de las áreas centrales del sistema capitalista. En estas condiciones, la migración de latinoamericanos a España respondía lógicamente a la coincidencia en el tiempo de severas crisis económicas y financieras en los países de origen con una etapa de crecimiento económico en el caso español. No obstante, el crecimiento exponencial de estos movimientos migratorios no se explica exclusivamente por la funcionalidad económica que ofrecían al mercado de trabajo español. Simultáneamente, deben tenerse en cuenta las ventajas legales ya mencionadas, que facilitaban el acceso de los nacionales latinoamericanos al territorio español, pero también la obtención de la nacionalidad española con el requisito de dos años de residencia legal en España, frente a los diez años que se exige al común de los extranjeros. Finalmente, no podemos perder de vista el efecto que tuvo el cierre de las fronteras de Estados Unidos de América, muy especialmente a partir de los atentados del 11 de septiembre de 2001. Esta situación representó una dificultad extraordinaria para seguir llegando al que había sido históricamente el destino migratorio predilecto para la mayor parte de los países latinoamericanos, y consecuentemente, provocó la necesidad de reorientar las estrategias migratorias hacia destinos alternativos.

¿Pero quiénes eran estos migrantes latinoamericanos que llegaron masivamente a Sevilla desde fines de los años noventa? Aun reconociendo la diversidad interna de estos flujos, que incluyeron a hombres y mujeres de distintos países y una pluralidad de circunstancias legales, podemos afirmar que el principal aporte demográfico se nutría de personas de clase media y media-baja —dentro de los estándares latinoamericanos— que padecían condiciones económicas difíciles, pero no se encontraban mayoritariamente entre los estratos más humildes de sus países de origen. Con un promedio de edad encuadrado entre los veinte y los cuarenta años, estas personas presentaban mayoritariamente un nivel formativo medio, y llegaban a la ciudad con el objetivo de mejorar sus condiciones de vida mediante su incorporación al mercado de trabajo como personal asalariado. Por lo demás, destacaba en esta población su procedencia mayoritaria de entornos urbanos y, muy especialmente, una marcada feminización especialmente notable en las primeras fases de los principales flujos migratorios. En efecto, las grandes corrientes procedentes de países como Ecuador, Colombia, Perú o Bolivia estaban encabezadas por mujeres, lo que hizo que durante la década del boom migratorio de latinoamericanos a España este colectivo fuera el único grupo de residentes extranjeros extracomunitarios netamente feminizado (Pérez Caramés 2004). Una vez transcurrida esta primera fase del ciclo migratorio, la composición de género dentro de estos grupos tendió a equilibrarse, en gran medida por efecto del reagrupamiento familiar. En este sentido, el desarrollo del proyecto migratorio estándar entre estos migrantes latinoamericanos parecía ajustarse a una pauta cronológica que suponía la llegada en primer lugar de la mujer, seguida de la del marido y finalmente de los hijos (Izquierdo Escribano y Martínez Buján 2003).

El proceso de incorporación de estas personas a la ciudad de Sevilla estaba marcado por el acceso precario a la vivienda, la carencia de espacios públicos, situaciones recurrentes de irregularidad jurídica y una inserción laboral en el mercado de trabajo secundario (Capel 2002). Todos estos factores concurrían para precarizar el acceso de estas personas a los espacios físicos y simbólicos de la ciudad, así como para dificultar el establecimiento de formas de control sobre los tiempos en sus vidas.

El acceso de los inmigrantes latinoamericanos a la vivienda se vio fuertemente condicionado por un contexto económico de hiperinflación del precio del suelo ligado a la especulación inmobiliaria (Arbaci 2008). Para tener un sitio en el que vivir, los inmigrantes tenían que movilizar una cantidad considerable de recursos económicos, que era además mayor en relación con el bajo nivel de sus ingresos. El alquiler compartido, modelos alternativos de subalquiler como el de *camas calientes*[1] y formas solidarias de alojamiento temporal gratuito eran frecuentes entre una población siempre precaria en su capacidad de acceso estable a un alojamiento

---

[1]   El sistema de *camas calientes* consiste en el subalquiler de una habitación, una cama o un camastro por parte de varias personas, que le dan uso de manera rotatoria. Es usado por personas que, al tener horarios de trabajo diferentes, pueden hacer turnos ordenados para dormir.

digno (Rodríguez y Araya 2003). Dentro de estas estrategias de acceso a la vivienda, era fundamental el papel de las redes migratorias. Especialmente en los primeros momentos, encontrar un lugar para vivir dependía del apoyo de redes basadas en la amistad o el parentesco. La importancia de las funciones que estas redes asumían explica que los migrantes se hayan preocupado por conservarlas, practicando para ello un refuerzo de las identidades locales y regionales en torno a las cuales suelen organizarse (Gurak y Caces 1998; Pedone 2000).

En cuanto al modelo de inserción laboral en Sevilla, este seguía una pauta que se ajusta razonablemente al modelo de mercado dual definido por Piore (1979, 1983). La mayor parte de los inmigrantes latinoamericanos se incorporaba a un conjunto de sectores laborales de carácter secundario, marcados por una fuerte precariedad salarial, un alto grado de informalidad en la contratación y una práctica sistemática de la *segmentación étnica* (Massey *et al.* 1993, 1998). Dicha segmentación ha sido, de hecho, decisiva en el sostenimiento de la precariedad e invisibilidad del trabajo de estas personas. Tanto las leyes económicas de la oferta y la demanda como las políticas migratorias que regulan el ritmo de entrada y asentamiento de cada colectivo nacional se conjugaron para dar como resultado sectores laborales diferenciados que eran ocupados por trabajadores inmigrantes especialmente vulnerables en sus derechos. En ámbitos como la hostelería, la agricultura o el trabajo doméstico, se dieron sistemáticamente formas de *dumping* transnacional (Martín Díaz *et al.* 2008), que reproducían y perpetuaban la precariedad característica de estos sectores. El modelo de acumulación capitalista activaba así en su propio beneficio las identidades diversas de los inmigrantes, con el objetivo de fomentar líneas de competencia entre ellos que contribuían a abaratar el precio del factor trabajo (Martín Díaz, Cuberos Gallardo y Castellani 2012b). De esta forma, los colectivos nacionales de más larga presencia en la ciudad vivían con incomodidad la llegada a ella de nuevos inmigrantes que, por su mayor exposición a la precariedad, estaban dispuestos a trabajar a cambio de salarios inferiores. La identidad de origen, por tanto, también jugó un papel central en la ordenación del acceso a los mercados de trabajos de la sociedad receptora. Pero los inmigrantes, lejos de ser espectadores pasivos, desarrollaban sus propias estrategias aprovechando la dimensión extraeconómica de esta segmentación, que se basaba en «factores de diferenciación cultural, demográfica, étnica, de género y de condición migratoria» (Canales y Zlolniski 2001). En nuestras investigaciones pudimos constatar que, al igual que en el acceso a la vivienda, la forja de redes basadas en la identidad cultural compartida también fue una estrategia recurrente para maximizar las opciones de acceso al mercado laboral.

En cuanto a la situación jurídico-administrativa de los inmigrantes procedentes de Latinoamérica, sabemos que estos atravesaban en su mayoría una primera etapa de irregularidad relacionada con la caducidad de su permiso de estancia como turistas y la ausencia de permiso de trabajo y residencia. Con el tiempo, la mayoría lograba regularizar su situación. Sin embargo, la situación de crisis económica que se desató a partir del año 2008 tuvo un efecto negativo entre aquellos inmigrantes sujetos a la necesidad de renovar su permiso de trabajo y residencia. A causa del creciente desempleo, fue común que estas personas se viesen afectadas de manera recurrente por situaciones de «irregularidad sobrevenida» (Jarrín Morán, Rodríguez García y De Lucas 2012). Ahora bien, el impacto de la irregularidad administrativa también fue desigual entre los distintos colectivos nacionales. La situación de irregularidad tendía a estar más extendida entre aquellos colectivos de más reciente presencia en Sevilla. Sin embargo, en todos ellos las redes de compatriotas asumieron funciones importantes a la hora de proveer a los migrantes de información y apoyo ante el problema compartido de regularizar su situación en España.

Podemos asumir por tanto que la precariedad residencial, jurídica y económica que encuadró estos flujos migratorios, especialmente en sus primeras etapas, condicionó severamente sus formas de incorporación al espacio urbano. Tras una primera fase en la que generalmente se recurría al alquiler de pisos compartidos, cuando la situación laboral se estabilizaba muchos conseguían reagrupar a la familia, procediendo entonces a alquilar un piso independiente o a comprar uno en propiedad. El contexto de ascenso sostenido del precio del suelo favoreció que muchos inmigrantes optasen por esta última opción como una estrategia de ahorro, con vistas a una hipotética recuperación del dinero en caso de encontrarse con la posibilidad de regresar al país de origen. Sin embargo, la llegada de la crisis económica a partir de 2008 dio al traste con estas expectativas. Miles de estas personas perdieron sus puestos de trabajo, y con ellos la posibilidad de seguir pagando los créditos hipotecarios que habían contraído para financiar la compra de sus viviendas y que por estas mismas fechas experimentaron una fuerte subida. Muchos inmigrantes se vieron afectados por problemas de impago, que desembocaron con frecuencia en procesos de desahucio y pérdida de los inmuebles comprados. En este contexto de crisis, muchos hijos que se habían independizado regresaron a vivir nuevamente con sus padres, y familias que habían comprado viviendas se vieron obligadas a alquilarlas y a volver a compartir piso con familiares (Martín Díaz *et al.* 2012a). Tal y como observa Gonick (2024), el acceso a una vivienda en propiedad fue para algunos inmigrantes una vía de participación en una economía efervescente antes de la crisis y, tras su desencadenamiento, un estímulo a la convergencia con afectados autóctonos en el movimiento de resistencia a la exclusión. En este sentido, los migrantes que optaron por adquirir una vivienda fueron por lo general quienes sufrieron a la postre las consecuencias más dramáticas de la crisis (Martín *et al.* 2012a).

Si atendemos a la distribución geográfica, desde fines de los noventa la pauta de inserción residencial de los migrantes latinoamericanos en Sevilla apuntaba inequívocamente a una preferencia por viviendas asequibles, generalmente en bloques de pisos, y ubicadas en barrios bien conectados con el centro de la ciudad. Más allá de alcanzar una presencia significativa en barrios del sur y el este de la ciudad, la mayor concentración de inmigrantes latinoamericanos se dio en la zona norte, y muy especialmente en el distrito Macarena. Este distrito se encuentra a las puertas del casco antiguo y se extiende hacia el noreste de la capital andaluza. Ya en el año 2008, la Macarena destacaba como principal barrio de recepción de inmigrantes, acogiendo aproximadamente a un 10 % del total de población extranjera de la ciudad. Dentro de dicho distrito la representación de inmigrantes alcanzaba cifras especialmente altas en barriadas como El Cerezo, El Rocío, La Palmilla, Doctor Marañón, el Torrejón y Begoña-Santa Catalina. No obstante, en ninguna de ellas la proporción de inmigrantes latinoamericanos llegó a representar a una mayoría de los vecinos. En el barrio de más alta concentración de latinoamericanos, El Cerezo, estos nunca pasaron de sumar más de un 20 % de la población total del barrio, lo que representaba aproximadamente el 70 % de los extranjeros empadronados en el mismo (Martín Díaz *et al.* 2012a). Por lo demás, si bien los niveles de concentración de esta población estaban muy lejos de los asociados a la noción del *gueto*, sí se observó desde el principio una tendencia a agruparse en un número reducido de barriadas, lo que constata la importancia estratégica de las redes familiares y comunitarias, que tienden a proyectarse espacialmente en este patrón de concentración residencial.

La mayor parte de la inmigración latinoamericana se insertó en la ciudad de manera acelerada, en un contexto de hiperinflación del precio del suelo y en unas condiciones de precariedad jurídica y laboral. Todo ello, unido a un patrón de relativa dispersión en el espacio urbano, determinó que estas personas constituyesen siempre segmentos minoritarios de la población dentro de barrios caracterizados por una alta densidad de población y una infradotación de servicios públicos. La visibilización de la presencia latinoamericana se veía dificultada por la condición minoritaria de estos vecinos en sus barrios, pero también por la escasez de espacios públicos adecuados y la co-presencia permanente de otros grupos en los mismos. La convivencia con estos otros sectores tendía a resolverse en formas más o menos armónicas de sociabilidad en paralelo, dentro de un modelo que Torres ha caracterizado como de coexistencia pacífica pero distante (Torres 2006, 2008).

La propia necesidad de reforzar redes comunitarias que reportaban apoyo psicológico, emocional y material estimulaba en los inmigrantes latinoamericanos la práctica de formas de sociabilidad intensas, que a menudo se proyectaban en una ocupación intensiva de los escasos espacios públicos de estos barrios. Esto se vio facilitado por el hecho de que la población autóctona de estos enclaves presentara una media de edad notablemente superior a la de los nuevos vecinos inmigrantes. De hecho, se ha subrayado cómo en el distrito Macarena muchos de los problemas de convivencia vecinal, que periódicamente aparecían en el debate público, respondían mucho más a estas diferencias de edad que a un supuesto choque cultural atribuible a las diferencias étnicas (Torres Gutiérrez *et al.* 2011). En cualquier caso, algunas calles y plazas del distrito Macarena pronto quedaron simbólicamente asociadas a colectivos concretos, que se reunían en ellas para conversar, escuchar música y otras formas de sociabilidad informal.

Un recurso estratégico para los inmigrantes latinoamericanos eran los espacios públicos del distrito, destacando especialmente las plazas y bancos. Tal y como ha sido observado en otros contextos (Joly 1987), en estos escenarios se desarrollaba buena parte de la interacción entre estos vecinos y la población autóctona, pero también eran esos mismos espacios los que acogían las expresiones más visibles de la diferencia cultural. Parques, plazas, canchas deportivas o simples bancos y bordillos asumieron un papel estratégico para estos inmigrantes. Su accesibilidad permitió una ocupación, intermitente pero sostenida en el tiempo, que permitió asociarlos a expresiones culturales distintivas de estos grupos (música, comidas y bebidas, etc.). Ahora bien, estas expresiones de la diversidad cultural se enmarcaban en un proceso de infradotación de los espacios públicos del barrio ligado al modelo urbanístico neoliberal. Esta dinámica, retroalimentada por la citada segmentación étnica de los mercados de trabajo y la consiguiente competencia intraclase, favoreció la aparición periódica de situaciones de tensión. Tales situaciones solían cristalizar en enclaves muy concretos, normalmente por las quejas de vecinos autóctonos sobre los horarios o las formas de uso que algunos inmigrantes hacían de ciertos espacios o del mobiliario urbano. Cuando esto sucedía, las desavenencias solían construirse discursivamente en torno a concepciones estandarizadas del civismo, que venían a equiparar la buena conducta vecinal con el ajuste estricto a los usos del espacio público normativamente prescritos por las leyes estatales y las ordenanzas municipales.

Por lo demás, la concentración de un número significativo de inmigrantes en el distrito Macarena también se dejó notar en la visibilidad creciente de locales comerciales gestionados por inmigrantes u orientados a satisfacer las necesidades y las pautas de consumo de los inmigrantes. Probablemente, la primera manifestación de esta tendencia se concretó en los locutorios. Estos locales comerciales, orientados en principio al servicio telefónico, ofrecían precios asequibles para realizar llamadas internacionales a los países de origen de las principales minorías migrantes del barrio. Simultáneamente los locutorios ofrecían, con frecuencia, servicios de transferencia de dinero, que representaban para los migrantes una forma rápida y segura de hacer llegar sus remesas a sus familiares. La inmigración latinoamericana representó una facción fundamental de la demanda de este tipo de negocios, especialmente durante la primera década de los dos mil, coincidiendo con la fase inicial de inserción en la sociedad receptora y la prevalencia de estrategias de ahorro orientadas a las sociedades de origen. En la medida en que los proyectos migratorios se consolidaban y el retorno previsto se iba postergando sucesivamente, el volumen de negocio de los locutorios cayó. Actualmente su número es notablemente más bajo que hace dos décadas, y el servicio de llamadas internacionales ha tendido a integrarse en comercios de actividad diversificada, cuya principal fuente de ingresos tiene más que ver con la venta de productos alimenticios, higiénicos o decorativos vinculados al país de origen.

Más allá de algún problema puntual relacionado con los horarios o la práctica personal de algún vendedor concreto, la actividad de este tipo de *comercio étnico* (Ma Mung 1992) no ha sido particularmente conflictiva en la Macarena. En todo caso, y en la medida en que algunos de estos comercios servían como puntos de reunión y nodos de sociabilidad intragrupo, sí ha habido quejas recurrentes sobre los usos del espacio público en el entorno de algunos de ellos. Cuando esto ha pasado, las disputas han tendido a vehicularse generalmente a través del patrón ya mencionado de vigilancia de formas estandarizadas y normativizadas del espacio público.

2.2. Los inmigrantes caboverdianos en la Cova da Moura (Lisboa, Portugal)

Si los migrantes latinoamericanos se incorporaron a la ciudad de Sevilla según un modelo de alta dispersión residencial, pocos escenarios en Europa pueden proporcionar un contraste tan fuerte como el que representa la Cova da Moura. Este vecindario de la ciudad de Amadora se ubica en la periferia del distrito de Lisboa. Nació a comienzos de los años setenta directamente ligado a la concentración acelerada de inmigrantes en sus terrenos. Se trataba de personas de origen africano, que llegaban a la que fue capital del imperio portugués, procedentes de las antiguas colonias lusas en África. Se instalaron mediante la ocupación ilegal de terrenos infrautilizados y la construcción de precarias barracas. Actualmente el 60 % de los aproximadamente 7000 vecinos de este barrio continúan siendo inmigrantes y descendientes de inmigrantes, con origen en los llamados PALOP[2] y mayoritariamente provenientes de las islas de Cabo Verde. Cuando llegué a la Cova da Moura, en la primavera de 2013, el barrio arrastraba ya cuatro décadas de profundos problemas de pobreza y exclusión social, todo ello agravado por un fuerte estigma que lo identificaba con la marginalidad, la delincuencia y la inmigración irregular.

---

[2]   PALOP es el acrónimo de Países Africanos de Língua Oficial Portuguesa: Angola, Cabo Verde, Guinea Bissau, Mozambique y Santo Tomé y Príncipe.

En aquel momento el Servicio de Extranjeros y Fronteras de Portugal cifraba en
42 857 el número total de caboverdianos residentes en el país (Serviço de Estrangeiros e Fronteiras 2013). Estos números situaban a la población caboverdiana como
tercera minoría inmigrante del país, solo superada por los nacionales de Brasil y de
Ucrania. No obstante, el tamaño real de la comunidad caboverdiana, incluyendo en
ella a los indocumentados y a los ya nacionalizados, era con seguridad muy superior
al que recogían estas cifras, y en 2008 se estimaba una cifra en torno a las 80 000
(Batalha 2008). Desde entonces, la presencia caboverdiana ha continuado siendo
muy importante, especialmente en el Área Metropolitana de Lisboa (AML). Hoy la
periferia del AML constituye un área urbana fuertemente asociada a la identidad
caboverdiana, en gran medida por cuánto continúan participando de esta identidad
los integrantes de las llamadas segundas y terceras[3] generaciones (Peixoto 2009).[4]

El origen de la migración caboverdiana a Portugal es indisociable de los vínculos
coloniales existidos entre ambos países, y muy especialmente de las singularidades
del proceso de descolonización. Dentro del imperio portugués, Cabo Verde presenta
como particularidad una fuerte tradición migratoria, que se ha traducido en expul-
siones periódicas de grandes contingentes de población a lo largo de su historia.
Conviene notar, de antemano, que estas islas se encontraban desiertas cuando llegaron los navegantes portugueses, y que fue el Imperio portugués el que impulsó su
poblamiento mediante la transferencia de población esclava procedente de la costa
de las actuales Guinea-Bissau y Senegal. Ya en los siglos XVII y XVIII una cantidad
importante de caboverdianos abandonaba el archipiélago a raíz de la desertización
provocada por la incorporación de un inadecuado modelo agrícola por parte de campesinos portugueses procedentes del Alentejo. En esta primera etapa, la migración
se concentró en Guinea-Bissau, y en menor medida en Angola, Mozambique, Senegal
y Brasil, estimulada por las desigualdades inherentes al sistema colonial portugués
y por la escasa pluviosidad en las islas y la pobreza de sus suelos (Carita e Rosendo
1993, 141). A comienzos del siglo XX, los flujos migratorios se reorientaron hacia
Estados Unidos de América, y más tarde a Brasil y Argentina. Fue en la segunda
mitad de este siglo cuando los caboverdianos empezaron a migrar a Europa, primero
a Escandinavia y Europa central —Francia, Luxemburgo—, y más tarde a Italia y Portugal. Desde finales de los años sesenta, la migración caboverdiana se concentró casi
exclusivamente en Portugal, y muy especialmente en Lisboa y su área metropolitana.

---

[3] Para una discusión del concepto *segunda generación* y sus implicaciones, ver Moncusí 2007.

[4] El criterio jurídico de reconocimiento de la nacionalidad portuguesa es el *ius sanguinis* desde
la reforma de la Ley de Nacionalidad en 1981. Desde entonces, el nacido de padres caboverdianos es
caboverdiano pese a haber nacido en Portugal.

Durante los últimos años del período colonial (1968-1974) se produjo un primer flujo migratorio de caboverdianos hacia Portugal, directamente estimulado desde la metrópoli, que encontró en esta movilidad la solución a un conjunto variado de problemas: por un lado, la carencia de mano de obra en un país receptor cuyos jóvenes se hallaban fuera en gran medida, bien por emigrar a Centroeuropa para trabajar o por hallarse movilizados en las guerras coloniales; por otro, la fuerte sequía que azotaba Cabo Verde predisponía a la población local a salir del país a trabajar a bajo coste; en tercer lugar, el cese de las tradicionales contrataciones de esta población en las plantaciones de Santo Tomé y Príncipe inhabilitaba uno de sus principales destinos migratorios históricos (Carita e Rosendo 1993; Batalha 2008; Gois 2008; Marques e Santos 2008). Dentro de esta primera fase se dio una predominancia de cuadros técnicos forjados en la Administración colonial, que entraban libremente al país por poseer la nacionalidad portuguesa. Este primer flujo migratorio logró una inserción exitosa en Portugal, y su evolución fue muy diferente de la de los inmigrantes caboverdianos llegados después de la independencia (Carita e Rosendo 1993; Sardinha 2004; Batalha 2008). Debe tenerse en cuenta que en esos momentos no todos los residentes en las colonias tenían la nacionalidad portuguesa. Pero sí la poseían todos los integrantes de este primer flujo, por contar con padres o abuelos portugueses o por haber desempeñado funciones en la Administración colonial (Machado 1994, 113).

El 25 de abril de 1974 marcó un punto de inflexión en la historia de Portugal, y también en sus dinámicas migratorias. El alto coste de las guerras coloniales y la pérdida del control sobre algunas de ellas aceleraron el proceso de descolonización, que a su vez favoreció el fin del régimen dictatorial en Portugal y la transición hacia un modelo democrático. Este conjunto de transformaciones se saldó con la llegada a Portugal de dos perfiles diferentes de inmigrantes procedentes de las antiguas posesiones en África. Por una parte, llegaba un número de entre 500 000 y 800 000 mil portugueses retornados en apenas seis años, procedentes en su mayoría de Angola y, en menor medida, de Guinea Bissau, Mozambique, Cabo Verde y Santo Tomé (Pires, Maranhão e Quintela 1987; Rocha-Trindade 1995). Por otra, y en el caso de Cabo Verde, hubo una importante migración laboral de población no portuguesa negra y mulata hacia la antigua metrópoli en el período 1974-1981. Este flujo migratorio post-independencia provocó que la ciudad de Lisboa tomase conciencia *a posteriori* de haber sido capital de un Imperio colonial (Fonseca 2009a, 69-70). Un fenómeno que, por lo demás, también ha sido observado en otras ciudades otrora metrópolis de imperios ya extintos, como Londres o París (Ali 2006).

Este segundo grupo de inmigrantes caboverdianos, llegados a Portugal tras la independencia del archipiélago, presentaba unas características claramente diferenciadas. Compuesto básicamente por trabajadores poco cualificados, su inserción se desarrolló en condiciones de extrema precariedad laboral y residencial, y tendió a materializarse en el Área Metropolitana de Lisboa. Esta marcada concentración espacial obedecía en un primer momento a la demanda de mano de obra de la industria de la zona que, si bien hasta entonces se había nutrido de portugueses procedentes del medio rural, encontró en los caboverdianos una fuerza de trabajo numerosa y más barata. En 1979 la población de Amadora, en la cual se encuentra la Cova da Moura, albergaba una población de 186 000 habitantes en un espacio de apenas veinticuatro kilómetros cuadrados (Centro Social do Bairro 6 de Maio 2003). Y ya en esos momentos los caboverdianos contribuían notablemente al fuerte aumento poblacional de esta ciudad. Desde entonces, y a lo largo de veinte años, la población caboverdiana siguió creciendo en Amadora, coincidiendo primero con la reestructuración económica del distrito de Lisboa en los ochenta (Sardinha 2009, 107-108) y, posteriormente, con el fuerte crecimiento del sector de la construcción civil, ligado sobre todo a las grandes obras ejecutadas con motivo de la Expo de Lisboa 98 (Machado 1999, 58).

La Cova da Moura comenzó a ser habitada, como muchos otros enclaves de la zona, en torno a 1974, mediante una ocupación ilegal de terrenos públicos y privados. La inserción residencial de esta población en Lisboa resultaba extremadamente difícil por su bajo perfil socioeconómico y por la escasez de viviendas en un país que, en plena descolonización, buscaba acomodo para más de medio millón de portugueses retornados. La mayoría de quienes llegaban a la Cova da Moura eran caboverdianos, si bien estos terrenos contaban ya con algunas barracas construidas por portugueses inmigrados desde áreas rurales y por algunos retornados de las antiguas colonias.[5] La zona, que ocupa una extensión de 16,5 hectáreas, ofrecía ventajas por su ubicación. Por un lado, la proximidad a fábricas del entorno que precisaban de trabajadores. Por otro, una buena comunicación con Lisboa por la línea de ferrocarril que une la capital portuguesa con la ciudad de Sintra. Esta facilidad de acceso a Lisboa era crucial, ya que muchas de las mujeres caboverdianas que llegaron al barrio trabajaban en la venta ambulante de pescado y necesitaban un acceso cómodo a los mercados cercanos al puerto y a los consumidores de la ciudad. Además, era un terreno baldío cuyos propietarios no estaban interesados en utilizar, lo que explica el hecho de que su temprana ocupación contara con la aquiescencia tácita de la autoridad local (Malheiros e Mendes 2007). No obstante, los caboverdianos encontraron a su llegada

---

[5]   «Del mismo modo en que sucedió a nivel nacional, los primeros inmigrantes procedían principalmente de Cabo Verde. Solo en los años ochenta y noventa llegarán, en número más visible, los inmigrantes de Angola, Guinea y Santo Tomé y Príncipe. En los últimos años hay que añadir trabajadores del Este [de Europa]» (www.moinhodajuventude.pt). [Traducción del autor] [Consultado 5/11/2013]

un terreno yermo, que exigía de su parte una profunda intervención para convertirlo en un entorno habitable.

Tal y como me fue relatado en los testimonios recogidos, la instalación de los primeros inmigrantes se materializó mediante la construcción de barracas, en un proceso que por estas fechas se reprodujo en buena parte de la periferia lisboeta, en los *concelhos* de Oeiras, Loures y Amadora. Las unidades residenciales se iban conformando en torno a un trazado desordenado de chabolas, que con el tiempo iban siendo adecentadas primero y posteriormente sustituidas por construcciones más consistentes. Desde el comienzo fue precisa la implicación de los vecinos para la obtención de servicios mínimos —agua, desagües, luz—, mediante la construcción provisional de sistemas precarios de enganche ilegal, pero también para canalizar la presión a las instituciones municipales de cara a la instalación de infraestructuras públicas. Todo ello favoreció la emergencia entre los habitantes del barrio de una densa red de relaciones, basadas en el sentimiento de vecindad y con un fuerte componente de solidaridad mutua (Malheiros e Mendes 2007, 197). En este sentido la Cova da Moura cuajó como un caso paradigmático de lo que Pujadas denomina «sistema de contexto alto», en el que «participar, organizarse y ser solidarios es un prerrequisito para seguir existiendo como comunidad» (Pujadas 1990, 315). El resultado de este proceso fue la consolidación del barrio como un espacio autónomo cuya cohesión interna respondía en gran medida a su marginalización y estigmatización desde el exterior.

La peculiaridad de este barrio respecto a su entorno se ha visto acentuada con el transcurso de los años. En 1993, los ayuntamientos de la zona lanzaban el Programa Especial de Realojamento (PER),[6] cuyo objetivo era la erradicación de los barrios de barracas mediante la concesión de apoyo financiero para la construcción, adquisición o arrendamiento de viviendas destinadas a realojar a las familias residentes. Con un discurso de corte higienista, el PER produjo una transformación decisiva en todo el Área Metropolitana de Lisboa, a través de un conjunto de intervenciones prolongadas durante más de diez años. Sin embargo, y por darse prioridad a otros barrios, la Cova da Moura fue uno de los escasos enclaves que quedaron fuera de la cobertura de este programa. El resultado de esta situación de excepcionalidad es que hoy tanto el perfil demográfico de este barrio como su aspecto arquitectónico y su trazado urbano contrastan fuertemente con los de los barrios adyacentes. Frente a un entorno saturado de bloques de pisos y poblados por una mayoría étnica portuguesa, la Cova da Moura se ordena en torno a calles desiguales, donde una mayoría de inmigrantes caboverdianos y sus descendientes continúa residiendo en viviendas unifamiliares construidas con sus propias manos. Pero esta excepcionalidad también se refleja en las pautas de sociabilidad de los vecinos: si autores como Marques y Santos (2008)

---

[6]   Decreto-Lei n.º 163/93 de 7 de Maio.

han señalado los estragos causados por el PER en las redes sociales de los vecinos realojados, los habitantes de la Cova da Moura han podido dar continuidad hasta hoy a las redes que fueron forjadas durante el nacimiento del barrio.

El contraste de la Cova da Moura respecto a su entorno, así como el valor creciente de los terrenos por su ubicación estratégica, provocó desde fines de los noventa un renovado interés institucional por el desarrollo de nuevas intervenciones urbanísticas en la zona. En la línea higienista ya anticipada por el PER, el Proyecto Urban II de las *freguesias* Damaia y Buraca[7] trató de introducir una transformación en profundidad del perfil urbano y social del barrio, en base a cuatro objetivos: 1) recualificar el ambiente urbano y valorizar el espacio público; 2) integrar a la población de origen africano, incluyendo a descendientes; 3) revitalizar el ambiente social y 4) poner en valor el contexto socioeducativo de la población juvenil (Malheiros y Mendes 2007, 210). Con unos objetivos similares, el Gobierno portugués desarrolló el programa Bairros Críticos[8] entre 2005 y 2013, incluyendo a la Cova da Moura junto con otras dos zonas con graves problemas de vulnerabilidad urbana y social: Lagarteiro (Porto) y Vale da Amoreira (Moita).

La singularidad del proceso migratorio protagonizado por los caboverdianos en Lisboa se ha traducido en un patrón de inserción residencial claramente diferente del observado entre los latinoamericanos en Sevilla. Si bien existen zonas de la capital portuguesa donde la presencia caboverdiana es más difusa, en barrios periféricos como la Cova da Moura la población inmigrante alcanza unos niveles de concentración desconocidos en la capital andaluza. En este barrio portugués, los caboverdianos son indudablemente la porción más importante de los vecinos. Si sumamos este grupo con el de guineanos, mozambiqueños y angoleños, encontramos que la inmigración africana representa una vasta mayoría de la Cova da Moura, lo que condiciona de manera decisiva tanto la vinculación de estas personas con el barrio que habitan como la imagen que se ha construido sobre el vecindario desde el exterior. La práctica totalidad del barrio habita en viviendas unifamiliares dispuestas en calles estrechas y desordenadas que confieren al barrio su característico trazado laberíntico, plagado de bocacalles, estrechamientos y desniveles.

En cuanto a las prácticas cotidianas de estos inmigrantes en el barrio, debe tenerse en cuenta en primer lugar la longevidad y la densidad de las redes vecinales. El proceso de instalación física de estas personas fue acompañado por la Cámara Municipal de Amadora que, con la interlocución de una asociación de vecinos que

---

[7]   La Cova da Moura pertenece a la *freguesia* de Buraca. La *freguesia* representa el más bajo nivel del sistema administrativo portugués, justamente por debajo de las cámaras municipales (que equivalen a los ayuntamientos españoles).

[8]   Barrios Críticos.

integraba a portugueses e inmigrantes, orientó el reparto *de facto* de los terrenos, que en la práctica se tradujo en agrupamientos por zonas, de vecinos unidos por redes familiares o procedentes de las mismas localidades en el país de origen. Como se ha indicado, estas redes de afinidad no solo cumplieron un papel importante en la primera fase de inserción, sino que se han ido retroalimentando de la necesidad permanente de obtener mejoras de una Administración pública que no termina de apostar por la normalización de un barrio de génesis ilegal. En este contexto de precariedad, las redes vecinales se han convertido en recursos estratégicos de primer orden, y la identidad cultural de los migrantes en un criterio central para su articulación y reproducción.

Cabe notar que dentro de la Cova da Moura existen zonas diferenciadas y que la presencia de los inmigrantes no se reparte equitativamente por todas ellas. Las zonas bajas del barrio fueron ocupadas por migrantes portugueses, incluyendo algunos retornados y, sobre todo, trabajadores procedentes del medio rural del Alentejo y del norte de Portugal (Fonseca 2009a). Estos portugueses fueron los primeros en arribar a lo que entonces eran terrenos vacíos, aledaños a una vieja hacienda. Posteriormente, cuando comenzaron a llegar al barrio los grandes contingentes de caboverdianos, estos tuvieron que instalarse en los terrenos aún no ocupados, que eran los que se ubicaban en las zonas más altas de la colina que fue albergando al vecindario. Desde entonces y hasta la actualidad, es esta zona la que ha concentrado al grueso de la población de origen inmigrante, y la que ha impregnado al conjunto del barrio con la imagen —con frecuencia estigmatizada— de *gueto africano* (Mora 2007).

Desde la primera fase de instalación, todos los vecinos del barrio sintieron la necesidad de organizarse y movilizarse conjuntamente para lograr unas condiciones de vida dignas en su entorno residencial. Las primeras intervenciones urbanísticas en la zona, no obstante, alcanzaron exclusivamente a las zonas bajas del barrio, donde se concentraba la población étnicamente portuguesa. La explicación de esta preferencia conecta probablemente con el liderazgo destacado de los portugueses en la conformación de la primera asociación de vecinos, derivado a su vez de su habilidad para controlar los primeros cauces de interlocución con la Administración. Esto desembocó en el loteo de los terrenos, la delimitación del trazado urbano, el asfaltado de las calles y la instalación de la red eléctrica, de agua y de alcantarillado (Cuberos Gallardo 2020). En todo caso, la distribución desigual de estas mejoras fue percibida como una forma de discriminación xenófoba por muchos de los inmigrantes caboverdianos, que desde inicios de la década de los ochenta fueron priorizando una estrategia de autoorganización en cuyo desarrollo la etnicidad opera un papel decisivo como criterio de cohesión interna.

Hoy la Cova da Moura constituye el barrio africano de Portugal por antonomasia. Su vinculación histórica con la experiencia colonial portuguesa y la singularidad cultural de sus vecinos lo han hecho conocido en todo el país, si bien esta fama ha contribuido a reforzar el estigma que lo representa como un enclave urbano marginal y problemático. Este vecindario presenta actualmente cifras destacadas de desempleo y precariedad laboral y, con demasiada frecuencia, su imagen aparece asociada al tráfico de drogas, la presencia de armas de fuego y una tasa relativamente alta de población reclusa. No obstante, los vecinos parecen sostener una relación ambivalente con el barrio que habitan, que conjuga la queja y la crítica mordaz a las condiciones de vida que padecen con la reivindicación de un orgullo genuino que, con frecuencia, se vincula a la identidad cultural del país de origen. Esta singular combinación de rechazo y aprecio se ha notado recurrentemente en barrios estigmatizados, especialmente frente a situaciones percibidas como invasiones de actores externos como la policía, los medios de comunicación o vecinos de mayor renta (Marlière 2008; Wacquant 2023). En el caso de la Cova da Moura, además, la gran mayoría de los vecinos coincide en señalar que la situación general del barrio ha experimentado una mejora significativa en las últimas dos décadas. Muchos de ellos subrayan con insistencia el valor de un ambiente vecinal que, sin estar exento de fricciones, tienden a representar en sus discursos en términos comunitarios. Y más allá de lo discursivo, son muchas las familias que han seguido invirtiendo en las viviendas que poseen en el barrio, añadiendo una segunda planta que con frecuencia se destina a facilitar el alojamiento a unos hijos que, aparentemente, no tienen una alternativa residencial mejor.

La Cova da Moura refleja así un patrón de inserción espacial claramente contrastivo con lo expuesto sobre el distrito Macarena de Sevilla. Si en este último caso observamos la incorporación dispersa de los inmigrantes a un entorno residencial altamente regulado, con un precio del suelo al alza y unas dinámicas de convivencia altamente reglamentadas por la mayoría autóctona, la Cova da Moura emerge *ex novo* por la llegada de unos inmigrantes que se consolidan como mayoría poblacional del barrio, y que desarrollan redes vecinales con un alto grado de autonomía. Esto responde tanto a la experiencia compartida de conquista del espacio urbano mediante la organización y la lucha como al desinterés de una Administración pública portuguesa que ha permitido *de facto* la configuración de este barrio como enclave marginal.

2.3. Los inmigrantes peruanos en el Abasto (Buenos Aires, Argentina)

El tercer estudio de caso que sirve de base a este libro se centra en el barrio del Abasto. Ubicado en el corazón de la ciudad de Buenos Aires, este vecindario de larga historia y hondo peso en el imaginario argentino alberga en la actualidad una de las principales comunidades de inmigrantes peruanos en la capital del país. Si bien el Abasto es perfectamente reconocido por todos los habitantes de Buenos Aires, tanto el nombre de este barrio como sus límites carecen de reconocimiento administrativo. En términos oficiales, la zona se encuadra dividida entre los distritos de Almagro y Balvanera. Su extensión aproximada es de un kilómetro cuadrado, que engloba un total de sesenta cuadras limitadas por las calles Ecuador, Córdoba, Mario Bravo y Presidente Perón. En el centro del damero se encuentra el Shopping Abasto, un edificio colosalista de estilo *art decó,* cuya construcción en 1893 marcó decisivamente el devenir del propio vecindario. Erigido como mercado central de frutas y verduras—mercado de abasto—, la actividad comercial de este centro fue la base que aglutinó a un vecindario de ascendencias muy diversas. La importancia de este mercado va, por tanto, más allá de lo estrictamente comercial, y su papel como eje articulador de la vida social del barrio se aprecia en el uso metonímico del término *abasto* para nombrar al vecindario en su conjunto.

El censo de 1887 reflejaba que la población de la zona estaba compuesta básicamente por italianos (46,95 %), argentinos (35,65 %), franceses (7,25 %) y españoles (6,16 %), sumándose poco después contingentes significativos de judíos, árabes, armenios, sirios, turcos y griegos (Carman 2006). La incorporación de estas poblaciones al área tuvo lugar a través del modelo habitacional conocido como *conventillo,* consistente en casas de varias habitaciones donde familias de escasos recursos conviven compartiendo estancias comunes como el comedor y el aseo. Se trata este de un tipo de vivienda de gran importancia histórica en Argentina, pero también en Chile, Bolivia y Uruguay, y que se corresponde en términos generales con el que es conocido en España como *corral de vecinos.*

La vitalidad comercial del mercado favoreció que pronto proliferasen en su entorno teatros, cantinas y prostíbulos, consolidándose a comienzos del siglo XX un singular ambiente que explica la conexión indisoluble del Abasto con la historia del tango. Más allá de que el mítico Carlos Gardel se criase en el barrio y comenzase en él su trayectoria artística, muchos otros artistas frecuentaban las cantinas del Abasto, incluyendo figuras de referencia como Aníbal Troilo, Astor Piazzolla o Roberto Goyeneche. Durante varias décadas, el barrio mantuvo una intensa vida cultural, marcada por un halo de bohemia que lo liga a la vida nocturna, el consumo de alcohol, la presencia de prostitutas y la incidencia de riñas callejeras. Así, desde su fundación y hasta la década de los setenta, el Abasto fue consolidando una imagen ambigua, en la que el resplandor artístico de los grandes tangueros se difumina en un ambiente turbio asociado al vicio, la violencia y la inseguridad.

En 1984, el mercado fue clausurado y trasladado a la periferia (Carman 2006). Esta circunstancia se tradujo pronto en un fuerte aumento del desempleo en la zona y, en general, en una degradación del ambiente urbano. Además, el cierre del mercado se dio en paralelo a la aparición en Argentina de las ocupaciones ilegales de viviendas, fenómeno espoleado tanto por la situación económica del momento como por la rebaja de la represión violenta tras el fin de la dictadura militar (Carman 2005). A lo largo de los años ochenta, numerosas viviendas del barrio fueron ocupadas de manera irregular. Las *casas tomadas* pasaron así a representar una parte considerable del paisaje del barrio, y contribuyeron sensiblemente a acentuar la preocupación por un área de la ciudad que albergaba problemas de abandono, pobreza e inseguridad. Esta paulatina degradación del Abasto coincidió en el tiempo con el arranque de la tercera gran corriente migratoria de peruanos a Argentina. Una corriente que, a diferencia de la inicial de los años cincuenta y la posterior que duró hasta los setenta, presentaba una mayor representación de clase media y media-baja, y se insertaba en su inmensa mayoría en sectores laborales precarizados, entre los que destacaba la construcción, el servicio doméstico y las actividades industriales (Canevaro 2008). En este sentido, la diferencia étnica que encarnaban estos nuevos vecinos inmigrantes añadía un componente de diversidad al barrio que, según Heuse (2004), fue percibida como problemática por una sociedad porteña cuya imagen de sí misma se construye en gran medida en torno al valor de la homogeneidad sociocultural.

A inicios de la década de los noventa la presencia de peruanos en territorio argentino comenzó a experimentar un crecimiento sin precedentes. Entre 1991 y 2001, el número de peruanos residentes en el país pasó de 15 939 a 88 260, alcanzando en el año 2010 un total de 157 514 personas (Cerrutti 2012, 5). Este fenómeno debe ser enmarcado en un contexto condicionado tanto por la crisis política y económica derivada de la llegada al poder de Fujimori en Perú como por la necesidad existente en Argentina de mano de obra barata en sectores laborales como el comercio, la industria y el servicio doméstico. Grandes contingentes de peruanos, pero también paraguayos y bolivianos, llegaron a Argentina atraídos por la posibilidad de cobrar salarios en dólares merced al nuevo régimen de convertibilidad argentino (Cerrutti 2005). Finalmente, conviene tener en cuenta que la llegada al poder de Néstor Kirchner en 2003 dio lugar a una serie de transformaciones importantes en política migratoria, que se tradujeron en una mejora ostensible de las condiciones de entrada y residencia en el país para la población extranjera. En el mismo año 2003, fue aprobada una nueva Ley de Migraciones que ensanchaba considerablemente los derechos de los no nacionales y, muy especialmente, los de los nacionales de otros países miembros del MERCOSUR. En ella se establecía que los inmigrantes nacionales de dichos países podían acceder a la nacionalidad argentina simplemente acreditando la suya de origen y la carencia de antecedentes penales. Igualmente, la Ley de Migraciones de 2003 reconocía el acceso irrestricto de todos los inmigrantes a la asistencia sanitaria pública y gratuita, independientemente de su situación administrativa en el país. El 17 de abril de 2006, se dio el pistoletazo de salida al Plan Patria Grande, orientado a regularizar la situación migratoria de los inmigrantes procedentes de países del MERCOSUR que se encontraban ya residiendo en Argentina (Canevaro 2008). Cuatro años más tarde, los datos oficiales del propio programa cifraban en 423 697 el total de personas inscritas en el proceso de regularización, incluyendo a un total de 47 455 peruanos (Dirección Nacional de Migraciones 2010).

Los inmigrantes peruanos que llegaron a Argentina en este contexto presentaban un patrón de incorporación residencial muy definido, tendiendo a radicarse en las grandes urbes, y muy especialmente en la Ciudad Autónoma de Buenos Aires. A diferencia de paraguayos y bolivianos, más concentrados en las zonas periféricas de la capital, la población peruana mostraba una predilección sistemática por ocupar las áreas centrales, valorando sobre todo su mejor dotación de recursos y la accesibilidad que brindan a los nichos de empleo. Autores como Cerrutti (2005) explican esta singularidad por ser la peruana una corriente migratoria más reciente, por estar conformada en su mayor parte por personas de extracción urbana y, por contraste con las otras dos corrientes citadas, por carecer aún de unas redes amplias y consolidadas que pudiesen compensar las desventajas de vivir en la periferia. En todo caso, el Abasto representó un caso arquetípico de espacio residencial predilecto para los peruanos, y concentró en su seno a una representación importante de esta población. Ellos representan a la mayoría de los aproximadamente 1000 inmigrantes que habitan actualmente el barrio, sobre una población total estimada en torno a las 3500 personas. Al igual que los vecinos llegados desde otras zonas de Buenos Aires o desde el interior de Argentina, la población peruana que llegó al Abasto se acomodó mayoritariamente en los citados conventillos, concentrándose desde el principio en las zonas aledañas al antiguo mercado.

A fines de los noventa, se inició un conjunto de transformaciones urbanísticas que modificaron definitivamente la realidad del barrio. En 1998 el edificio del antiguo mercado fue reabierto al público, esta vez como un centro comercial lleno de tiendas de moda, cafeterías, restaurantes y salas de cine. La operación se encontraba sufragada por Inversiones y Representaciones S. A. (IRSA), una empresa inmobiliaria argentina que desde comienzos de los noventa experimentó un crecimiento meteórico merced a la entrada de grandes inversionistas extranjeros, entre los que destacaba el célebre magnate húngaro-estadounidense George Soros. La apertura del Shopping Abasto formaba parte de un proyecto más ambicioso, que involucraba una inversión total de unos 200 000 000 de dólares en el Abasto y que pronto se completó con la construcción de tres rascacielos de viviendas de lujo —las célebres «torres-country»—, el hotel internacional Holiday Inn y un hipermercado ubicado en una parcela contigua al centro comercial. Paralelamente, la propia IRSA desarrolló una política de compra conjunta de dos manzanas completas de viviendas, así como de cinco esquinas estratégicas en los mismos alrededores del centro comercial (Carman 2005), con el fin de controlar estos espacios y arrendarlos para sectores sociales y actividades coherentes con sus objetivos en el barrio. Así, y a partir de una recon-figuración del orden barrial que tomaba al Shopping Abasto como referente central, se emprendió una intervención profunda que comenzó por las cuadras aledañas, en las que pronto proliferaron restaurantes temáticos, teatros, casas de antigüedades y tiendas de souvenirs (Carman 2006). Estos cambios afectaron también a la disposi-ción de los espacios públicos: la cortada Carlos Gardel, ubicada frente a la entrada del shopping, fue transformada en el año 2000 en una calle peatonal bien pavimentada, con farolas decorativas y comercios elegantes, y fue coronada con una estatua en homenaje al propio Gardel, «Morocho del Abasto». La transformación urbanística de la zona apuntaba así a un aprovechamiento material de su valor financiero, pero también a una reestructuración moral del barrio, que reivindicaba el valor de un patrimonio supuestamente en peligro y que presentaba a los propios gentrificado-res como garantes de su protección. La misma presencia de Soros en este proyecto fue visibilizada como la de un mecenas preocupado por el patrimonio de todos los argentinos (Cuberos Gallardo y Díaz Parra 2018).

De hecho, la figura de Gardel ha sido explotada de manera intensiva a través de un proceso de activación patrimonialista claramente conectado con el propio objetivo gentrificador (Bauer 2010). A pocos metros de la cortada Carlos Gardel, la casa donde nació el artista fue reconvertida en un museo temático. «El Zorzal Criollo» se tornó omnipresente, multiplicándose su rostro en chapas, imanes, camisetas y vidrieras de restaurantes y cediendo su nombre a comercios, calles, plazas e incluso a la estación de metro de la zona. Por extensión, otras figuras del tango fueron recuperadas para decoro del barrio, y resultaron homenajeadas con sus respectivas estatuas, rótulos publicitarios y placas conmemorativas. La herencia bohemia, tanguera y popular fue así rescatada en paralelo a un embate directo contra la fisionomía heredada en el barrio. Una coincidencia que no era vivida por los inversores de manera contradic-toria y que, por el contrario, a menudo se tornaba explícita, como se observa en el bautizo de las tres «torres-country» con los muy castizos nombres de Carlos Gardel, Enrique Santos Discépolo y Aníbal Troilo.

De este modo, el proyecto de rehabilitación y protección del patrimonio histórico y cultural del Abasto operó como herramienta legitimadora de una intervención diferencial en el barrio. La cultura ejerció aquí como un elemento de consenso que habilitaba la transformación urbanística (Yúdice 2002, García y Sequera 2013), la cual fue presentada a su vez como un ejercicio de *recuperación* del barrio, necesario e intrínsecamente positivo para sus vecinos. Sin embargo, su implementación práctica exigió todo un proceso de reordenación física y simbólica, que pronto se tradujo en la presión expulsora sobre los sectores populares y en la estigmatización de colec-tivos específicos, entre los que destacaban los ocupantes ilegales de vivienda y los inmigrantes. Dos colectivos que, tal y como señala la propia María Carman (2005, 66), fueron identificados sistemáticamente como un idéntico sector de la población.

En efecto, el proyecto de higienización del barrio se plasmó en formas específicas de violencia que afectaban muy especialmente a la población inmigrante que allí vivía. Los peruanos, que se habían instalado mayoritariamente en conventillos ubicados en las inmediaciones del centro comercial (Lapenda 2009, 73), sufrieron con especial intensidad el alcance de un proceso gentrificador cuyo epicentro era el propio shopping. Pero más allá de esta cercanía material al problema, los propios peruanos fueron objeto de una construcción discursiva directamente impulsada por los beneficiarios del nuevo proyecto barrial, y que les presentaba como un obstáculo al progreso y a la mejora de la zona. Los peruanos, sus casas, sus numerosos comercios y restaurantes, sus ropas y sus formas de habitar el barrio fueron identificados como un peligro y, en todo caso como, un problema. La estigmatización espacial y la gentrificación operaron así en el Abasto como dos caras de la misma moneda de la recuperación neoliberal del espacio físico (Boyd 2008; Wacquant 2023). Tal y como ha sido observado en otros casos (Rodríguez-Cruz y Bermúdez-Torres 2023), los medios de comunicación jugaron un papel clave en la proyección de un discurso de corte espectacular que presentaba a los migrantes como sujetos peligrosos.

Si nos detenemos a caracterizar el perfil concreto de los migrantes de origen peruano residentes en el Abasto, es preciso señalar algunos datos relevantes, y que apuntan a similitudes interesantes con la migración de latinoamericanos a España. En primer lugar, y en cuanto al ritmo de entrada, la población peruana en el Abasto —y en el conjunto de Argentina— se disparó en los años comprendidos entre la segunda mitad de los noventa y la primera de la década del dos mil. Entre 1990 y 2007, Argentina se consolidó como segundo destino internacional preferido por los peruanos, solo superado por los Estados Unidos de América. En estos años recibió a un total de 271 995 personas, lo que representaba un 14 % de todos los peruanos salidos del país (OIM 2008, 25). Pero este no es el único paralelismo con España que interesa destacar. También en el caso de Argentina, las corrientes migratorias procedentes de Perú se caracterizaron por una marcada tendencia a la feminización (Lapenda 2009, 35).

Los motivos que empujaban a las mujeres peruanas a emigrar a Argentina son múltiples y variados. En términos generales, se constata que el agravamiento de la situación política y económica de Perú a fines del siglo XX dificultó la vida en el país de origen y estimuló la apuesta por el proyecto migratorio. Ahora bien, sabemos que las razones concretas que empujaban esta decisión no se restringían normalmente a la mera captación de recursos materiales para sobrevivir, sino que involucraban ambiciosos objetivos de mejora, incluyendo a menudo la terminación de los estudios superiores y la puesta en marcha de un negocio propio (Lapenda 2009, 95-96). La migración de estas personas se concretó, generalmente, en formas de movilidad por tierra. Aparentemente la mayoría entró en territorio argentino por carretera, por el paso del Cristo redentor, que une las localidades de Los Andes, en Chile y Las Cuevas, en Argentina (Lapenda 2009, 97). Al igual que en el caso de España, muchas de estas mujeres migrantes eran pioneras que iniciaban las cadenas migratorias, y que solo después de instalarse laboral y residencialmente en Argentina reagrupaban al esposo y a los niños (Lapenda 2009, 112).

La incorporación laboral de estas personas se materializaba normalmente en el mercado de trabajo secundario (Piore 1979, 1983). Los hombres se empleaban mayoritariamente en la construcción (30,7 %), en el comercio al por menor (15,8 %) y en la industria manufacturera (18,9 %). Las mujeres, por su parte, se concentraban en su gran mayoría en el servicio doméstico, si bien también tenían una presencia significativa en el comercio minorista y en la industria textil, de confección y calzado (Cerrutti y Maguid 2007, 84). En su trabajo sobre la inserción laboral de estas personas en el Gran Buenos Aires, Cerrutti y Maguid (2007) certifican que sufrían condiciones de trabajo mucho más precarias que los trabajadores locales, marcadas por un ingreso mensual promedio hasta un 44 % más bajo, además de una sobre-rrepresentación en las ocupaciones menos cualificadas.

Para esta pauta de inserción laboral, el Abasto ofrece algunas ventajas importantes tanto por su configuración interna como por su ubicación en el conjunto de la ciudad. Por un lado, la existencia de una sólida comunidad peruana en el barrio se ha traducido en la proliferación de un tipo de comercio característicamente peruano que emplea, en la actualidad, a una parte de estas personas. Si bien podría ser excesivo hablar del Abasto como un enclave étnico peruano, existen zonas concretas, como el fragmento de la avenida Corrientes que discurre entre Junín y Sánchez de Bustamante, donde los comercios regentados por personas de esta nacionalidad son muchos y muy visibles. En estas zonas abundan los restaurantes peruanos, pero también las agencias de viajes, los locutorios, los locales para el envío de remesas, las discotecas y los periódicos peruanos (Lapenda 2009). Por otra parte, el emplazamiento central de este barrio representa en sí mismo una ventaja significativa respecto a las dificultades que entraña la vida en la periferia del Gran Buenos Aires. De antemano, vivir en la periferia de la ciudad supone tener que recorrer una distancia importante para acceder a los enclaves centrales donde se concentran las oportunidades de empleo, con el consiguiente gasto de tiempo y dinero. Pero más importante incluso es el nivel de seguridad y la calidad en el equipamiento urbano que ofrece el Abasto en contraste con los barrios de la periferia. Son estas las ventajas que parecen compensar a los peruanos por la incomodidad y la precariedad física que caracterizan a los conventillos, que en definitiva son edificios pequeños, degradados en su mayoría y donde los residentes tienen que hacer uso compartido de ciertas estancias.

La presencia de peruanos en el Abasto ha ido creciendo hasta hacer de este barrio un espacio característicamente asociado a este grupo inmigrante por el conjunto de la población local. La presencia peruana se deja notar también en los espacios públicos y, muy particularmente, en los locales comerciales que distribuyen productos típicos de Perú, fácilmente identificables por el recurso sistemático a los colores rojo y blanco de la bandera nacional, así como por el empleo frecuente de nombres, imágenes y sonidos típicamente asociados al país andino. Además, la presencia peruana en el barrio se torna visible a través de las asociaciones que estas personas conforman. De las quince grandes asociaciones de inmigrantes peruanos existentes en la Ciudad Autónoma de Buenos Aires, un total de cuatro se radican oficialmente en el distrito de Balvanera, que alberga la mayor parte del Abasto, a las que habría que sumar varias que, aunque formalmente adscritas al distrito vecino de San Nicolás, declaran sostener una actividad permanente en el área del Abasto (Lapenda 2009).

2.4. DIVERSIDAD CULTURAL, DISTRIBUCIÓN FÍSICA Y VISIBILIDAD SOCIAL DE LOS MIGRANTES EN LA CIUDAD

A su llegada a la sociedad receptora, las poblaciones migrantes se incorporan a una pluralidad de contextos en los que desarrollan relaciones múltiples con otros sectores de la población. Esas relaciones no se producen en el vacío, sino en espacios concretos, que presentan diferentes niveles de accesibilidad y que son ocupados, alternativa o simultáneamente, por actores diversos que los cargan de sentido con sus prácticas y sus discursos. Hemos dedicado este capítulo a ilustrar las distintas formas en que la población migrante puede experimentar la incorporación física al espacio urbano, partiendo de dos premisas elementales: la primera, que esa incorporación física condiciona de forma decisiva las relaciones que los migrantes entablan tanto entre sí como con otros grupos; la segunda, que esa incorporación, a su vez, está condicionada por una pluralidad de factores que estructuran y jerarquizan tanto a la sociedad en su conjunto como el lugar que los migrantes ocupan.

Para ilustrar este planteamiento hemos aportado una descripción básica de tres estudios de caso: el de los inmigrantes latinoamericanos residentes en el distrito Macarena de Sevilla; el de los caboverdianos que viven en el barrio Cova da Moura, en la periferia de Lisboa y el de los peruanos radicados en el barrio del Abasto, en Buenos Aires. En cada uno de estos casos, hemos apuntado a la forma en que distintos condicionantes —de tipo jurídico, económico, laboral, etc.— se han imbricado para dar como resultado un patrón de inserción física concreto y distintivo. Para ello hemos optado por construir la descripción en torno a dos ejes analíticos: las dinámicas de concentración y dispersión en el espacio urbano y los modos de visibilización de la presencia migrante. El análisis comparativo de los casos ofrece elementos de contraste que merece la pena señalar.

En primer lugar, no cabe duda de que los tres colectivos abordados presentan formas muy desiguales de distribución espacial en sus respectivas ciudades. Los latinoamericanos se han insertado en la ciudad de Sevilla dentro de un modelo de alta dispersión residencial, que les hace tener niveles de presencia relativamente bajos en distintas zonas de la ciudad. Los caboverdianos de la Cova da Moura, sin embargo, constituyen la mayoría poblacional de un barrio que, de hecho, se conformó físicamente en gran medida por su llegada y por su participación activa como constructores. Los peruanos que viven en el Abasto representan una modalidad de inserción que podemos considerar intermedia respecto a las dos anteriores, tanto por su peso poblacional en relación con el conjunto del barrio que habitan como por su vinculación simbólica con un modelo habitacional —el conventillo— que ha llegado a ser fuertemente asociado a este grupo, aun enmarcándose en un contexto residencial mayor y más variado. Sería un error interpretar estas distintas formas de inserción física en el paisaje urbano atendiendo al efecto de un solo factor: no han sido las políticas migratorias de cada país por sí solas, ni la demanda de los distintos mercados de trabajo nacionales, ni tampoco las culturas de estos grupos en sí mismas las que han determinado sus opciones por concentrarse o dispersarse en determinadas zonas. Más bien parece ser la acción combinada de múltiples condicionantes lo que determina el tipo de inserción física en cada caso. La descripción etnográfica de cada experiencia permite observar detalladamente el encabalgamiento complejo y variable entre esos condicionantes. En Sevilla, el régimen legal de entrada como turistas, el contexto de hiperinflación del valor inmobiliario y la dependencia estructural de contactos intragrupo llevó a muchos migrantes pioneros, especialmente mujeres, a estrategias de alquiler compartido en distintos emplazamientos de la periferia relativamente bien conectados. En Amadora (Portugal), la existencia de terrenos baldíos, próximos a fábricas y a una línea ferroviaria estratégica, favoreció su ocupación ilegal por un amplio contingente de migrantes en un contexto de crisis residencial en Lisboa. En el caso del Abasto, fue la desinversión en la zona, derivada del cierre del mercado, lo que provocó primero el abandono y luego la ocupación de conventillos por muchas personas, incluidos inmigrantes que buscaban un lugar central y una alternativa residencial a las villas miseria.

A su vez, estas dinámicas de distribución residencial se encuentran estrechamente relacionadas con unos niveles desiguales de visibilidad de estos migrantes en el espacio urbano. En la ciudad de Sevilla, ningún barrio presenta los niveles de presencia mayoritaria de inmigrantes que podrían asociarse a la idea de un gueto latinoamericano. Incluso en la Macarena, los marcadores culturales asociados a estos grupos tienen una presencia que está muy acotada en el espacio —generalmente en locales comerciales— y que, cuando irrumpe en el espacio público, suele hacerlo de manera intermitente en el tiempo. La construcción de lugares *etnificados* para esta población ha sido difícil, y los intentos por conseguirlo han generado con frecuencia el rechazo de la mayoría autóctona, motivando que aún hoy las formas de sociabilidad más *etnificadas* se trasladen con frecuencia a parques del extrarradio y discotecas ubicadas en polígonos industriales de la periferia. En la Cova da Moura, sin embargo, la presencia mayoritaria de los inmigrantes y su participación en el barrio desde su origen ha favorecido que los marcadores de la cultura caboverdiana, o de una africanidad genérica, resulten mucho más visibles y ocupen frecuentemente emplazamientos públicos de manera estable. En el Abasto, por su parte, la identidad cultural de los peruanos alcanza niveles muy variables en las distintas zonas del vecindario. Mientras que los símbolos asociados al tango, y por extensión a la argentinidad, ganan peso en las áreas centrales y especialmente en las calles más orientadas al consumo turístico, existen otras zonas en las que los peruanos concentran sus negocios y sus actividades grupales, y donde visibilizan con gran eficacia rasgos culturales distintivos.

Podemos concluir, por tanto, que tanto los patrones de dispersión física como los niveles de visibilidad de los migrantes en el espacio urbano dependen de una pluralidad de factores, a cuyas interacciones complejas y cambiantes debemos prestar atención. Tales factores condicionan de antemano la primera fase de incorporación de los migrantes a la ciudad, pero desde entonces mantienen su influencia a lo largo del tiempo, acompañándolos durante toda su experiencia en la sociedad receptora. Problematizar este proceso de incorporación física al espacio urbano nos ofrece un punto de apoyo desde el que pensar las relaciones que los migrantes sostienen con la población autóctona y entre sí en la vida cotidiana de una determinada ciudad. A describir pormenorizadamente esas relaciones dedicaremos el siguiente capítulo.

3. El migrante como urbanista: pautas de territorialización de la ciudad

El capítulo anterior nos ha permitido ilustrar las formas variables en que los migrantes se han incorporado al espacio urbano en los tres estudios de caso que sirven de soporte a este trabajo. Cada uno de ellos da cuenta de una constelación particular de factores de orden político, económico, jurídico y demográfico, que convergen para generar contextos de inserción distintivos. La realidad en que se inscriben los latinoamericanos en Sevilla dista considerablemente de la que encontraron los africanos a su llegada a la Cova da Moura, y ambas son claramente diferentes de la que enmarcó la incorporación de los peruanos en el barrio porteño del Abasto. Como hemos podido comprobar, el estatus jurídico de los migrantes, los mercados de trabajo en que se emplean y la evolución del precio del suelo fueron, entre otras, variables que determinaron patrones de concentración espacial y formas de visibilización claramente dispares.

El abordaje de estas experiencias, sin embargo, parte de la premisa común de que todos estos grupos son sujetos activos en el proceso de urbanización. Todas estas poblaciones migrantes despliegan estrategias coherentes de territorialización, que involucran formas culturalmente pautadas de apropiación, delimitación y significación del espacio urbano. Una premisa que nos invita a pensar la figura del migrante como un agente que interviene de manera activa en la configuración física de la ciudad, y que puede, en ese sentido, ser analizada en los términos de un urbanista.

Evidentemente, pensar al migrante como urbanista supone impugnar radicalmente la exclusividad del rol del urbanista profesional, encarnado en la figura de un tecnócrata que concibe el espacio como algo abstracto y que, como nos recuerda Lefebvre ([1970] 1972, 159), ignora que dicho espacio es el producto de unas relaciones de poder que también le involucran. Este urbanista asume estar en posesión de un conocimiento superior, un conjunto exclusivo de competencias y saberes que le habilita para dotar de orden el espacio urbano. En esta tarea, nos dice el autor de *La revolución urbana,* el urbanista profesional se imagina a sí mismo como una especie de doctor que atiende y cura un espacio patológico. Aceptando que el espacio urbano puede padecer enfermedades sociales, asume el encargo de devolverle la salud mediante intervenciones orientadas a la inoculación de un orden moral en la vida urbana. En su concepción de la ciudad, el usuario del espacio urbano —incluido el migrante—, es «un personaje bastante repugnante que mancha lo que se le vende nuevo y fresco, que deteriora, que estropea, y que, por lo menos, cumple una función: hacer inevitable la sustitución de la cosa, justificar la obsolescencia» (Lefebvre [1970] 1972, 193).

Sin embargo, concebir el espacio como un producto social nos permite cuestionar la distinción meridiana que aparentemente separa al urbanista profesional del usuario del espacio. Desde esta perspectiva, ambas figuras proyectan pautas homologables de delimitación y significación del espacio urbano, que solo se distinguen por las formas y grados de legitimidad que unas y otras son capaces de concitar. La legitimidad prevalente que asiste generalmente al urbanista profesional no se desprende mecánicamente de su posesión de una verdad superior, sino de su capacidad superior para acumular capital político —capital simbólico (Bourdieu 1981)— en el campo de disputa que enmarca la ordenación del espacio urbano. El urbanista profesional es un usuario del espacio devenido legítimo para su ordenación, mientras que el migrante es un urbanista devenido ilegítimo para la ejecución de esa tarea. Ahora bien, la distancia que separa una y otra figura nunca es tan grande como suele pensarse. En la práctica, el diseño del urbanista profesional se ve contestado sistemáticamente por la práctica concreta del espacio urbano que hacen los usuarios; mientras que esa práctica concreta, —incluyendo la que ejecutan los grupos migrantes— puede llegar a alcanzar un nivel considerablemente alto de visibilización, recurrencia, estandarización y, en definitiva, formalidad.

Para pensar esta dinámica resulta especialmente sugerente la metáfora lingüística propuesta por De Certeau para la práctica del caminar en el espacio urbano. Según este autor, la ciudad que diseña el urbanista profesional constituye un espacio geométrico, cuyo sentido se acepta como la norma respecto a la cual los paseos de los caminantes son siempre «desviaciones» (De Certeau 1988, 100). Lo interesante de esta propuesta es que ese espacio geométrico es imposible de encontrar en el uso corriente. Al igual que nadie habla castellano de la forma exacta en que lo prescribe la Real Academia Española, nadie se desenvuelve en la ciudad de la forma estandarizada que prevé el urbanista. Esa forma abstracta es una ficción producida por el uso metalingüístico del urbanismo devenido ciencia. Al igual que todos los hablantes poseen un acento particular, todos los usuarios del espacio urbano —incluido el urbanista profesional— lo practican de formas singularmente ajustadas a sus necesidades, intereses y estrategias.

El propósito de este capítulo es describir las principales formas de territorialización de los grupos migrantes estudiados, conectándolas con las necesidades, los intereses y las estrategias de cada uno de ellos. Para ello, aportamos datos recogidos sobre el terreno mediante el empleo de las técnicas propias del método etnográfico. No obstante, en el actual contexto de globalización capitalista, el objeto de nuestro estudio no puede ser acotado geográficamente de antemano. Antes bien, los grupos que estudiamos participan permanentemente de relaciones que los conectan en tiempo real con múltiples emplazamientos a escala global. Ello nos obliga a concebir la etnografía de la ciudad no como una recolecta de datos en un espacio predefinido, sino como la exploración de un vórtice en el que se arremolinan rutas globales por las que circulan permanentemente personas, objetos, ideas y capitales (Appadurai 1996). La interpretación de las pautas de territorialización de los grupos migrantes arranca en la observación inmediata del espacio urbano que habitan, pero exige reconstruir los vínculos y trayectorias transnacionales que enmarcan, nutren de recursos y dotan de sentido la agencia de estas personas.

Afrontamos el estudio del espacio urbano, por tanto, entendiéndolo como la expresión cristalizada de unas relaciones que involucran a actores locales, pero también procesos y estructuras de carácter regional o global (Gupta y Ferguson 2002). Desde esta perspectiva, los objetos tradicionales de la antropología urbana —los barrios (Bestor 1989; Herzfeld 2009), los mercados (Stoller 2002; Bestor 2004), los enclaves (Caldeira [2000] 2007; Low 2003), los grupos étnicos (Levitt 2001) y los *desviados* urbanos (Bourgois 1995; Ralph 2014)— pueden ser reinterpretados en el marco de formas globales de circulación de personas, mercancías, ideas y modos de gobernanza (Sopranzetti 2019). Remitir la configuración física del paisaje urbano a estos circuitos responde a la necesidad de actualizar unos estudios antropológicos que, como apuntó Clifford (1997), se interesaron tradicionalmente por el estudio de las raíces, *roots,* y descuidaron durante demasiado tiempo el estudio de las rutas, *routes.*

Las experiencias acumuladas por las poblaciones migrantes impregnan su forma de habitar el territorio y, consecuentemente, generan un impacto espacial. Esto ha sido documentado en una pluralidad de investigaciones, muy especialmente en relación con la arquitectura doméstica. Anthony King (1984) abordó de manera monográfica el bungalow como una forma doméstica transnacional, que se origina en la India —tomando su nombre del término hindi *bangla* (relativo a Bengala)— y que, después de ser estéticamente adaptado por los colonos británicos instalados en el subcontinente indio, viajó hacia el oeste a partir de 1860 para jugar un papel decisivo en la producción espacial del suburbio, y en países como Australia reflejó en su arquitectura patrones cambiantes de migración y reasentamiento (King 1997). Por su parte, Mark Wyman (2005) documentó el impacto de la migración italiana de retorno, que invirtió en viviendas de arquitectura singular los ahorros generados durante años de trabajo en los Estados Unidos de América, Argentina o Canadá. Una dinámica paralela a la observable en las «casas francesas» que construían los portugueses retornados de Francia, o en las «casas esterlinas» que en ciertas partes de China construían los migrantes regresados de áreas británicas como Hong Kong (Wyman 2005). Tomando como referencia experiencias migratorias más recientes, la llamada *arquitectura de remesas* ha sido vastamente documentada en lugares como México (López 2015; Hernández y Montalvo 2022), Centroamérica (Piedrasanta 2010), Perú y Ecuador (Parella y Cavalcanti 2006). En sentido inverso, los migrantes incorporan pautas constructivas de sus países de origen a las casas que edifican en los países receptores, tal y como ha sido señalado para las características «casitas» que los puertorriqueños construyeron en el South Bronx de Nueva York (Sciorra 1996). Todas estas formas de construcción doméstica encarnan y reelaboran conexiones con otros hogares recordados o imaginados, que se materializan a través de la arquitectura y el diseño doméstico, la decoración y el mobiliario (Blunt y Dowling 2006, 212).

No es casualidad que el estudio sobre el impacto de los movimientos migratorios en la configuración física del espacio urbano se concentre relativamente en la arquitectura doméstica. La vivienda constituye probablemente la forma de producción espacial más sensible a la influencia cultural del migrante, tanto por el uso privativo que este suele hacer de ella como por el vínculo de propiedad exclusiva que legitima dicha influencia. En los espacios públicos, los migrantes tienen que acomodar sus pautas de territorialización a la convivencia con otras personas, que se materializan de forma directa, por la co-presencia física de otros usuarios en los mismos espacios, o bien indirecta, por la existencia de normas legales o consuetudinarias que regulan el espacio urbano, limitando en distinto grado los usos posibles. En cualquier caso, el urbanismo migrante no se agota en el espacio residencial. La agencia territorializadora de las poblaciones migrantes se filtra, en mayor o menor grado, en todos los contextos en los que participan, y va dejando su impronta en la compleja y siempre inacabada sedimentación del paisaje urbano.

Las formas concretas en que cada grupo migrante ejecuta sus propias pautas de territorialización se encuentran hondamente condicionadas por su patrón de incorporación física al espacio urbano. Las dinámicas de precariedad jurídica, económica, laboral o residencial que atraviesan cada experiencia; los niveles de concentración o dispersión en el espacio urbano; los ritmos temporales que estructuran el flujo migratorio o las formas de visibilidad que adquiere cada grupo se traducen en estrategias variables, que pueden apostar alternativamente por maneras más o menos evidentes de afirmar una presencia diferenciada en la ciudad. A continuación, describimos detalladamente las pautas de territorialización de cada uno de los tres grupos estudiados. Para un análisis comparado de los casos, optamos por organizar la exposición de los datos etnográficos recabados atendiendo a cinco ejes espaciotemporales:

- Centralidad: La ocupación del espacio urbano por parte de los migrantes puede materializarse en áreas más o menos centrales, en función de una pluralidad de condicionantes. La centralidad, en todo caso, no remite tanto a un lugar geográfico como a un valor estratégico: son centrales aquellos lugares que constituyen referencias compartidas por el conjunto de la población local, o bien por sectores significativos de la misma. En este sentido, la ocupación por un grupo migrante de espacios centrales suele ir acompañada de un mayor grado de visibilidad, mientras que la ocupación de espacios periféricos suele apuntar a una preferencia o una aceptación resignada de la invisibilidad.
- Concentración: Hace referencia a los niveles de proximidad o distancia en que los migrantes ocupan el espacio urbano. Esta variable es independiente del grado de centralidad del espacio: los migrantes pueden acumular en una misma área ejercicios idénticos o similares de configuración del espacio urbano, independientemente de que estas áreas sean percibidas como centrales o periféricas. Una alta concentración de tales ejercicios en una zona delimitada suele reforzar su vinculación simbólica con un grupo concreto, transmitiendo una capacidad de control exclusivo sobre el espacio o un nivel de influencia alto sobre el mismo en función de la presencia o ausencia de otros actores.
- Frecuencia: Las formas de territorialización del espacio urbano que llevan a cabo los migrantes presentan una dimensión temporal, que se proyecta en una alta variabilidad en función de la periodicidad de sus repeticiones. En efecto, existen prácticas que permiten a los migrantes tomar el control de un espacio de manera puntual, mientras que otras son repetidas en el mismo lugar o en lugares equivalentes. Generalmente se asume que los niveles de frecuencia de estas prácticas guardan una relación de proporcionalidad directa con el margen de control del grupo sobre el espacio que habita: cuanto mayor es la capacidad de intervención sobre un espacio, mayor es también la probabilidad de que este grupo repita con frecuencia prácticas de apropiación protagonista.
- Duración: Otra variable importante tiene que ver con la permanencia en el tiempo de las formas de territorialización de los migrantes. Independientemente de que una práctica de apropiación, delimitación o significación del espacio urbano pueda ser repetida un número indeterminado de veces, en cada ocasión su ejecución genera efectos que pueden perdurar por un plazo de tiempo variable. La permanencia en el tiempo de una determinada pauta de urbanismo migrante —o de sus efectos— depende en gran medida de la vigencia de su utilidad para el grupo que la ejecuta, pero también de la presión que otros sectores de la sociedad local puedan aplicar para territorializar de otro modo el mismo espacio. La capacidad de un grupo migrante para

impulsar formas estables de territorialización coherentes con su identidad
es uno de los principales indicadores de la consolidación y legitimación de
su presencia en la ciudad.

— Contraste: Si las dos primeras variables presentadas operan en el campo de lo
espacial y las dos siguientes en el de lo temporal, esta quinta hace referencia a
las relaciones entre grupos diferenciados. Cada grupo migrante se relaciona,
en su práctica cotidiana del espacio urbano, con otros grupos que poseen diferentes trayectorias, culturas e identidades. Las formas de interacción con cada
uno de ellos pueden concretarse en una pluralidad de dimensiones de la vida
social —en el trabajo, en el comercio, en el ocio...— y pueden desarrollarse
de distintas maneras, que van desde la cooperación hasta la competencia, incluyendo formas de enriquecimiento mutuo y otras de abierta hostilidad. En
función de la situación concreta que enmarque el contacto entre dos grupos,
cada uno de ellos puede optar por estrategias que acentúen, en mayor o menor
medida, el contraste de su identidad diferenciada de las demás. Esta lógica
también se proyecta a las pautas de territorialización del espacio urbano, que
pueden orientarse de distintas formas, que potencialmente abarcan desde
la copresencia indiferenciada hasta la construcción de lugares exclusivos.

Tomando como referencia estos ejes, el análisis comparado de casos puede ser útil
para el contraste de estrategias de territorialización diversas entre grupos migrantes.
Algo que resulta especialmente útil para confrontar ciertos tópicos que proyectan
generalizaciones estigmatizadoras sobre el comportamiento de los migrantes en
la ciudad. En mis investigaciones, el repaso de los datos recabados sobre este tema
da cuenta de una pluralidad de estrategias, que desborda cualquier posibilidad de
reduccionismo o simplificación.

3.1. En busca de un lugar en la ciudad: los latinoamericanos en la Macarena

La inserción de los migrantes latinoamericanos en Sevilla se vio afectada, desde sus
inicios, por la situación de precariedad estructural que estas personas padecían en
su incorporación a la sociedad local. La noción de *precariedad* no debe ser confundida
con otras como carestía o marginalidad. La precariedad se materializa como una
reducción de las protecciones para la población frente a los peligros derivados de la
vida normal en sociedad y, en el modelo de sociedad neoliberal, se ha generalizado
para amplios grupos poblacionales. La precariedad se expresa como una combinación
de vulnerabilidad e invisibilidad (Low 2019), lo que se hace especialmente patente en

la incorporación laboral de los migrantes, dada su concentración en sectores profesionales afectados por una alta informalidad y malas condiciones materiales; además
de en su situación jurídica, por cuanto buena parte de estas personas atraviesan a lo
largo del proceso migratorio largas etapas marcadas por la necesidad de conseguir
permisos de residencia legal o bien, cuando se dispone de ellos, de cumplir con
requisitos específicos para renovarlos. A todo ello debemos sumar, en el caso de los
latinoamericanos en Sevilla, una pauta de inserción residencial dispersa, dificultada
por un contexto general de encarecimiento del suelo urbano. Esta posición general
de precariedad determinó la emergencia de unas necesidades, derivadas del proceso
migratorio mismo y compartidas por el grueso de los migrantes, que constituyeron
la base de unas pautas de sociabilidad específicas. La urgencia de dar respuesta a
esas necesidades contribuyó de un modo decisivo a que, en los barrios sevillanos
de la Macarena, Triana o Amate distintos colectivos de latinoamericanos se esfor-
zaran por construir lo que genéricamente podríamos denominar *espacios propios*,
que operan como referencias aisladas dentro de contextos más amplios donde el
uso del espacio urbano tiende a ser compartido con la población autóctona mayoritaria. Nos referimos a plazas, parques, canchas y otros espacios públicos similares,
cuya ocupación recurrente por parte de estos grupos los carga de unas funciones y
significados singulares y de gran importancia para los propios inmigrantes. Estos
espacios han servido de referencia tanto para los recién llegados como para aquellos
migrantes ya instalados de un modo estable en la ciudad. En ellos la sociabilidad
intragrupo ha asumido diversas funciones, entre las que destaca la reproducción de
pautas culturales familiares para los migrantes, pero también la provisión de fuentes
de información y ayuda sobre problemas específicos ligados al proceso migratorio.
Estos espacios han adquirido una importancia capital en las estrategias asociativas
de los migrantes, tanto por las redes de sociabilidad que sustentan como por el valor
simbólico que ostentan en la vida cotidiana de estas personas.

La tendencia a ocupar intensivamente ciertos espacios públicos fue pronunciada
en las prácticas de sociabilidad de los inmigrantes latinoamericanos, especialmente
durante su primera etapa de inserción en Sevilla. La costumbre de muchos de estos
colectivos de reunirse recurrentemente en determinadas plazas y no en otras, de
acudir a unos parques y no a otros, de frecuentar unas canchas y no otras, estaba
directamente vinculada con una necesidad de dotarse de espacios de referencia para
el colectivo. El hecho de habitar barrios en los que siempre eran minoría y de trabajar
en sectores altamente precarizados y parcialmente invisibilizados, contribuyó a que
colectivos tan diversos como los de ecuatorianos, paraguayos o bolivianos aprove-
chasen el tiempo en el que no trabajaban para usar espacios públicos que pasaron
a ocupar un lugar central en sus redes sociales. Plazas como la de El Cerezo en la
Macarena, canchas como las de San Jerónimo Puente y parques como el del Alamillo

han sido lugares estratégicos para cuestiones tan importantes como la búsqueda de empleo, la localización de alojamiento o el acceso a información sobre modos de acceso a la residencia legal. La sociabilidad que se dio en estos lugares proporcionaba, ya desde los momentos inmediatamente posteriores a la llegada a Sevilla, una serie de funciones de vital importancia en el propio proceso de integración. Estos espacios, en consecuencia, pasaron a ser referentes para las redes de sociabilidad de los latinoamericanos.

En mis entrevistas recogí de forma recurrente discursos que se referían a estas plazas, parques y canchas como *algo más* que lugares de reunión. En el contexto migratorio, estos espacios públicos parecían operar como centros neurálgicos para la reproducción cultural. Frente al uso indiferenciado que los inmigrantes hacían cotidianamente de espacios en que eran normalmente una minoría frente a la población autóctona, muchos de ellos daban un uso intensivo a determinados emplazamientos, los cuales permitían visibilizar su diferencia ante los demás. Existía entre estas personas una clara conciencia de que en aquellos lugares se negociaba algo más que el disfrute del tiempo de ocio. Reunirse en masa, ocupar ciertos espacios colectivamente de manera periódica es una práctica que adquiere nuevos significados en un contexto migratorio marcado por la soledad y el desarraigo. En estas circunstancias, estar con los tuyos representa algo más que pasar un buen rato. Representa la posibilidad de amortiguar el impacto emocional de la migración, así como acceder a información relevante para el acceso al empleo o a la vivienda, o sobre la evolución de la situación en la localidad o el país de origen. En definitiva, muchas de las funciones tradicionalmente asignadas a las redes migratorias (Gurak y Caces 1998) son canalizadas prioritariamente en torno a unos espacios públicos cuya ocupación regular se torna así crucial. Este interés por generar espacios de reunión apareció como una constante en las estrategias asociativas de los latinoamericanos, independientemente del grado de institucionalización de cada una de ellas. Tales espacios fueron a menudo el marco en el que surgieron los primeros intentos por crear asociaciones formalizadas. Para entender este proceso, debemos detenernos en el modo en que tales espacios eran apropiados, así como en las formas de sociabilidad que albergaban.

La elección de los espacios de reunión por parte de ecuatorianos, bolivianos, peruanos y otros grupos latinoamericanos en Sevilla estuvo condicionada tanto por sus culturas de origen como por los factores determinantes de su inserción en Sevilla. Su predilección por el uso intensivo de plazas públicas, parques y canchas deportivas obedecía, en buena medida, a la voluntad de reproducir modos de sociabilidad que se encontraban ya presentes en sus países de origen. No es casual, por tanto, que entre los organizadores de las ligas deportivas abundasen personas que ya hacían lo propio en Ecuador o Bolivia, o que las formas de estar en la plaza fueran similares a las que practicaban en dichos países. Sin embargo, y adicionalmente, hemos de tener en cuenta que la escasez de sus salarios en Sevilla, el poco tiempo libre de que disponían o el hecho de padecer una problemática específica *en cuanto inmigrantes* también fueron factores que favorecieron formas autónomas y diferenciales de ocupar el espacio público. Precisamente, y para dar respuesta a esta compleja situación, parece lógico que los inmigrantes optasen por generar espacios de sociabilidad propios, que en seguida fueron identificados mediante una fuerte carga simbólica. Estos espacios pronto adquirieron una peculiar idiosincrasia, que se construyó en torno a marcadores culturales normalmente referentes a las sociedades de origen.

Como ejemplos de estos marcadores tenemos ciertos estilos musicales, como la cumbia o la salsa, que se hicieron presentes en plazas y canchas a través de las radios de los coches. Otro ejemplo es la comida, que adquirió una visibilidad especial tanto por el estilo culinario —platos típicos como ceviche o sancocho— como por el modo en que era consumida —en amplias reuniones en torno a plazas o parques—. Los horarios en que eran usados estos lugares adquirían, a menudo, características peculiares. En la Macarena había plazas donde solo los niños de padres latinoamericanos acompañaban a sus familias a partir de ciertas horas de la noche y durante el verano, solo estos inmigrantes usaban las canchas deportivas en horas que la población autóctona consideraba demasiado calurosas. Todo ello favoreció que los latinos interiorizasen la certeza de que ellos usaban los espacios públicos de un modo diferente. Y, paralelamente, que buena parte de la sociedad autóctona comenzase a ver en estas formas de estar en la calle una presencia diferente, que en unas ocasiones despertaba recelo y en otras un abierto rechazo.

Estas pautas de sociabilidad informal, marcadas por la importancia de las relaciones intragrupo y el uso intensivo pero discontinuo de espacios públicos como plazas y parques, fue el eje sobre el que giraron a menudo los desencuentros entre inmigrantes y población autóctona. Por lo general, y más allá de las peculiaridades de algunos casos, encontramos que la raíz de muchos problemas se encontraba en la falta de reconocimiento hacia la dimensión cultural de estas prácticas. Del mismo modo que la celebración de eventos puntuales o la reproducción de ciertas costumbres —normalmente de orden folclórico— pueden despertar cierta simpatía o, al menos, un discreto respeto hacia lo que se considera *diferencia cultural legítima,* los modos en que los inmigrantes ocupaban el espacio público solían despertar la reacción adversa de quienes no concebían que esos espacios compartidos pudieran estar igualmente abiertos a la negociación intercultural. Han sido frecuentes las quejas vecinales en torno a plazas de referencia para los latinoamericanos en su tiempo de ocio. En las ocasiones en que el desencuentro ha llegado a su máxima expresión, el hecho de ser minoría ha tendido a perjudicar a la población inmigrante. Como ejemplo claro de este caso tenemos el de la plaza de El Cerezo. En esta plaza, ubicada en el corazón del distrito Macarena, se reunían decenas de inmigrantes por las tardes y noches para beber o comer algo y escuchar música, pero también para buscar empleo, vivienda o información sobre trámites burocráticos. Pronto, una parte de los vecinos autóctonos expresaron sus quejas por lo que consideraban formas incívicas de usar este espacio, enfatizando que los inmigrantes deterioraban esta plaza al ensuciarla y al producir un ruido excesivo. Sin embargo, a través de nuestras entrevistas y conversaciones pudimos acceder a una versión de los acontecimientos por parte de estos inmigrantes que se aleja mucho de esa acusación. Desde su perspectiva, las horas en que usaban las plazas y parques, así como los usos que les daban, son parte de una cultura. Si sus formas de relacionarse solían desarrollarse al margen de la población autóctona, ello no se debía a una voluntad de aislamiento ni a una falta de interés en la integración. Más bien tendría que ver con una diferencia cultural que puede ser negociada.

Dentro del distrito Macarena, una pauta de territorialización recurrente entre los latinoamericanos fue la organización de campeonatos de fútbol sala y baloncesto en canchas deportivas municipales. La celebración de estos eventos, especialmente durante los fines de semana, ha jugado un papel importante para reunir en un mismo espacio a unos inmigrantes que durante los días laborables viven de forma dispersa. En todo caso, en la organización de estas ligas no ha existido una voluntad explícita y premeditada de excluir a la población autóctona. En el fragmento que sigue Ricardo, dirigente de la Liga Sudamericana de San Jerónimo, expresaba su frustración por la dificultad de incorporar a sevillanos autóctonos a las actividades deportivas que organizaban:

> Lo que yo veo es que participan dependiendo del lugar y la hora. Porque usted sabe, que ustedes tienen acá una cultura de descansar, de su cervecita y todas esas cosas. Entonces, hay poca gente que se interesa, en realidad participan poco. Creo que sí se podría hacer, yo estaba pensando, a través de los padres de los colegios, hacer una actividad cultural. [Pero] participan poco, a no ser que tú los lleves, que lo invite un amigo, entonces van, les gusta ¿no? Pero poco (Ricardo. Boliviano, 40 años).

Curiosamente observamos, en las palabras de Ricardo, dos usos radicalmente diferentes del concepto de cultura. Con el primero explicaba la dificultad de interactuar con los autóctonos, aludiendo a una noción amplia de cultura —*cultura de descansar*— que incluye las formas de administrar el tiempo, de organizar la sociabilidad, etc. Concretamente, aludía Ricardo a la escasa participación de sevillanos autóctonos en los campeonatos deportivos que organizaban y, en general, al desinterés por acercarse a conocer la forma en que los latinoamericanos pasaban los fines de semana. Pero acto seguido señalaba la necesidad de organizar «una actividad cultural» para poder relacionar a inmigrantes y a autóctonos. La importancia de esta segunda referencia es que con ella Ricardo asumía de un modo implícito la diferencia entre formas de diversidad cultural legítimas e ilegítimas. El problema de los latinoamericanos que abogaban por organizar campeonatos deportivos a ciertas horas o por escuchar cierta música en la plaza es que tales prácticas no eran reconocidas como *culturales* en el segundo de los sentidos citados. Y, por tanto, eran interpretadas como costumbres desintegradoras e incluso como síntomas de una falta de cultura: falta de cultura *cívica*, falta de cultura *vecinal*, que no era sino la aparente resistencia a asumir la pauta autóctona en aquellos ámbitos de la vida que son compartidos de un modo cotidiano.

Existía, así, una falta de sensibilidad hacia el carácter cultural de unas pautas de sociabilidad específicas que se traducían en modos diferenciales de ocupar ciertos espacios urbanos. Esa falta de sensibilidad entroncaba con un concepto estrecho de la identidad cultural que estaba en la base del debate sobre las formas legítimas e ilegítimas de diversidad cultural en nuestra sociedad. El debate teórico sobre esta cuestión ha sido ordenado por diversos autores en torno a los dos polos ideales de los modelos asimilacionistas y multiculturalistas, representados respectivamente por los casos arquetípicos de Francia y Reino Unido en Europa. El primero preconiza la necesidad de restringir la expresión de las identidades culturales particulares al ámbito de lo privado, manteniendo los espacios públicos dentro de unos códigos mayoritarios que son presentados como *culturalmente neutros*. El segundo, por su parte, aboga por permitir la entrada de diversas identidades culturales en la escena pública y, por tanto, su incorporación como un elemento más de la vida política. Autores como Martiniello (1998) han señalado la tendencia, observable desde hace algunos años, según la cual ambos modelos teóricos se van fundiendo en fórmulas mixtas que hoy son las mayoritarias en Europa. Sin embargo, rara vez se problematiza el proceso por el cual son definidos los contenidos que legítimamente pueden integrar el concepto de identidad cultural. Y eso conlleva el riesgo de que, incluso en los modelos más permisivos para con la expresión pública de la identidad cultural en cuanto derecho abstracto, se asuma un concepto estrecho de la cultura que deja fuera aspectos de la identidad que son cruciales para quienes participan de ella. En este sentido, puede decirse que el debate sobre el derecho de los inmigrantes a conservar su diferencia cultural no se agota en el mero reconocimiento formal de ese derecho. Por el contrario, dicho reconocimiento inaugura un segundo debate sobre las formas correctas de ejercer ese derecho a ser públicamente diferente.

La ocupación diferencial del espacio urbano por parte de los latinoamericanos ha suscitado básicamente reacciones de diferentes tipos en los agentes de gobierno. De un lado, están quienes rechazan cualquier manifestación pública de la diferencia cultural que los inmigrantes representan. Desde esta perspectiva, los latinoamericanos han de ocupar las calles al modo en que lo hace la población autóctona, reservando sus costumbres peculiares en todo caso al ámbito privado del hogar. De otro lado, encontramos a personas y actores sociales que, reconociendo el derecho de los inmigrantes a expresar públicamente su diversidad, preconizan la necesidad de ordenar dichas expresiones en formas aceptables. La primera postura se traduce en formas de abierto rechazo contra aquellos espacios públicos de los que los latinos se apropian. La segunda se ha materializado en intentos organizados por controlar esa presencia latina en el espacio público y canalizarla hacia formas *deseables* de expresión de su diversidad.

Por otra parte, el uso intensivo que los latinoamericanos hacían de los espacios públicos del distrito Macarena provocaba con frecuencia la reacción adversa de una parte de sus vecinos. Esta oposición de parte del vecindario solía presentar como incómodo, o incluso como peligroso, el hecho de que grupos numerosos de inmigrantes se reunieran con frecuencia en estas plazas. En estos casos, las quejas solían aludir a prácticas genéricamente percibidas como incívicas, a las que no se reconocía dimensión cultural alguna. La costumbre de escuchar su propia música a un volumen suficiente como para ser disfrutada en grupo, o la de consumir en la calle comidas previamente cocinadas en las casas, eran percibidas como producto de una carencia de cultura cívica, y no como formas culturalmente reguladas de estar en los lugares públicos. Por consiguiente, estas prácticas tendían a quedar excluidas del debate sobre la diversidad cultural y el derecho a su expresión en el espacio público, pasando a ser tratadas en términos de problemas de convivencia vecinal o incluso de seguridad pública. Cuando esto sucedía, la postura del grupo autóctono mayoritario era a menudo de oposición directa a la presencia latina en estos espacios.

Esta reacción a la presencia latina en la plaza pública, que básicamente abogaba por su invisibilización, tenía dos grandes efectos en las pautas de territorialización de estos inmigrantes. Ambos respondían a la necesidad de ocupar espacios propios. Sin embargo, representan lógicas diferentes en cuanto a la forma de hacerlo y de gestionar el contacto con la sociedad local. Por una parte, observamos una respuesta de alejamiento consistente en el desplazamiento físico de los inmigrantes hacia espacios que, por su ubicación geográfica o por otro tipo de características, se encontraban infrarrepresentados en el imaginario de la población local y por tanto más abiertos a la presencia de los latinoamericanos. Frente al espacio compartido que representa la plaza, fueron apareciendo en el mapa *espacios etnificados* (Torres 2006) que asumían un papel clave en las estrategias asociativas de los latinoamericanos. Dichos espacios ofrecían a estos inmigrantes la posibilidad de recrear formas propias de sociabilidad sin necesidad de negociarlas con otras poblaciones. De otro lado, y paralelamente, observamos intentos de acceder a espacios compartidos que son considerados como estratégicos para la integración. En este caso, se buscaba la interacción con aquellos sectores de la población autóctona que eran considerados más accesibles, así como con instituciones que eran vistas como impulsoras del proceso de integración. Como ejemplo de la primera tendencia tenemos la emergencia de espacios altamente *etnificados* en zonas infrautilizadas de la periferia, entre las que destacan canchas deportivas —como las de San Jerónimo Puente—; discotecas latinas ubicadas en polígonos industriales —como las del Polígono Calonge, con nombres como Imperio Latino, Amanecer Latino, Urkupiña, El Rumberito Cubano o Nusun Discoteca Nicaragüense—; y parques públicos como los de Amate, Miraflores y el Alamillo. En cuanto al acceso esporádico a espacios más centrales geográficamente, encontramos el recurso a parroquias —como San Leandro—, sedes sociales de entidades —Sevilla Acoge, Asociación Comisión Católica Española de Migración (ACCEM) o Izquierda Unida— y centros cívicos municipales —como el Hogar Virgen de los Reyes, Hogar San Fernando y Los Carteros—.

Estos dos tipos de espacios se encuentran ligados y merecen ser analizados en conjunto. Es importante, sobre todo, entender que la construcción de espacios *etnificados* en la periferia respondía a la necesidad de desarrollar una sociabilidad propia sin necesidad de negociación, frente a la dificultad de hacerlo en los entornos residenciales que habitaban de manera compartida con una mayoría autóctona. Para poder llevar a cabo formas más intensas y estables de significación del espacio urbano, marcando este con signos explícitamente asociados a sus identidades culturales —música, comidas propias, etc.— los latinoamericanos necesitaban, en primer lugar, identificar lugares que no ostentasen ya una carga simbólica para otros grupos. Era la infrautilización de estos espacios la que permitía a los inmigrantes acceder a ellos sin que eso generase una reacción por parte de otros sectores de la sociedad local. En la medida en que los inmigrantes ocupaban estos lugares los iban cargando con sus propios significados, dotándolos de una simbología específica que los incorporaba a sus mapas cotidianos. La accesibilidad de estos lugares estaba determinada, normalmente, por su aislamiento geográfico, o bien por su aislamiento simbólico respecto a aquellos espacios que sí eran ocupados por la población autóctona. Un caso particularmente llamativo de esta pauta de etnización de espacios periféricos e infrautilizados lo encontramos en las canchas deportivas de San Jerónimo Puente.

En toda Sevilla, como en muchas otras ciudades, la práctica deportiva constituye una forma de sociabilidad central entre los inmigrantes latinoamericanos. El deporte también ha sido usado por estas personas como una forma de acercamiento a la población local. Participar de campeonatos deportivos municipales o frecuentar canchas públicas ya usadas por la población autóctona ha sido una buena forma para entablar vías de contacto con ella. Jugar juntos al fútbol, al vóley o al baloncesto ha brindado maneras de compartir el tiempo que posibilitan el conocimiento mutuo y con él la empatía hacia el otro. Pero en el caso de las llamadas canchas de San Jerónimo, encontramos un sentido muy diferente en la práctica deportiva. En este caso, no se perseguía compartir el espacio con la población autóctona sino, por el contrario, sostener formas estables de control exclusivo sobre un lugar alejado que durante años fue infrautilizado por la población local y que, por esta misma razón, se convirtió para muchos latinos en un referente para la sociabilidad intragrupo.

Las canchas de San Jerónimo Puente se encuentran a la espalda del cementerio de San Fernando, ubicado al borde de la ronda de circunvalación SE-30. Cementerio y ronda de circunvalación marcan, como en muchas otras ciudades, el límite simbólico de la ciudad de Sevilla. La puerta del cementerio es la última referencia significativa que permite al sevillano autóctono situarse en *su ciudad*. Más allá, el paisaje urbano se mistifica, y se alternan en su seno elementos de muy diversa naturaleza: torretas eléctricas, complejos industriales abandonados e incluso pequeñas explotaciones agrícolas. Esta es la estampa de una zona diferente, donde los límites de lo rural y de lo urbano se solapan, en un proceso en constante mutación. Nos encontramos en el extremo septentrional del distrito Macarena. El norte del norte geográfico, un distrito que ha vivido durante las últimas décadas cambios decisivos por su velocidad e intensidad.

El barrio de San Jerónimo nació como un núcleo urbano aislado de la ciudad de Sevilla y encerrado entre el Guadalquivir y el cementerio de San Fernando. Desde comienzos del siglo XX, este vecindario creció en torno a la instalación en su seno de industrias textiles y también pesadas —abono, explosivos, vidrio y, posteriormente, empresas aeronáuticas y automovilísticas— que provocaron la llegada de trabajadores inmigrantes procedentes del medio rural. El aislamiento del barrio y el perfil socioeconómico de sus vecinos le confirieron una fuerte identidad, que se plasmó en un alto grado de conciencia social y de participación en movimientos políticos. La remodelación de la zona norte de la ciudad, que arrancó con la Expo del 92 y la construcción de la ronda de circunvalación SE-30, y que tuvo un punto de inflexión en la construcción del llamado Parque Empresarial Torneo, provocó la unión física de esta barriada con Sevilla y alteró de forma decisiva su entramado urbano. Este acercamiento simbólico del barrio de San Jerónimo al casco urbano de Sevilla no evitó, sin embargo, que las canchas se mantuviesen en un relativo aislamiento respecto al resto de la ciudad. Y es que estas canchas no solo se encuentran físicamente alejadas de los espacios *centrales* de la ciudad de Sevilla. Además, las propias características de las canchas contribuyen a su invisibilidad y su aislamiento respecto al barrio de San Jerónimo. Las canchas no se encuentran *dentro de* sino *junto al* barrio.[9] Entre este y aquellas media la avenida Medina y Galnares, una calle recta compuesta por dos largas calzadas con tres carriles cada una, que permiten que los coches circulen

---

[9]   Por lo demás, el colectivo latinoamericano no es especialmente numeroso en el barrio de San Jerónimo, donde apenas representa el 4,9 % del total de población extranjera. Una cifra muy inferior a la que alcanza en otros barrios del distrito, como La Barzola (47,6 %), El Cerezo (43,9 %) o Villegas (39,8 %) según el «Boletín demográfico de la ciudad de Sevilla, n.º 6. Servicio de Estadística del Ayuntamiento de Sevilla. Sevilla, 2005».

a una velocidad suficiente como para que cruzar desde el barrio hasta las canchas exija la voluntad expresa de pasar un buen rato en ellas. Hablamos, por tanto, de unas canchas deportivas aisladas e *invisibilizadas*, ubicadas al límite norte del distrito Macarena, y que progresivamente se consolidaron como un espacio de reunión central para varios grupos de latinoamericanos en Sevilla.

> Ha sido la única zona que se encontró. Estaba en ese tiempo, siete años atrás, tenía hierba, donde los inmigrantes fueron a quitarle la hierba, y a hacerlo ya una cancha donde ya el ayuntamiento la pudo pavimentar y dejarla en condiciones. Y por los inmigrantes, que yo no contaba en ese tiempo, según lo que me han comentado, dicen que eso lo iban a quitar, pero hubo una pelea con el Ayuntamiento: que lo dejaran ese espacio. Y lo han dejado y ahora ha quedado como centro deportivo ahí (Ricardo. Boliviano, 40 años).

A comienzos de la primera década de los dos mil, los inmigrantes latinos encontraron en San Jerónimo unas canchas semiabandonadas: un espacio infrautilizado que pronto reconstruyeron desde sus propios parámetros culturales. Llegaron hasta allí, fundamentalmente, por la dificultad creciente que encontraban para usar de este modo canchas deportivas más centrales y próximas a sus lugares de residencia, como las de La Balzola. Lejos de las quejas de otros vecinos, comenzaron a reunirse en las canchas de San Jerónimo Puente para recrear formas de sociabilidad propias en torno a la práctica deportiva. Pusieron en marcha sus propias ligas, que llegaron a integrar una treintena de equipos de fútbol sala—masculinos y femeninos—. Además de hacer deporte, los latinoamericanos usaban las canchas para comer, beber, conversar y, en definitiva, socializar durante los fines de semana. Se trataba de un caso paradigmático de espacio *etnificado,* en el que la infrautilización de las canchas y su ubicación periférica favorecía que los inmigrantes se apropiasen de ellas y las reactivasen cargándolas de nuevos significados. Cientos de latinoamericanos acudían a las canchas de San Jerónimo las tardes de los sábados y los domingos. Las canchas constituían un lugar de reunión informal donde estas personas podían encontrarse con los suyos durante el escaso tiempo libre que normalmente les permitían sus trabajos. Hay que tener en cuenta, además, que estas canchas ofrecían una forma de ocio económico, que no exigía en principio aportación de dinero y que permitía así una participación relativamente asequible. Las canchas eran un polo de atracción especialmente para matrimonios jóvenes, que practicaban deporte en compañía de sus hijos. Estas familias pasaban largas jornadas que arrancaban entre las tres y las cinco de la tarde y con frecuencia se prolongaban hasta la noche. A partir de las nueve o diez de la noche, desaparecían del lugar progresivamente la mayor parte de las mujeres casadas y niños, quedando los varones y algunas solteras bebiendo y escuchando música. Durante toda la jornada, varios matrimonios latinoamericanos cocinaban al borde de las canchas, y vendían informalmente a sus compatriotas comida de sus países de origen, como una estrategia de economía popular (Molinero Gerbeau y Avallone 2020) que les permitía suplementar modestamente los ingresos familiares. Por todo ello, las canchas de San Jerónimo llegaron a constituirse como un espacio de referencia para los latinoamericanos, que concedían una gran importancia al hecho de poder usar este espacio conforme a sus propias costumbres. En forma de equipos deportivos o como grupos informales de amistades, en estas canchas llegaron a cuajar densas redes compuestas por inmigrantes procedentes en su mayoría de Bolivia, Ecuador, Paraguay, Colombia y Perú. La ocupación intensiva y exclusiva de este espacio demostró ser importante para la circulación de información sobre opciones de trabajo, alojamiento y otros recursos fundamentales para el éxito de la estrategia migratoria (figura 1).

Figura 1. Inmigrantes latinoamericanos practican fútbol sala en las canchas de San Jerónimo Puente (2009). Fuente: autor.

Pronto la Administración local intervino en las canchas de San Jerónimo, organizando unos campeonatos municipales y encargando su gestión a una ONG autóctona. Esto conllevó toda una serie de actuaciones normalizadoras, se impulsó un uso estandarizado de las canchas en cuanto instalaciones municipales y se arrebató a los inmigrantes la iniciativa en la coordinación de los eventos deportivos y en la administración del espacio —reparto de canchas, horarios, etc.—. Todo ello se tradujo en fuertes tensiones. De un lado, el Ayuntamiento y la ONG reivindicaban la titularidad pública de las canchas y las ordenanzas municipales como base de su legitimidad para asumir la organización de los campeonatos. Los inmigrantes, por su parte, reclamaban ser reconocidos como organizadores legítimos de los campeonatos y usuarios predilectos, por el hecho de haber sido los primeros en ocupar intensivamente unas canchas que, hasta su llegada, estaban infrautilizadas en la periferia urbana.

3.2. El barrio y el gueto: los caboverdianos en la Cova da Moura

Las pautas de territorialización ejecutadas por los inmigrantes caboverdianos residentes en la Cova da Moura presentan grandes diferencias con las comentadas para el caso de los latinoamericanos en Sevilla. El proceso de configuración espacial de este barrio se vio moldeado desde su origen por la infrautilización del espacio, por la alta concentración de población inmigrante y por las condiciones de extrema precariedad que enmarcaron su poblamiento. A lo largo de los años setenta los inmigrantes llegados, primero desde el interior portugués y posteriormente desde Cabo Verde, encontraron en esta área de la periferia lisboeta una extensa franja de terrenos baldíos, donde cualquier forma de instalación exigía necesariamente la inversión de una alta carga de trabajo por parte de estas personas. La primera tarea para los nuevos pobladores fue la construcción de las viviendas con sus propias manos, que en un primer momento fueron barracas edificadas con materiales desechables, fundamentalmente madera. Dichos materiales eran conseguidos por los propios vecinos en serrerías y basureros del entorno. Tanto la recolección de estos materiales como su transporte eran tareas desarrolladas de manera más o menos autónoma por cada unidad doméstica. La construcción de la barraca tenía lugar durante la noche y en el escaso tiempo libre que dejaban las largas jornadas laborales. Todos los miembros de la familia tomaban parte de esta tarea, ejerciendo los adultos de peones de obra y los niños de asistentes en labores de carga y transporte de materiales. Determinadas fases del proceso de construcción, como la colocación del techo, exigían la disposición de una mayor cantidad de fuerza de trabajo. Para estas labores concretas, cada familia recababa entre los propios vecinos la ayuda voluntaria de otros adultos.

> Cuando llegué al barrio aquí no había casas, no había nada: solo barracas de madera. Para hacer las casas, ayudaban los vecinos. Usted hablaba con los colegas para hacerla. [...] Me gusta el barrio porque antiguamente no había nada, pero ahora está bien (João Lucio. Caboverdiano, 69 años). [Traducción del autor]

La colaboración entre vecinos apareció, por tanto, como una práctica arraigada en los modos de territorialización del barrio desde sus orígenes. La dureza del contexto de recepción requirió de los recién llegados un alto nivel de autoorganización y solidaridad para conseguir una residencia estable en su destino migratorio. Una vez construida la barraca, el acceso a enganches ilegales de luz y la fabricación de las primeras estructuras para el almacenaje de agua fueron, igualmente, trabajos que exigieron de los vecinos un alto grado de cooperación. Todo ello cuajó en densas redes basadas en el sentimiento de vecindad y con un fuerte componente de solidaridad mutua (Malheiros e Mendes 2007, 197), que pronto pasaron a jugar un papel decisivo en la articulación de formas organizadas de reivindicación de servicios básicos para el barrio. En 1978 nació la primera asociación de vecinos, que aglutinó a buena parte de los habitantes más antiguos y que jugó un papel importante en la obtención de mejoras para la Cova da Moura. Fue así como llegaron las primeras instalaciones de agua, luz y alcantarillado a las zonas bajas del barrio, habitadas mayoritariamente por portugueses. Mientras tanto, la población del vecindario siguió nutriéndose de la llegada de miles de africanos, que se instalaron en las zonas altas, y que tardaron más en lograr el acceso normalizado a estos servicios. A partir de 1984, un matrimonio conformado por un azoriano y una belga, ambos fuertemente politizados y llegados a la zona alta del barrio a principios de los ochenta, pasaron a liderar un amplio proceso organizativo que desembocó en la Asociación Moinho da Juventude, que involucró y convirtió en protagonista a la población caboverdiana.

> Celebramos la primera reunión para conseguir agua para 900 personas. En nuestra casa tampoco teníamos agua. Yo ya llevaba un año viviendo aquí, y solo teníamos una fuente pública. Tuvimos que hacer algo para conseguir nuestro propio sistema de agua y alcantarillado para esas 900 personas. Eso fue el 1 de noviembre del 84 y es lo que llamamos el inicio de la asociación. Había 900 personas que no tenían agua, y fue una lucha de tres años conseguir agua y alcantarillado en su mayor parte, porque había unas 3000 personas que vivían aquí en ese momento. No, 4000 personas. Una cuarta parte de ellos todavía no tenían agua o alcantarillado en sus casas (Adele. Belga, 70 años). [Traducción del autor]

De esta forma, durante los años ochenta se consolidaron en la Cova da Moura dos procesos de territorialización relativamente autónomos. En la parte baja del barrio los vecinos portugueses, de mayor antigüedad en el barrio y organizados en torno a la asociación de vecinos, consiguieron una serie de mejoras urbanísticas importantes e implementaron una estrategia organizativa orientada a la colaboración con el Estado. A lo largo de la década, cuando las barracas fueron sustituidas por construcciones edificadas, fue esta asociación la que gestionó el loteo de los terrenos del barrio, la delimitación del trazado urbano, el asfaltado de las calles y la instalación de la red eléctrica, de agua y de alcantarillado. Mientras tanto en la zona alta del barrio, la ausencia de las mejoras logradas en la parte baja, unidas a un sentimiento creciente de marginación racial en ámbitos como el acceso al empleo y al propio estatus legal de ciudadanía, desencadenó un proceso de autoorganización diferenciado, que giró en torno a la Asociación Moinho da Juventude y que pronto ejerció un notable impacto sobre los espacios del barrio.

La actividad de Moinho da Juventude tuvo como objetivo principal la cobertura de las necesidades de los vecinos más vulnerables del barrio. Esto significó, durante los primeros años, prestar especial apoyo a una población femenina procedente de Cabo Verde, que se encontraba en pleno crecimiento durante los ochenta por efecto de las prácticas de reunificación familiar. Para esta población que, al igual que los varones, necesitaba trabajar fuera de casa para aportar un salario, pronto emergió la necesidad de apoyo en el cuidado de los hijos durante el tiempo de trabajo. Fue así como la asociación creó una pequeña biblioteca, primero en casa de Eduardo y de Adele —el matrimonio citado— y más tarde en un pequeño edificio que construyeron gracias al trabajo voluntario de los vecinos. En esta biblioteca, los niños podían pasar las tardes cuidados por voluntarios de la asociación mientras padres y madres trabajaban. Pronto el crecimiento de la asociación dio lugar, primero, a su inscripción legal como Instituição Particular de Solidariedade Social (IPSS)[10] en 1987, y dos años más tarde a la firma del primer convenio de cooperación con la Seguridad Social portuguesa para la prestación de servicios en el barrio. A partir de entonces, tanto la obtención de subvenciones de la propia Seguridad Social como del Fondo Social Europeo facilitó la captación de recursos para amplificar la incidencia de la asociación en el barrio, en cuanto que sus dirigentes desarrollaron una hábil labor de establecimiento de contactos con organismos gubernamentales, universidades y ONG, nacionales e internacionales. Todo este trabajo permitió la construcción de la primera sede de la asociación.

Desde este momento, el Moinho da Juventude experimentó un extraordinario crecimiento en cuanto a sus niveles de apoyo dentro del barrio, su capacidad para movilizar recursos y su legitimidad entre la mayoría de los vecinos. En pocos años

---

[10]   La Instituição Particular de Solidariedade Social (IPSS) es una figura legal recogida en la Constitución portuguesa de 1976 para integrar en el nuevo sistema de Seguridad Social una amplia gama de instituciones caritativas que hasta entonces habían asumido numerosas funciones en la prestación de asistencia básica. Esta institución tiene como objetivo cubrir los servicios básicos allí donde el Estado no llega, y suele centrar sus esfuerzos en la asistencia a menores, ancianos, discapacitados y marginados, normalmente mediante la promoción de la salud, la educación, la formación profesional y la asistencia en problemas residenciales. La IPSS es un organismo de cuya fiscalidad se encarga el Estado portugués, tiene su propio régimen contributivo, y ostenta la capacidad de establecer acuerdos con la Seguridad Social portuguesa para la prestación financiada de servicios a la población.

la asociación se consolidó como el principal actor colectivo en el barrio, y gracias a la asunción progresiva de nuevas responsabilidades como IPSS, ha llegado a tener en la actualidad servicio de guardería, así como comedores escolares, talleres de formación profesional, aulas de tiempo libre, servicio de asesoría jurídica y de mediación sociocultural, gabinete de inserción profesional, cursos de alfabetización y equipos deportivos de cuatro disciplinas. Con más de ochenta vecinos contratados, hoy la asociación consigue dotar de empleo y recursos económicos a buena parte de las familias del barrio. Lo interesante, en este punto, es constatar el impacto espacial de este proceso.

El propio crecimiento de la asociación ha exigido una presencia física creciente en el seno del barrio. Así, en la actualidad la actividad cotidiana de la asociación es coordinada desde un gran edificio de oficinas centrales que alberga no menos de cinco despachos y que incorpora, en un bloque anexo, una gran guardería con dos clases y un amplio patio, así como una cocina comunitaria y salas donde se ofrece servicio de comedor para los niños de la guardería. En otro edificio más pequeño, ubicado a pocas calles y a unos trescientos metros del bloque de oficinas, la asociación presta cotidianamente los servicios de asesoría jurídica y laboral, mientras que una tercera construcción alberga la biblioteca, una pequeña sala de reuniones y varios despachos. Finalmente, las actividades culturales, que incluyen las clases de *batuke* y los ensayos de danzas tradicionales, son impartidas en un cuarto edificio, una casa de varias plantas donada temporalmente a la asociación por una familia caboverdiana que emigró a Francia hace ya varios años. En resumen, hoy la asociación cuenta con una presencia constante en cuatro puntos del barrio, que constituyen espacios centrales de sociabilidad vecinal. Prácticamente la vecindad de la Cova da Moura por completo, especialmente quienes viven en las zonas altas del barrio, tienen un contacto directo o indirecto con el Moinho da Juventude.

> Todos en el barrio respetan mucho a la asociación. Porque si uno no participa, participa su hermano, o su hijo va a la guardería, o su vecina trabaja en la cocina, o su abuelo va a alfabetización (Jorge Carlos. Caboverdiano, 25 años). [Traducción del autor]

La configuración espacial de la Cova da Moura se ha visto determinada, por tanto, por el hecho de que este barrio fuese construido físicamente por la población inmigrante africana, y mayoritariamente caboverdiana, que hasta la actualidad se ha mantenido como representación mayoritaria del vecindario. Ahora bien, para entender el desarrollo de este proceso debemos interpretar correctamente el papel que jugó en su origen el Estado portugués. La Administración pública, que en áreas como el distrito sevillano de la Macarena opera como un actor principal en la regulación de los usos posibles del espacio urbano, ha desempeñado un rol muy diferente en la Cova da Moura. En este emplazamiento, y al menos durante veinte años, tanto el ayuntamiento de Amadora como el Estado central parecen haber estado ausentes. Pero sobre esto cabe hacer dos importantes observaciones.

La primera de ellas es que la inacción o falta de intervención de asistencia programada por parte del Estado no debe ser interpretada automáticamente como una falta de agencia política. La ausencia de programas de intervención específicos e incluso la falta de cobertura en los servicios públicos básicos es, en definitiva, la expresión de una forma concreta de entender un territorio, la población que lo habita y la responsabilidad del poder político con respecto a ambos. Dicho de otra forma, la no aplicación de ciertas políticas —en plural— constituye en la Cova da Moura la Política —en singular y en mayúscula—. En casos como éste, la inhibición de la Administración es, en definitiva, la política que se aplica: el conjunto coordinado de objetivos, expectativas y métodos que enmarca la (in)acción de los gobernantes. Desde esta perspectiva, podemos entender mejor el nivel de agencia alcanzado por los migrantes como agentes configuradores del entorno, si asumimos que ello no solo fue tolerado por el Estado portugués, sino que de hecho resultó funcional, al menos durante un tiempo, a las necesidades del mismo Estado. Debe notarse a este respecto que, a mediados de los setenta, cuando los africanos comenzaron a llegar a esta zona, la acción política del Estado portugués frente a esta población se encontraba condicionada no solo por la situación de inestabilidad general que enmarcó el final de la dictadura salazarista y el tránsito a la democracia, sino también por otros dos factores más concretos. En primer lugar, el proceso de descolonización portuguesa en África propiciaba el regreso acelerado de más de medio millón de retornados portugueses, que en buena medida entran a su país de origen a través de Lisboa (Pires, Maranhão e Quintela 1987; Rocha-Trindade 1995). Durante algunos años, esta población plantea un reto importante a un Gobierno desbordado y carente de las herramientas necesarias para acoger residencialmente a una población semejante. Esta situación de desborde permite entender mejor la falta de medios del Estado portugués para abordar el problema de la inserción residencial de los africanos y su prioridad por acomodar a los retornados portugueses. Por otra parte, la incorporación de esa población africana a la periferia de Lisboa supuso una ventaja en la provisión de mano de obra a la industria que se encontraba en esta área, y en la que no sobraban los trabajadores teniendo en cuenta la cantidad de portugueses que habían emigrado del país en los años inmediatamente anteriores con destino a países del centro y el norte de Europa. Desde este punto de vista, parece lógico pensar que la inacción del Estado portugués respondió a una combinación de causas, incluyendo la falta de medios materiales, pero también la conveniencia coyuntural.

Por otra parte, la inhibición del Estado portugués constituyó en sí misma un acicate indirecto para la iniciativa de los inmigrantes en cuanto agentes territorializadores. La ausencia de una acción urbanizadora desde el exterior obligó a los

residentes, inmigrantes en este caso, a tomar la iniciativa y constituirse como protagonistas del proceso de urbanización. Desde esta perspectiva podemos entender
mejor el peso del criterio urbanístico de los inmigrantes desde antes incluso de que
las actuales edificaciones del barrio fueran levantadas. Así, la propia distribución de
los vecinos por el barrio respondió originalmente, en parte al menos, a sus propios
criterios de agrupación, de forma que en ciertas calles o áreas aún se puede constatar
una representación superior de personas procedentes de ciertas islas o localidades
de Cabo Verde. Si atendemos a las casas particulares, estas fueron construidas frecuentemente durante jornadas de trabajo colectivo, coordinadas por las familias
residentes, pero en las que participaban directamente amplias redes de vecinos. Para
ello, se aprovechaba generalmente el tiempo libre, durante el fin de semana, y se
hacía uso de las herramientas y la maquinaria (palas, hormigoneras, etc.) que algunos
vecinos podían conseguir en sus respectivos lugares de trabajo. Esta participación
personal en los trabajos de levantamiento físico de los edificios ha sido interiorizada
por los vecinos como un criterio que les otorga legitimidad para controlar el espacio.
En sus discursos, la Cova da Moura es un barrio creado por los vecinos, a pesar del
desinterés de las autoridades, o incluso *contra* el interés de las autoridades.

Pero esa interpretación del paisaje urbano no se circunscribe a la fracción que
representan las viviendas privadas. La dotación de servicios públicos para el barrio,
como alumbrado, agua corriente o alcantarillado, exigió de los residentes todo un
proceso de autoorganización y un conjunto de movilizaciones periódicas, que se
orientaba a demandar a las autoridades portuguesas un papel activo en la digni-
ficación de las condiciones de vida de los vecinos. En este sentido, los elementos
de la arquitectura pública que se asocian genéricamente a la presencia del Estado
portugués suelen ser interpretados por los vecinos como conquistas, que solo la
iniciativa endógena de los residentes en el barrio habría conseguido arrancar frente
a unas instituciones tendentes al abandono de la zona.

Todo ello ha cuajado en una vinculación muy singular entre los vecinos y el territorio que habitan. A diferencia de lo que suele suceder en barrios en que la gente
se inserta mediante la compra de suelo urbano en el mercado inmobiliario, aquí los
residentes no se consideran simples propietarios de terrenos particulares. Más bien
se sienten como *constructores* de todo un entorno diferenciado, compuesto por zonas
públicas y privadas que en su conjunto reflejan la voluntad y el esfuerzo, pero también
la cultura de los propios habitantes. Esta singular forma de interpretar su relación
con el territorio que habitan se puso de manifiesto claramente a partir del año 2002,
cuando el Ayuntamiento de Amadora presentó el primer Plan de Ordenación para la
Cova da Moura, lo que despertó el rechazo inmediato de la mayor parte del barrio.
En este contexto, la respuesta de los residentes no solo fue un mero cuestionamiento
técnico de los criterios urbanísticos del Ayuntamiento, sino toda una reivindicación

de la legitimidad prioritaria de los vecinos para decidir cómo organizar el espacio urbano que habitan. Esto se aprecia claramente en un documento hecho público por la Comisión del Barrio Alto da Cova da Moura en el año 2006. Dicha comisión, que incorpora a las cuatro grandes asociaciones del barrio —Associação de Moradores do Alto da Cova da Moura, Associação de Solidariedade Social do Alto da Cova da Moura, Centro Paroquial São Gerardo y Associação Cultural Moinho da Juventude— ejerció como interlocutora principal con la Administración pública portuguesa para expresar el rechazo de los vecinos al plan de ordenación propuesto y las alternativas preferidas. Lo interesante es que, en el citado documento, en el que resumen sus análisis y posicionamientos, aparece recogido textualmente el siguiente fragmento:

> Muchos de los trazos del tejido urbano del barrio son la marca y al mismo tiempo el dispositivo propiciador de la riqueza de la sociabilidad y de la vida asociativa local y están anclados, desde su origen, en la historia y en la cultura de sus «residentes-constructores», así como en la inversión que estos realizaron aquí a lo largo de tres décadas (Comisión del barrio Alto da Cova da Moura 2006). [Traducción del autor]

Como se puede comprobar, en este documento de la comisión de barrio resulta nítidamente dibujado un discurso que reivindica el espacio físico de la Cova da Moura, no como una fracción del territorio portugués de la que los vecinos sean meros residentes, sino como un territorio autónomo del que los vecinos han sido constructores y, por tanto, creadores. Merece la pena reparar en la importancia que la variable tiempo tiene en este discurso. El hecho de que el barrio fuese construido mediante la ocupación irregular de terrenos, unido a la intervención tardía y descoordinada que llevó a cabo la Administración portuguesa en esta zona, ha cristalizado en la idea de que los vecinos llegaron a la zona antes que el Estado y de que, en cierto modo, el barrio fue antes africano que portugués.

Esta manera de interpretar el proceso de territorialización de la Cova da Moura se expresa a menudo en discursos explícitos y extensamente desarrollados por actores de gran peso en el barrio, destacando aquí los dirigentes del Moinho da Juventude, entidad consolidada como representativa de la mayoría inmigrante. Sucede en las reuniones vecinales, en los actos públicos, en los escritos presentados ante la administración y en los eventos en los que participan junto con otras entidades como ONG, universidades, sindicatos o partidos políticos. Pero paralelamente este discurso se filtra de manera más difusa en la práctica cotidiana de los vecinos: en sus formas de ocupar los espacios del barrio, en sus formas de usarlos, en sus formas de nombrarlos, decorarlos, ordenarlos e imaginarlos.

Una de las prácticas que reflejan con mayor claridad esta tendencia es el grafiti. Las paredes de muchos edificios del barrio han sido decoradas con un tipo de pintura muy singular que, por el contenido de sus mensajes o por su estética, remite a un conjunto de identidades asociadas a la experiencia migratoria. Algunos de estos grafitis reivindican de forma expresa la identidad nacional caboverdiana, incluyendo la representación de la bandera o un retrato de Amílcar Cabral, líder de la independencia de Guinea-Bissau y Cabo Verde. En otros casos, se alude a una noción más difusa de la *africanidad,* que se expresa con la representación del mapa del continente o, con más frecuencia, con el uso alegórico de símbolos globales asociados directa o indirectamente a lo africano, como la combinación de los colores rojo, verde y amarillo, la figura del león o el retrato de Bob Marley. Finalmente, no faltan los elementos alusivos a la negritud como marcador racial, que a veces aluden a la presencia negra en la historia portuguesa —por ejemplo, en un gran retrato del mítico futbolista Eusebio, de origen mozambiqueño— y, otras veces, a referentes conocidos de otros países —como es el caso del gran mural sobre Martin Luther King—.

El paisaje comercial del barrio también presenta rasgos claramente vinculados al origen africano de sus vecinos. Existen en él un buen número de peluquerías especializadas en peinados de estilo directa o indirectamente ligados a la negritud. Igualmente abundan las cantinas y restaurantes que ofrecen a la clientela platos típicamente africanos, y que con sus nombres y con su decoración interior rememoran el origen inmigrante de sus propietarios. La presencia de la comida africana, con sus sabores y olores característicos, se hace presente habitualmente en el espacio público más abierto, el de la calle, cuando un grupo de vecinos se anima a cocinar en una gran olla una comida colectiva. Los sonidos del barrio también poseen un carácter reconocible por la música que resuena en las calles, en los comercios o en las casas particulares, a veces en forma de *batuke* tradicional y otras en canciones de rap en criollo caboverdiano.

Más allá del uso oral en la música cantada, se constata en la Cova da Moura un proceso de recuperación y visibilización de palabras del criollo. Esta lengua, mayoritaria en el archipiélago caboverdiano y largamente denostada como un dialecto vulgar, se compone originalmente por la hibridación del portugués con las lenguas y dialectos usados por la población indígena africana con que se pobló las islas. Actualmente, y en el contexto de la Cova da Moura, esta lengua criolla ha pasado a ser portadora de un sentido de orgullo y reafirmación identitaria, que lejos de restringirse a las formas habladas, se inscribe en forma escrita en el paisaje físico del barrio. Hoy el criollo se hace presente tanto en los letreros que adornan las calles como en el conjunto de las iniciativas de los vecinos, lideradas por la Asociación Moinho da Juventude. El barrio reivindica ahora palabras como *sabura* o *morabeza,* e incluso rescata el uso estético de la *k* como letra característica en la redacción escrita del criollo. Las propias calles del barrio han sido rebautizadas con nombres que evocan lugares, expresiones o personajes propios de la historia de Cabo Verde y de África. Esta práctica constituye un desafío radical al modelo de ordenación urbana predominante y una afirmación de la legitimidad exclusiva de los vecinos sobre este territorio (Duminy 2014).

Merece la pena detenerse en una práctica específica desarrollada por Moinho da Juventude: el servicio de guardería familiar. Este servicio, subvencionado por la Seguridad Social portuguesa, permite la contratación de un grupo de entre 12 y 20 niñeras que, viven en una misma zona geográfica y reciben apoyo técnico y financiero del Estado portugués o de sus instituciones colaboradoras —Santa Casa da Misericórdia u otras instituciones particulares de solidaridad social— para el cuidado de niños en sus propios domicilios. Estas niñeras son seleccionadas de entre las vecinas del barrio por la Seguridad Social y por el propio personal técnico del Moinho da Juventude (educadores, trabajadores sociales y psicólogos). Esta iniciativa, que existe en muchos barrios de Portugal, está concebida en principio como una apuesta por ofrecer un servicio más cualificado y como alternativa a las guarderías convencionales. En la Cova da Moura, un barrio con un perfil poblacional joven y un alto número de niños, la guardería familiar se concibe más bien como un complemento a la guardería regular que también gestiona el Moinho da Juventude en sus propias instalaciones, pero que carece de plazas para cubrir toda la demanda. Lo interesante en este punto es que el servicio de guardería familiar impulsa un conjunto de transformaciones físicas para la adecuación de las casas de las niñeras a su labor —bloqueo de escaleras, instalación de elementos de seguridad, etc.—, que otorgan a estos domicilios una función pública y una importancia estratégica en la vida del barrio.

Cabe resaltar, por último, que estas formas de territorialización por parte de los vecinos se ven reforzadas por formas de ocupación del espacio que son esporádicas, pero que contribuyen a visibilizar de manera excepcional la identidad cultural de estas personas. Nos referimos en este caso a la celebración eventual de festivales o espectáculos improvisados de *batuke* o de rap. Y, muy especialmente, a la celebración del Kola San Jon, una romería en honor a San Juan que se repite anualmente el fin de semana más próximo al 24 de junio, día del santo. Esta fiesta ha sido directamente importada de Cabo Verde y reproduce, en gran medida, la estructura y el patrón estético de las que se celebran en las islas de Santo Antão, São Vicente y São Nicolau. Desde el año 1991, la fiesta se celebra en la Cova da Moura con una procesión que pasea al santo por la mayor parte de las calles del barrio, acompañada del estruendo de una docena de *tamboreiros* o percusionistas y el baile de una quincena de *koladeiras* o bailarinas, que danzan frenéticamente en un paso sencillo y repetitivo, que consiste en acercarse y alejarse en un perímetro de dos metros chocando los ombligos en cada aproximación. La instalación de banderines decorativos en las calles por las que trascurre la procesión, así como el acompañamiento de la procesión por las banderas de Cabo Verde, Portugal y el Moinho da Juventude, vehiculan una intensa transformación visual del paisaje físico, que combinada con la música, el baile y la distribución de comidas y bebidas caboverdianas posibilitan la expresión más completa de *africanización* de los espacios del barrio (figura 2).

Figura 2. Danzas caboverdianas durante la procesión del Kola San Jon en la Cova da Moura (junio 2014). Fuente: autor.

3.3. Resistir en el barrio: los peruanos en el Abasto

La experiencia migratoria de los peruanos en el Abasto, descrita en el capítulo anterior, nos dibuja un escenario protagonizado por una población sensiblemente feminizada, que se inserta en sectores laborales altamente precarizados y que otorga un gran valor a la posibilidad de vivir en este barrio, pese a encontrar serios problemas para acceder a la vivienda. La preferencia de los peruanos por este enclave central, como se apuntó, contrasta con el comportamiento residencial de otros grupos — principalmente los bolivianos y paraguayos—, que han tendido a concentrarse en áreas de la periferia más asequibles. Vimos que este patrón geográfico de los peruanos conecta, según Cerrutti (2005), con el origen urbano de sus integrantes y con su carencia de redes amplias por lo reciente de su presencia en Argentina. Pero, además, esta preferencia por el Abasto es un rasgo muy marcado, que enmarca de forma plenamente consciente la estrategia residencial de este grupo. En el discurso de los peruanos residentes en el Abasto existe una clara conciencia de estar realizando una apuesta residencial singular, distinta de la de otros grupos y característica de los peruanos. Respecto a su justificación, en el discurso de los migrantes, el Abasto tiende a ser valorado por la calidad de sus servicios y, muy especialmente, por la seguridad relativa de la vida en este sector.

Aquí resulta crucial tener en cuenta que para los peruanos residentes en Buenos Aires el Abasto es, por encima de todo, una alternativa a la *villa miseria,* es decir, a los asentamientos informales de viviendas precarias donde miles de inmigrantes—nacionales y extranjeros— se han ido instalando de manera irregular. Identificado como un lugar pobre y esencialmente peligroso, la villa es por excelencia el *lugar a evitar.* No es de extrañar entonces que, al explicar los motivos de su radicación en el Abasto, muchos residentes enfaticen la importancia de desenvolverse en un ambiente seguro, alejado de formas de violencia asociadas principalmente al comercio de droga y la presencia de armas de fuego. La valoración del Abasto como alternativa a la villa es especialmente patente en el discurso de aquellas personas que conviven con hijos a su cargo:

> Lo que más me gusta del barrio es que tengo todo accesible: para comprar, para los chicos... Tengo la placita, puedo tomarme un mate con mis hijos, conversar... es lo que más me agrada del barrio, que es tranquilo. [...] Y no me gustaría ir a la villa, porque no es vida para un chico. No es porque los margine, pero yo no estaría tranquila [al] salir a buscar trabajo y dejarlos allá a los chicos. Porque tú sabes que, en una villa, o en cualquier asentamiento que haiga, siempre rigen o las peleas o los balazos. O no saber si tú vas a volver en la madrugada bien de tu trabajo y encontrar bien a tus hijos. Acá los chicos pueden salir, jugar, los miramos, los llevamos al parque (Violeta. Peruana, 43 años).

Además de la seguridad personal que se piensa como una ausencia de violencia callejera, el barrio es bien valorado por su ubicación central. Los inmigrantes están convencidos de que, en comparación con los asentamientos villeros y barrios de la periferia, servicios como la escuela pública o la atención sanitaria presentan en el Abasto una mayor calidad en su construcción, en su mobiliario y en su cuidado general. La combinación de seguridad y centralidad hace del Abasto un emplazamiento ideal, que permite a adultos y menores desplazarse tranquilamente en su vida cotidiana, maximizando sus posibilidades de acceder al empleo, a unos servicios públicos bien dotados y, en definitiva, a un estándar de vida más alto.

> No, es que para nosotros es muy importante estar acá. Porque mire que los chicos van todos a las escuelas de acá. Una está ahí a unas cuadras y la otra acá detrás. Y esas de primaria, la de secundaria está para el otro lado, pero está cerca igual. Entonces ellos andan siempre moviéndose acá. Y la mayoría de los adultos igual trabajamos por acá. Entonces si nos vamos a provincia ¿dónde trabajamos? (Marco. Peruano, 39 años).

La población peruana residente en el Abasto refleja en su discurso un profundo arraigo en el territorio, que conecta con una presencia de largo recorrido, unas redes vecinales densas y una clara conciencia de las ventajas materiales de vivir en él. Residir en el Abasto les permite disfrutar de un ambiente seguro, en un barrio bien dotado de servicios públicos e infraestructura, y en un enclave geográfico cuya posición central permite acceder fácilmente a nichos poblacionales de alta demanda de trabajo doméstico, y que presenta la ventaja añadida de albergar un alto número de comercios peruanos que precisan igualmente de mano de obra. Sin embargo, todos los informantes coinciden en subrayar un problema central, una amenaza que pone en riesgo todas las ventajas acumuladas a lo largo de años de convivencia:

> La vivienda, siempre la vivienda. Porque trabajo, en donde sea, siempre, cuando sale trabajar trabajo donde sea. Hemos vendido en la calle, hemos hecho cualquier cosa yo y mi marido. Pero lo que siempre hemos sufrido es por vivienda. Y si te vas a provincia no hay trabajo. ¿Entonces de qué comes? Hay casas, hay una choza, pero no hay trabajo, en provincia no hay trabajo. Y acá las viviendas están re-caras. El alquiler, una sola pieza te cuesta 3000, 4000, 5000 mil pesos (Ángela. Peruana, 37 años).

En efecto, la mejora general del ambiente urbano en las últimas dos décadas ha traído aparejado un notable encarecimiento del precio del suelo, así como un endurecimiento de las condiciones generales de habitabilidad. El barrio que un día sufrió el abandono que permitió la instalación de numerosos inmigrantes en edificios infrautilizados hoy es un enclave turístico visitado diariamente por miles de personas argentinas y extranjeras. La diversificación de su oferta comercial ha estimulado especialmente el sector hostelero, pero también otras formas de negocio orientadas a la explotación económica del atractivo turístico de la zona. El resultado de todo ello ha sido una subida acelerada de los precios de venta y de alquiler, así como una presión creciente contra las ocupaciones ilegales de vivienda. Los vecinos más antiguos del barrio, y muy especialmente los inmigrantes, denuncian esta tendencia, que perciben como una forma de violencia que les arrebata algo propio y les expulsa del territorio:

> Y las inmobiliarias, que se están apropiando de todas las casas antiguas. Está creciendo la... ¿cómo se dice? La especulación inmobiliaria. Y están desapareciendo las casas antiguas y todo esto se está llenando de edificios. Y están echando a la gente que vive tantos años en esa casa. [...] En la ciudad pasa eso: que la gente rica se está apropiando de todo en la ciudad. Y destruyen a la gente de menos recursos. «Que se vayan a provincia. Si no pueden pagar un alquiler, entonces que se vayan a provincia. ¡El país es grande!» [ríe] (Ángela. Peruana, 37 años).

Los inmigrantes peruanos, como vemos, confieren un gran valor a vivir en un barrio que la especulación inmobiliaria está tornando cada vez más inaccesible. Frente a la presión expulsora, los inmigrantes peruanos intentan resistir permaneciendo en la zona. Y lo hacen esforzándose por mantener en buenas condiciones las viviendas que habitan, que se encuentran generalmente en las edificaciones más humildes del Abasto. Concretamente, la inserción de los peruanos en el Abasto se concretó en gran medida mediante el arriendo de habitaciones en casas de vecinos dotadas de servicios comunes, principalmente en la modalidad clásica de conventillo o en la más moderna fórmula del hotel-pensión.

El conventillo o inquilinato es un modelo de edificación característico del Cono Sur, muy popular en las últimas décadas del siglo XIX y en las primeras del XX, consistente en un edificio de varias habitaciones donde familias de escasos recursos conviven compartiendo estancias comunes como el comedor y el aseo. El hotel-pensión, por su parte, constituye un modelo arquitectónico similar, que según Boy, Marcús y Perelman (2015) surge en la década de los cincuenta del siglo XX, cuando las leyes de control del alquiler van menguando la rentabilidad del conventillo para sus propietarios. El hotel-pensión resulta más rentable, al aplicar sus tarifas por cama o por habitación y efectuar el cobro por adelantado en forma diaria o semanal, además de que los huéspedes pueden ser desalojados en caso de impago por ser considerados huéspedes y no inquilinos. Más allá de estas diferencias formales, es importante notar que no pocas de las viviendas habitadas por los peruanos en el Abasto se encuentran en situación de ocupación ilegal, o son adquiridas mediante fórmulas irregulares de alquiler en el mercado informal. En cualquier caso, la subsistencia en el barrio de un número considerable de edificios subalquilados u ocupados por familias peruanas en régimen de viviendas colectivas ha favorecido que estas personas desarrollen una experiencia larga de convivencia vecinal. Muchas familias peruanas han compartido durante décadas los espacios comunes de sus casas en el Abasto, pero también buena parte de su tiempo y muchas de las responsabilidades domésticas. Esta singular vivencia se ha traducido con frecuencia en la formación de sólidos lazos de amistad y apoyo mutuo.

> Nosotros la hemos ido arreglando [la casa]. Todos los chicos ponían la mano. Todos los esposos o los primos, los hermanos ponían la mano. Hasta las mujeres. Si teníamos que hacer limpieza general, todas las mujeres en el techo. Los hombres bajaban escombros, limpiábamos, limpiábamos los tanques. Claro, entre todos nos turnamos, por ejemplo, traen comida del Gobierno, y algunos queremos tomar una sopa caliente, hacemos un desayuno entre todos. Entre todos nos damos la mano. Hicimos una actividad para cualquier tipo de emergencia, no sé, el gas, comprar una leche, dándose la mano entre todos (Violeta. Peruana, 43 años).

El crecimiento de la migración peruana hacia Argentina desde los primeros años de la década de los noventa se traduce, en el Abasto, en un aumento de la densidad residencial en los conventillos. Es común que los inmigrantes residentes en una de sus piezas intenten encontrar una habitación libre en el mismo edificio para facilitar el alojamiento de un familiar o un amigo recién llegado. Sin embargo, ante el ascenso del número total de estas personas, el problema de la inserción residencial se ha resuelto, a menudo, mediante añadidos o subdivisiones que han trasformado la estructura física de estos edificios. El recurso de compartir habitación entre varias personas se concreta a veces en el levantamiento de tabiques divisorios que salvaguardan la intimidad de individuos o familias, o bien la instalación de muebles voluminosos que ejercen la función de separación física. Por otra parte, se han añadido habitaciones mediante el cerramiento ilegal de espacios interiores en patios y pasillos, así como con el levantamiento de cobertizos en azoteas. Estos nuevos espacios posibilitan a menudo que varios amigos o familiares convivan bajo el mismo techo, con la ventaja de poder compartir los gastos de alquiler, pero también de sostener formas de ayuda mutua basadas en la *corresidencialidad*. En cuanto a los propietarios de los inmuebles, cuando estos están identificados y cobran un precio en concepto de alquiler, las modificaciones en la estructura del edificio aparecen como una posibilidad de incrementar los ingresos por la suma de nuevos espacios disponibles para el arriendo.

Por otra parte, el estado de deterioro de estos edificios está muy relacionado con el abandono de muchos de sus propietarios, que no encontraron aliciente para invertir en ellos por la baja rentabilidad del negocio del alquiler, o que aspiran a reutilizar estos edificios de forma más ventajosa en el nuevo contexto de gentrificación del barrio. Esto ha exigido de los inmigrantes, con frecuencia, una disposición a la cooperación vecinal y al apoyo mutuo, como forma de suplir las carencias del entorno que habitan. En los discursos recogidos durante el trabajo de campo en el Abasto, constaté que los vecinos residentes en este tipo de edificación poseen una conciencia muy acentuada de la importancia de las redes vecinales para enfrentar la precariedad que enmarca su vida cotidiana.

Las prácticas de cooperación vecinal se aplican cotidianamente, y con una pluralidad de finalidades. En ocasiones, los residentes en una misma vivienda colectiva colaboran con el objetivo de mantener en condiciones habitables el edificio físico que comparten. Esto puede observarse en la organización de las tareas de limpieza cotidiana de las zonas comunes, donde son frecuentes los turnos o los repartos por zonas. Pero también se recurre a la cooperación vecinal para llevar a cabo intervenciones excepcionales en la vivienda, incluyendo la aplicación de pintura al edificio, el arreglo de desperfectos o la sustitución de elementos deteriorados, como puertas, ventanas o barandas. Por otra parte, las mismas redes vecinales ofrecen, con frecuencia, formas de apoyo en el cuidado familiar. Esto sucede, por ejemplo, cuando las vecinas se organizan entre sí para que algunas cocinen la comida de los niños de aquellas que no pueden hacerlo por tener horarios de trabajo incompatibles. La proximidad física de los cuartos y el hecho de compartir estancias comunes —baños y, con frecuencia, cocinas— favorecen unas formas de convivencia intensas, en las que las vecinas —en su mayoría mujeres— alcanzan un alto grado de confianza y llegan a involucrarse notablemente en el apoyo mutuo. El cuidado cotidiano de los niños, por ejemplo, tiende a organizarse informalmente de forma colectiva, de modo que cada madre asume la vigilancia general de todos los niños del conventillo durante el tiempo que pasa en él. Esta forma de organizar la convivencia vecinal tiene, obviamente, una incidencia que va más allá de la vida doméstica, en la medida en que los vecinos consiguen organizarse para la limpieza colectiva o el cuidado de los niños. De este modo, se amplían las posibilidades de cada uno para buscar empleo o ausentarse de casa durante la jornada laboral.

El resultado de esta modalidad de convivencia vecinal intensa, que es característica de conventillos y hoteles-pensión, es la forja de vínculos vecinales que son altamente valorados por los peruanos residentes en el Abasto. En sus discursos, la figura del vecino es mucho más que un corresidente: es una fuente de ayuda, y su importancia crucial le confiere tal valor que a menudo aparece caracterizada más como un amigo o incluso como un familiar.

En cuanto a las relaciones de estos inmigrantes con la población autóctona, estas se concretan en una pluralidad de contactos cotidianos que tienden a resolverse en formas de convivencia pacífica pero no exentas de tensión. Los peruanos residentes en el Abasto coinciden cotidianamente con argentinos: en la calle, en la tienda, en el barrio o en la escuela. En general, los peruanos parecen ser muy conscientes de la existencia de un estigma que los representa como personas incívicas y potencialmente problemáticas. El trato diario, directo y personalizado, parece ser considerado como un campo estratégico para la construcción de relaciones positivas y el combate contra los estereotipos. Esto explica dos pautas de comportamiento aparentemente interrelacionadas: por una parte, la observancia estricta por los peruanos de ciertas formas asociadas genéricamente a la noción de *civismo,* que se manifiestan explícitamente en contextos de co-presencia en el espacio público; y, por otra, la diferenciación en sus discursos entre los distintos sectores de la sociedad argentina, con especial énfasis en la valoración positiva de las relaciones personales con argentinos del entorno inmediato.

En cuanto a las prácticas de civismo cotidiano, estas parecen ser especialmente valoradas por los padres y las madres de Perú, y muy particularmente por las mujeres. Se concreta verbalmente en el uso de un vocabulario muy cuidado, basado en fórmulas explícitas de respeto como: la alta valoración de fórmulas estandarizadas de saludos entre vecinos —«buenos días», «buenas tardes», etc.—, el tratamiento sistemático de «usted», el uso recurrente de fórmulas de cortesía —«por favor», «gracias»—. Los adultos no solo hacen un uso explícito de estos recursos, sino que se esfuerzan por inculcarlo en los menores y, particularmente, en sus hijos. Es frecuente ver a los vecinos de los conventillos instruir de forma muy explícita a sus hijos —y, en general, a los niños residentes en la casa—, incidiendo en recomendaciones como saludar al vecino o dar las gracias, pero también en evitar el exceso de volumen o en pronunciar las palabras del modo considerado correcto. Este cuidado estricto de las formas no se limita al campo de lo verbal, sino que abarca igualmente el campo de la proxemia —ceder espacio en los bancos, detener el juego del balón si pasa un vecino, no correr por espacios transitados— y el cuidado general del entorno —no ensuciar, no manchar, etc.—.

Por otra parte, cuando se refieren directa o indirectamente a sus niveles de integración general en el barrio o en el país, los peruanos tienden a subrayar la concordia que prevalece en sus relaciones personales con los argentinos. Este tipo de discursos se construye generalmente por oposición a la estigmatización de los peruanos que se advierte en campos como el de la política o los medios de comunicación. La convivencia cotidiana en el barrio aparece aquí como la prueba que desmentiría la supuesta resistencia de los peruanos a integrarse en la sociedad argentina. Las nociones de *proximidad* y *distancia* son centrales en este razonamiento: se acusa a los discursos xenófobos de desconocer la realidad cotidiana de los peruanos, y se toman las relaciones vecinales como ejemplo concreto, cercano y por tanto *más real,* de las formas positivas de convivencia que los peruanos entablarían con los argentinos a diario.

Ciertamente, también en la convivencia cotidiana en el barrio se producen roces y desavenencias que involucran a los peruanos. Cuando esto sucede, a veces aparecen discursos xenófobos que estigmatizan a los peruanos como grupo al poner de relieve las supuestas características negativas de su cultura. Estos discursos los presentan como sujetos sucios, incívicos y conflictivos, que estarían perjudicando la convivencia barrial por importar de su país de origen formas de habitar la ciudad impropias o incompatibles con la cultura porteña. No obstante, este tipo de discursos no suelen ser asumidos de una forma explícita por los vecinos argentinos en el trato directo. Cuando alguno lo enarbola, la respuesta de los peruanos suele ser presentarlo como un caso aislado, e incidir en la idea de que esa persona no representa el sentir general del barrio.

> Hay una vecina del frente que no nos quiere, nunca nos quiso. Ponía grasa, ¿viste la grasa marcada en los bancos? Para que nadie se siente. Cogía a los chicos, decía: Peruanos ¿por qué no se largan a su país? [...] Nunca nos ha querido. Peleaba con los chicos... pero nosotros la dejábamos que hable. La vecina de allá, la vecina Rosita nos decía: Déjala, pobre, esa mujer está amargada. Pero con el resto de vecinos, muy bien, nunca hemos tenido problemas (Violeta. Peruana, 43 años).

Como se aprecia en estas declaraciones, los problemas que puntualmente pueden surgir entre vecinos peruanos y argentinos tienden a ser explicados por las características personales de individuos concretos, que generalmente son desacreditados achacándoles una conducta impropia («racistas») o directamente una carencia intelectual («locos», «amargados», etc.). Lo importante es que circunscribir el problema al carácter personal de un individuo o un conjunto pequeño de individuos permite abordar los problemas de convivencia desde el prisma de las conductas particulares, dejando en un segundo plano los discursos sobre las identidades colectivas.

Otra forma de presencia peruana en el barrio es la que encarnan los establecimientos comerciales, principalmente restaurantes, bares y boliches. En estos casos hablamos de espacios abiertos al público general, cuya vinculación con la población peruana obedece a la nacionalidad predominante de su clientela, pero también al uso de marcadores culturales explícitamente asociados a la peruanidad. Así, los restaurantes comercializan platos típicos de la cocina peruana —ceviche, arroz chaufa, ají de gallina, papas a la huancaína, etc.—, así como bebidas del país —pisco sour, chicha morada, Inca Kola—, en un ambiente que generalmente refuerza la vinculación simbólica con el Perú mediante la decoración del emplazamiento físico —fotos de paisajes andinos, banderas— y por la elección musical —suenan cumbias peruanas, vals, huainos y marineras—. Algunos de estos restaurantes ocupan emplazamientos centrales en el barrio, ubicándose cerca del Shopping Abasto y orientando su oferta a un público heterogéneo compuesto en gran medida por turistas argentinos y extranjeros. Otros, de menor tamaño y más humildes, se encuentran en locales pequeños de calles secundarias, y son más visitados por peruanos residentes en el barrio o en otras áreas de la ciudad. Estos últimos negocios, de carácter familiar, suelen disponer de un número reducido de mesas y sillas, con frecuencia de plástico y de calidad modesta, aunque la mayor parte ha incorporado estratégicamente el servicio de venta a domicilio como base de su oferta.

Los boliches constituyen una forma particular de negocio estrechamente ligado a la presencia peruana en el barrio. En términos genéricos, la palabra *boliche* puede funcionar como un sinónimo de discoteca en Argentina, así como en Uruguay, Paraguay y el sur de Bolivia. Dentro de la ciudad de Buenos Aires hay una gran cantidad de estos establecimientos, cuyo uso consiste básicamente en escuchar música y bailar, y donde se comercializan fundamentalmente bebidas alcohólicas y refrescos. Ahora bien, dentro de la capital argentina encontramos distintos tipos de boliches, que se concentran geográficamente en barrios como Palermo o el propio Abasto, y que varían en función del estilo de música que ofrecen, el precio de las consumiciones y el perfil de los usuarios. En lo tocante a nuestro estudio, merece la pena destacar la presencia en el Abasto de boliches asociados a la población peruana y, por extensión, a los inmigrantes identificados como *latinos,* incluyendo en esta categoría principalmente a personas procedentes de países fronterizos o del área andina de amplia presencia migratoria en Argentina. Tanto la música —estilo tropical, salsa y cumbia, entre otros— como la bebida y la decoración dan cuenta de la representación de estos inmigrantes entre los habituales de los boliches del Abasto, que son lugares muy populares dentro y fuera del barrio, y que frecuentemente presentan una fuerte vinculación simbólica con la inmigración peruana.

3.4. DIVERSIDAD EN LAS ESTRATEGIAS DE LOS MIGRANTES EN LA OCUPACIÓN DEL ESPACIO URBANO

A menudo los discursos políticos y mediáticos presuponen en los inmigrantes formas mecánicas de ocupar el espacio urbano. Algunos parecen asumir que todos los inmigrantes tienden a concentrarse en lugares concretos o a hacer uso de la ciudad de formas claramente diferenciadas, mientras que otros asocian estas conductas a ciertos grupos inmigrantes en concreto, por la cultura que les atribuyen o por factores estructurales asociados a su lugar de origen o a su experiencia migratoria. El estudio científico del problema, sin embargo, arroja una imagen poliédrica, heterogénea y, en todo caso, mucho más compleja. En términos generales, es posible concluir que no existe en principio una *forma inmigrante* de ocupar el territorio, y que cada grupo presenta unas pautas de territorialización que responden a numerosos factores y que no están exentas de matices, variaciones y contradicciones.

La descripción de los tres estudios de caso que sustentan este libro nos provee de datos en abundancia sobre una pluralidad de estrategias de acceso al espacio urbano, así como una diversidad de formas de gestionar las interacciones tanto entre los miembros del grupo como con la población autóctona y otros colectivos inmigrantes. El análisis comparado de los casos nos invita a detenernos en algunas tendencias observables en los cinco ejes espaciotemporales que orientan nuestro interés.

La centralidad, como se ha dicho, tiene un valor prioritario en las estrategias territoriales de los peruanos residentes en Buenos Aires. La preferencia de este grupo por instalarse en el barrio del Abasto responde a este criterio y su resistencia a abandonar el barrio, a pesar de la presión expulsora que entraña la gentrificación del área, conecta sin duda con las ventajas que los peruanos asocian a la ubicación estratégica de este vecindario. Los caboverdianos residentes en la Cova da Moura, sin embargo, optan por consolidarse residencialmente en un barrio de la periferia lisboeta. En este caso parece ser precisamente la condición periférica del espacio urbano y, por tanto, su infrautilización relativa, la que ha favorecido la construcción de un vínculo sólido y más o menos exclusivo de los inmigrantes con este. Por su parte, los latinoamericanos del distrito Macarena de Sevilla enfrentan la dificultad de construir lugares de referencia en espacios centrales, precisamente por el hecho de tener que compartir estos espacios con una mayoría de vecinos autóctonos. En estas condiciones, su reacción parece apuntar a traslados puntuales hacia la periferia, en busca de espacios menos demandados como las canchas deportivas del extrarradio o las discotecas de los polígonos industriales, donde consiguen reunirse y relacionarse de manera autónoma.

Los niveles de concentración espacial de estas corrientes migratorias, de hecho, difieren notablemente y apuntan a pautas claramente divergentes de incorporación al espacio urbano. Los caboverdianos de la Cova da Moura (Lisboa) representan aquí uno de los extremos, al haber alcanzado niveles muy altos de concentración espacial, que les llevan a constituir una mayoría del número total de residentes en el barrio. El ejemplo opuesto lo encontramos en el caso de los latinoamericanos que viven en la Macarena (Sevilla), y es que, a pesar de ser el distrito de más alta concentración inmigrante de toda la ciudad, y pese a ser los latinoamericanos el colectivo inmigrante más numeroso en términos relativos, estos nunca han dejado de ser una minoría frente a la población autóctona. Los peruanos del Abasto (Buenos Aires), por su parte, han llegado a concentrarse de manera significativa en ciertas áreas de su barrio y, muy especialmente, en un tipo de edificación particular como son las viviendas colectivas en forma de conventillo u hotel-pensión. Estas tres dinámicas se proyectan en un impacto desigual en el entorno construido, siendo muy evidente en la Cova da Moura, limitado a ciertas áreas y edificios en el Abasto y bastante menos apreciable en la Macarena.

Si analizamos la frecuencia que caracteriza las ocupaciones del espacio entre estos grupos, observamos pautas coherentes con la singularidad de cada caso. En Sevilla la población latinoamericana, que se inserta de forma dispersa y encuentra problemas para acceder a emplazamientos centrales, presenta consecuentemente una frecuencia discontinua: los lugares latinos del barrio aparecen y reaparecen con cierta asiduidad a causa de factores tan cambiantes como la presión policial sobre ciertas prácticas o la expulsión de ciertas zonas por las quejas vecinales. En el Abasto, el proceso de gentrificación ha interrumpido el uso intensivo que los peruanos daban a ciertos emplazamientos del barrio, y este grupo ha tendido a concentrar sus agrupamientos en cada vez menos calles, comercios y conventillos. En la Cova da Moura, sin embargo, la presencia mayoritaria de caboverdianos permite no solo mantener una alta frecuencia en las ocupaciones exclusivas del espacio urbano, sino incluso ritualizarla y oficializarla, como sucede con la fiesta del Kola San Jon cada mes de junio.

También encontramos patrones diversos en la duración de las ocupaciones del espacio urbano que hacen los inmigrantes. La condición de minoría dispersa de los latinoamericanos en Sevilla les dificulta notablemente la construcción en la ciudad de espacios propios que perduren en el tiempo. A menudo, se ven obligados a cambiar de canchas para poder jugar al fútbol de forma tranquila y autónoma, y es frecuente que tengan que mover sus espacios de reunión informal porque su consolidación en el tiempo despierta el recelo de otros sectores del vecindario. Todo lo contrario sucede en la Cova da Moura, donde entidades como el Moinho da Juventude han logrado proyectar físicamente edificios que dan cuenta de la presencia en el barrio de una mayoría caboverdiana autónoma y organizada. Mientras tanto, los peruanos del Abasto se organizan para evitar la expulsión propiciada por el ascenso del precio del suelo. Sin embargo, muchos se han marchado ya y la permanencia de un número significativo de inmigrantes en el barrio no está garantizada, más allá de que la presencia peruana sí tenga actualmente una visibilidad física estable en bares, boliches y restaurantes.

Por último, las pautas de ocupación del espacio urbano de cada uno de estos tres grupos también difieren en lo relativo al contraste con otros colectivos. El menor nivel de contraste, probablemente, lo apreciamos entre los latinoamericanos residentes en Sevilla, quienes solo en lugares y momentos puntuales asumen una visibilidad claramente diferenciada como inmigrantes. Los peruanos del Abasto afrontan una realidad distinta, pues si bien consiguen entablar cotidianamente formas de convivencia amistosa y enriquecedora con sus vecinos argentinos, su peso simbólico en el Abasto ha sido suficiente como para que, desde ciertas instancias, especialmente a través de los medios de comunicación, se proyecte una imagen contrastiva y potencialmente problemática de su presencia allí. Por su parte, los caboverdianos de la Cova da Moura experimentan un nivel aún más alto de estigmatización y pasan por ser, para muchos portugueses, la imagen viva de un fracaso en el proceso de integración. En la vida cotidiana del barrio, sin embargo, los contactos con la población portuguesa no son tan infrecuentes como a veces se piensa y, de hecho, los propios caboverdianos suelen buscarlos.

Para profundizar en el análisis de estas dinámicas, es preciso proporcionar una descripción detallada de las relaciones que los inmigrantes entablan cotidianamente con el espacio urbano que habitan y con otros vecinos. Dichas relaciones pueden adoptar significados muy distintos según el marco general de ideas en que son interpretadas. A entender la riqueza y complejidad de estas dinámicas dedicamos el siguiente capítulo.

4. Imaginarios sobre el migrante y su lugar en el paisaje urbano

Este estudio sobre el impacto que la migración genera en el paisaje urbano comenzó caracterizando las condiciones variables que enmarcan la incorporación de los migrantes a la ciudad. Partiendo de estas variables, he ilustrado una diversidad de situaciones posibles, tomando como referencia tres casos de estudio. Posteriormente, en el capítulo inmediatamente anterior a éste, he descrito cómo esa pluralidad se proyecta en formas diferenciadas de apropiación del espacio urbano, coherentes, cada una de ellas, con las necesidades y la identidad del grupo que la lleva a cabo. Sin embargo, asumir que esas pautas de apropiación del espacio se desprenden exclusivamente de las condiciones estructurales que enmarcan el proceso de inserción en la sociedad receptora sería probablemente mecanicista, y no permitiría entender las estrategias de los migrantes en toda en su complejidad. Para lograr una comprensión profunda de esas estrategias de territorialización es fundamental enmarcarlas simultáneamente en los sistemas de significado que las dotan de sentido. Y es que la noción de *paisaje urbano* no solo denota el significado geográfico habitual de *entorno físico,* sino que involucra simultáneamente un conjunto de prácticas materiales y sociales, así como su representación simbólica (Zukin 1991, 16).

Para abordar esta última dimensión del problema, rescatamos en este capítulo la noción de *imaginarios urbanos,* entendiendo estos como conjuntos alternativos de representaciones sobre la ciudad que definen su forma, interpretan su configuración y limitan sus evoluciones posibles. El concepto de *imaginario urbano* nos servirá, por tanto, para identificar los discursos con que los migrantes dotan de sentido al paisaje urbano, pero también otros discursos que los confrontan, complementan y condicionan. Aplicar este tipo de análisis nos permite incorporar los procesos de subjetivación que experimentan los diferentes grupos migrantes, analizándolos en sus relaciones complejas con las condiciones objetivas en que desarrollan sus vidas. Este abordaje de los imaginarios urbanos se concreta, a nivel metodológico, en una descripción crítica de los discursos que, en cada caso, construyen al migrante y su relación con la ciudad que habita.

Dentro del amplio campo de estudios sobre la ciudad, existe toda una tradición investigadora centrada en la producción de significados. Han sido muchos autores los que se han interesado por esta dimensión ideal de la vida urbana y, especialmente, por su problemática relación con la expresión física de la ciudad. Sennett (2018) ha propuesto los términos *ville* y *cité* para caracterizar esta doble naturaleza de la ciudad: por un lado, su condición de espacio físico; por otro, su concreción en una mentalidad específica, compuesta de percepciones, comportamientos y creencias. El propio sociólogo estadounidense ha llamado la atención sobre las formas variables en que distintos especialistas han pensado la relación entre ambas dimensiones de lo urbano. Así, desde 1800 aproximadamente el paradigma higienista se esfuerza por pensar un entorno construido que propicie una sociedad sana, presuponiendo que la limpieza física de la *ville* se proyectaría en la limpieza moral de la *cité*. Por su parte, los teóricos de la Escuela de Chicago se interesan por el estudio de las funciones y relaciones que estructuraban la vida urbana, *cité*, sin prestar mayor atención a la forma física de la ciudad, *ville*. El otro extremo lo identifica Sennett en el Plan Voisin de Le Corbusier que, si bien no llegó a ser ejecutado, diseñó un prototipo de ciudad funcional, basada en la descongestión del centro urbano y la apuesta por la densidad, el aumento de los medios de transporte y el incremento de parques y espacios abiertos. Este esfuerzo por planificar racionalmente la *ville* sin tomar en consideración la *cité* es el tipo de *urbanismo sin gente* contra el que se rebelaron tanto Lewis Mumford ([1938] 1996) como Jane Jacobs ([1961] 1992). El primero, desde un enfoque más clásico que enfatizaba la importancia de incorporar la sociabilidad urbana al diseño del entorno construido y, la segunda, al apostar por una concepción dinámica, emergente y no lineal de la ciudad (Sennett 2018, 83-87). En definitiva, el estudio de la producción de significados sobre la ciudad ha discurrido demasiado a menudo al margen del análisis de su dimensión material (Hiernaux 2007). No obstante, la tendencia durante las últimas décadas ha sido hacia una creciente interpenetración de ambas líneas de indagación, desde el reconocimiento de que el entorno construido condiciona la sociabilidad vecinal y las percepciones sobre lo urbano, mientras que esos modos de habitar la ciudad moldean a su vez las intervenciones sobre su forma física (Martínez 2024a).

En esta discusión sobre los imaginarios urbanos que operan en cada uno de los estudios de caso presentados, tomo esta idea como primera premisa: la relación de esos imaginarios con el entorno construido es intensa, bidireccional y mutuamente constitutiva. En este sentido, el imaginario urbano funciona a partir de representaciones, pero esas representaciones responden a relaciones que están a su vez construidas a través del espacio y que son constreñidas y mediadas por este (Wolch y Dear 1988). Esta idea se encuentra muy presente en el planteamiento de geógrafos como Doreen Massey, que han pensado la organización y la imaginación del espacio como algo indisociablemente ligado a las dinámicas de dominación y su evolución en el tiempo. Así, y tomando como ejemplo la llegada de los españoles a Tenochtitlán, México, esta autora nos invita a pensar cómo nuevas *yuxtaposiciones geográficas* producen nuevas historias sobre el mismo espacio (Massey 1999). Una idea sin duda sugerente para el trabajo que nos ocupa, y que apunta directamente a cómo la incorporación de nuevos actores a un espacio urbano —inmigrantes en nuestro caso— se proyecta en nuevas relaciones que dan lugar a su vez a nuevas percepciones y nuevos discursos sobre lo urbano. Esta pauta nos recuerda la importancia de asumir un enfoque procesual de los imaginarios urbanos, que evite su cosificación en formas prestablecidas y sea sensible a su evolución cambiante a lo largo del tiempo. En efecto, Sharon Zukin propone pensar esa evolución como una forma de economía simbólica, es decir: asumiendo que, en paralelo al movimiento de tierra, trabajo y capital, la construcción de la ciudad también depende de la circulación de lenguajes sobre el derecho y la exclusión, el orden y el desorden, lo visible y lo invisible, que condicionan de forma decisiva su forma final (Zukin 1995, 7).

En todo caso, la forma en que el entorno construido y los imaginarios urbanos se constituyen recíprocamente merece una discusión en profundidad. Y esa discusión puede empezar problematizando los límites geográficos de ambas realidades. En este sentido, Pile (1999) nos advierte de que entender las ciudades requiere de un tipo de imaginación geográfica capaz de mirar, al mismo tiempo, tanto el interior de la ciudad como realidades que están más allá de ella misma. Efectivamente, si queremos entender la realidad urbana que estudiamos, incluyendo su configuración física, tenemos que atender a redes que conectan su vida económica, política y cultural con otros lugares del mundo (Robinson 2002, 545). La ciudad cristaliza como nodo de un amplio abanico de conexiones transnacionales, que afectan a su realidad política y cultural, pero también a sus fuentes financieras, las creencias religiosas que alberga y, por supuesto, al diseño de su edificado y a sus criterios de planificación urbana (Allen 1999a).

Asumiendo esta perspectiva, Robinson (2002, 549) incide en que necesitamos de enfoques teóricos que aborden la espacialidad de las ciudades a partir del análisis de ideas, recursos y prácticas que, sin ser infinitos, sí son diversos y nos remiten, en todo caso, más allá de sus fronteras físicas. Cuando aplicamos este enfoque al análisis de los imaginarios urbanos que manejan las poblaciones migrantes, esto significa reconstruir formas de percibir la ciudad que involucran imágenes, referentes, valores y tradiciones procedentes de sociedades distantes y diferentes. Es en este sentido que Lisa Law habla de *esferas públicas diaspóricas* (Law 2002, 1641) para referirse a contextos urbanos que adquieren una importancia estratégica en la interpretación que los migrantes hacen de la ciudad que habitan. Es en estos contextos en los que son actualizados y discutidos diferentes imaginarios políticos transnacionales, y en los que se generan formas de movilización que son respuesta a los dramas sociales globales (Werbner 1998, 12).

Si bien la configuración de estos imaginarios excede las fronteras físicas de la ciudad, sus límites no son arbitrarios y obedecen a relaciones concretas en contextos históricos bien definidos. Un ejemplo claro en este punto son las relaciones coloniales, como repertorio acotado de vínculos históricos que nutren a los imaginarios de símbolos, valores, tradiciones, y jerarquías desde los que interpretar la ciudad. Nasreen Ali (2006) ha hablado de *implosiones imperiales* para interpretar los grandes flujos migratorios que han seguido saliendo desde los estados independientes que un día fueron colonias hacia sus antiguas metrópolis, y que han transformado decisivamente la realidad cultural de ciudades como Londres, París o Lisboa. Este concepto puede ser aplicado sin duda a la dimensión física del paisaje metropolitano, pues también en ella es posible rastrear huellas del efecto diferido de la experiencia colonial. En todo caso, tanto si trabajamos en contextos postcoloniales como si atendemos a otras formas de vinculación a distancia, es incuestionable que analizar hoy los imaginarios urbanos nos obliga a aplicar análisis *multiescalares,* que vinculan la realidad de cada barrio y cada ciudad con escenarios geográficos más amplios, como la región, el Estado-nación o la economía global (Low 2019, 2-3).

Por otra parte, la identificación y caracterización de los imaginarios urbanos exige atender simultáneamente a una pluralidad de actores que intervienen de forma activa en su constitución. La configuración física de la ciudad no responde exclusivamente a los criterios y preferencias de una sola entidad, institución o conjunto de individuos organizados. Antes bien, la forma física de la ciudad tiende a cristalizar como resultado —y como reflejo— de un equilibrio desigual de influencias. Rao (2019) señala, en este sentido, que el paisajismo urbano es siempre un esfuerzo colectivo de inversión estatal, activismo vecinal e iniciativa privada-empresarial. El grado de incidencia que alcanza cada una de estas fuerzas depende del contexto histórico, así como también son variables las formas de cooperación o confrontación que los distintos actores pueden entablar entre sí. Cada uno de esos actores maneja un repertorio de juicios de valor sobre la vida adecuada, la buena conducta y la solidaridad social, que a través de prácticas concretas consiguen impregnar el paisaje urbano (Rao 2019, 216).

De esta forma, una correcta caracterización de la red de relaciones de poder que atraviesa la ciudad —y que normalmente la conecta con otros lugares, como ya se advirtió— permite identificar actores que poseen formas distintivas de concebir el espacio urbano y de intervenir en él. Un claro ejemplo de esto lo encontramos en la empresa privada que, como ha documentado Zukin (1991), ha acumulado una capacidad creciente de influir en las formas de construir y organizar los espacios físicos de la ciudad. Este nuevo protagonismo de la empresa privada parece proyectarse concretamente, según esta autora (Zukin 1995), en tres principales apuestas de reorganización cultural: de un lado, una mayor presencia de imágenes y referentes globales frente al mayor protagonismo de las culturas locales en etapas anteriores; de otro, una creciente influencia de las instituciones privadas en detrimento de las instituciones públicas; por último, una transición desde un patrón de comunidades étnica y racialmente homogéneas hacia otro en el que se configuran comunidades más diversas (Zukin 1995, 24).

Es importante notar que esta concepción de la ciudad como un lugar habitado por actores diversos, que interactúan e influyen desigualmente en la configuración de imaginarios urbanos, supone un serio desafío a la forma en que tradicionalmente se ha aplicado la noción de *espacio público*. Este término, que como señala Delgado (2011) ha sido pensado, generalmente, como concepto político más que como emplazamiento físico, suele servir para codificar como genéricamente *cívicas* unas formas de organización del espacio que obedecen a los intereses y necesidades de sectores muy concretos de la ciudad: concretamente aquellos dotados del poder suficiente como para revestir de una apariencia de neutralidad cultural o *normalidad* su propia visión del mundo. Frente a esta idea preconcebida y des-conflictivizada del espacio urbano, reconocer la concurrencia en él de actores disímiles nos invita a interesarnos por analizar y describir las relaciones de poder que explican los niveles desiguales de incidencia en la configuración de lo urbano. Se trata, en definitiva, de asumir que en materia de planificación urbana no existe nada equivalente al *interés público* (Simmie 1974, 121-125), y que es una falacia, por tanto, clausurar el debate asumiendo de forma acrítica que los responsables políticos actúan como garantes de ese interés público (Burgess y Gold 1982, 2).

Esto nos conduce a la cuarta y última premisa que asumo en el abordaje de los imaginarios urbanos involucrados en los estudios de caso que presento: que dichos imaginarios expresan relaciones de opresión y resistencia (Lefebvre [1974] 1991). Esto significa que cada grupo tiende a construir, interiorizar y exteriorizar imaginarios que, en un marco de relaciones conflictivas, legitiman moralmente sus intereses y refuerzan argumentalmente sus demandas. Esto se aprecia claramente, por ejemplo, cuando los grupos beneficiarios de los procesos de gentrificación se presentan a sí mismos como *pioneros urbanos*. Así, si los colonos blancos del siglo XIX expulsaban a los nativos americanos de sus tierras, los promotores inmobiliarios y la clase media aburguesada construyen discursos sobre el peligro y el orden que legitiman la limpieza de ciertas áreas de la ciudad de elementos considerados indeseables (Zukin 1991, 187-189). Más allá de los procesos de gentrificación, cualquier paisaje industrial o comercial también involucra un orden moral, que estructura metafóricamente el espacio urbano y asigna desigualmente los niveles de legitimidad que posee cada sector de la sociedad para intervenir en él. En este sentido es que la configuración del imaginario urbano orienta la acción social, al incentivar la intervención sobre el espacio de los sujetos considerados legítimos, desautorizando y reprimiendo la iniciativa de los sujetos desautorizados como ilegítimos.

De hecho, Winchester, Kong y Dunn (2003) sugieren que cualquier paisaje urbano puede ser interpretado a través de los conceptos superpuestos de *poder y resistencia*. La forma definitiva que asume el paisaje físico de la ciudad expresa el equilibrio desigual de fuerzas entre distintos actores que pugnan por dotar al espacio urbano de una configuración coherente con sus necesidades, intereses e identidades. Estos autores respaldan su tesis aportando ejemplos de poblaciones locales que protagonizan conflictos recurrentes con las formas de territorialización que el Estado desarrolla a través de leyes, políticas públicas e inversiones. Por ejemplo, los casos de los pueblos en el tercer mundo que se resisten a desplazarse frente a modelos de gestión del territorio basados en concepciones occidentales de la conservación del medio ambiente o del turismo; o la resistencia de la comunidad sikh en Singapur a realojar sus templos; o el caso del rechazo de la población local de Dayton (Texas) a la instalación de una empresa de eliminación de residuos (Winchester, Kong y Dunn, 2003). En todos estos escenarios, la función de los imaginarios urbanos consiste en proveer a los sectores en liza de imágenes, valores, argumentos y, en definitiva, tramas de sentido que respalden sus estrategias y las doten de una apariencia coherente.

Para pensar la construcción estratégica de estos imaginarios me apoyo en el concepto de *tematización,* con el que Kong y Yeoh (2003) describen el proceso de creación de relatos o argumentos que conectan lugares y experiencias en la mente de los usuarios del espacio a partir de la materia prima de la historia local. En su estudio sobre la construcción del paisaje nacional de Singapur, estas autoras aplican la noción de *tematización* a la intervención sobre el paisaje físico orientada a una visibilización coherente de la identidad nacional y afirman que, en esa tarea, el principio clave es representar la historia del lugar como una historia linealizada, una *genealogía ideal* (Kong y Yeoh 2003, 142). En este trabajo, asumo la tematización como una categoría que puede ser igualmente útil para describir procesos de organización del paisaje físico que legitiman argumentalmente otras identidades, que no necesariamente remiten a la continuidad histórica sobre el territorio nacional. Dentro de un proceso de tematización, cada intervención urbanística puede ser interpretada como un hito en el camino hacia un modelo de ciudad deseado (Cucó i Giner 2013, 163).

Del mismo modo en que la categoría de *espacio público* pierde su condición neutral y precisa de ser explicada como expresión de la hegemonía de un sector social específico, la concepción teórica que propongo en este trabajo también obliga a problematizar la idea de *racionalidad* en la planificación urbana. En cualquier sociedad existen siempre discursos e ideologías contrapuestos, que se articulan entre sí para crear, impugnar y redefinir constantemente el paisaje urbano (Kong y Yeoh 2003, 202).

Frente al discurso recurrente de las instituciones, públicas y privadas, la pretendida aplicación de la racionalidad en la planificación es, simplemente, una estrategia de poder: la capacidad que asiste a los sectores hegemónicos para imponer sus criterios presentándolos como genéricamente lógicos o válidos para todos. Ahora bien, el nivel de hegemonía de un sector nunca es completo: incluso en condiciones de estabilidad relativa, la unidad y la coherencia del paisaje urbano se ven siempre desafiadas por discursos de contestación que tienden a presentarse en formas fragmentarias (Kong y Yeoh 2003). El análisis de los imaginarios urbanos también señala esta tendencia entre las poblaciones migrantes: incluso cuando estas personas participan precariamente del espacio urbano, conservan generalmente la capacidad de articular discursos sobre la ciudad que legitiman su presencia en ella y que dotan de coherencia argumental a sus demandas. Las investigaciones que desarrollé en Sevilla, Lisboa y Buenos Aires parecen refrendar esta hipótesis y aportan datos que merece la pena exponer detalladamente para su análisis comparado. A continuación, repaso estos casos en orden, con el fin de caracterizar los imaginarios urbanos que enmarcaron la experiencia de los migrantes en cada una de estas ciudades.

4.1. QUÉ TAN COMPATIBLES: EL CASO DE LOS LATINOAMERICANOS EN SEVILLA

En el capítulo anterior, caractericé la experiencia de los latinoamericanos en el distrito Macarena de Sevilla a partir de un patrón de inserción urbana relativamente disperso, que obliga a los migrantes a trasladarse a la periferia para construir lugares de referencia en espacios infrautilizados y que les plantea, por tanto, dificultades importantes para alcanzar niveles significativos y estables de visibilidad diferenciada en el espacio urbano. Esta dinámica ha sido reconocida, en gran medida, tanto por las instituciones de gobierno de la ciudad como por los propios inmigrantes y por el conjunto de los vecinos: los latinoamericanos han sido percibidos generalmente como una población cuya participación de la vida cotidiana de la ciudad se daría principalmente en formas asimiladas a las de la población autóctona, y solo en momentos puntuales adoptarían formas expresamente diferenciadas.

Desde el punto de vista de la Administración local, esta tendencia es interpretada generalmente de manera positiva, en el marco general de un imaginario que enfatiza la supuesta compatibilidad cultural de la inmigración latinoamericana (Martín Díaz, Cuberos Gallardo y Castellani 2012b). En efecto, la llegada de al Estado español de los grandes flujos de inmigración latinoamericana coincidió, especialmente durante la primera mitad de la primera década de los 2000, con la potenciación de un discurso político que presentaba a los latinoamericanos como los *preferidos* (Izquierdo Escribano, López de Lera y Martínez Buján 2002) por su coincidencia con la población

española en ciertos rasgos culturales como la lengua y la religión. Estos aspectos de
la cultura de los inmigrantes eran considerados críticos para la convivencia, y esto
hacía que, especialmente por contraste con la inmigración magrebí o subsahariana,
la procedente de Latinoamérica tendiese a ser percibida como cercana o al menos
aceptablemente compatible con la cultura de la población autóctona.

Esta idea era en gran medida asumida por los propios inmigrantes latinoamericanos, que con frecuencia tendían a exteriorizar esa supuesta compatibilidad cultural
en sus formas de ocupación y uso del espacio urbano. Una práctica particularmente
significativa, en este punto, es la celebración recurrente que muchos colectivos latinoamericanos hacen de procesiones religiosas en la ciudad de Sevilla. A partir de la
consolidación de poblaciones significativas de inmigrantes procedentes de distintos
países del subcontinente, la ciudad ha ido albergando de forma creciente salidas
procesionales que recuperan y actualizan tradiciones directamente importadas desde
los países de origen. Así, los peruanos llevan años sacando en procesión al Cristo de
los Milagros de Lima, mientras que los ecuatorianos hacen lo propio con la Virgen
del Quinche. Los bolivianos han celebrado romerías en honor tanto de la Virgen de
Urkupiña como de la Virgen de Copacabana. Y los paraguayos, a su vez, han hecho
lo propio con la Virgen de Caacupé. En todas estas festividades, la ocupación del
espacio urbano tiende a ejecutarse en un formato que expresa la diferencia cultural
de los migrantes de una forma aceptablemente compatible.

Para entender el sentido estratégico de estos eventos, es necesario tomar en
consideración el lugar que las procesiones religiosas ocupan en el imaginario de la
población autóctona de la ciudad. Festividades como el Rocío, la Virgen de los Reyes
y, muy especialmente, la Semana Santa han convertido la procesión de imágenes
cristianas por las calles en una práctica no solo familiar para la población local, sino
estrechamente vinculada a la historia y a la identidad de la ciudad. Para el vecino
autóctono de Sevilla, encontrarse un cristo o una virgen por la calle no constituye una
experiencia extraña ni se enfrenta con la consideración que este maneja sobre las formas correctas de estar en la ciudad. De hecho, esta familiaridad con las procesiones
explica que, en Sevilla, como en otras ciudades de su entorno geográfico y cultural,
se constate un nivel relativamente alto de tolerancia a los efectos potencialmente
negativos que estas prácticas generan en ciertos aspectos del paisaje urbano. Cabe
pensar, por ejemplo, en los cortes de tráfico para el paso de las procesiones. La
celebración de un evento de este tipo, en efecto, suele precisar de una suspensión
del tránsito de coches, ciclomotores y demás vehículos a motor para salvaguardar
la seguridad física de los participantes en la procesión. Estas intervenciones sobre
el espacio urbano pueden llegar a ser importantes, teniendo efectos directos para
la ciudadanía durante varias horas. De hecho, la implementación de estas medidas
depende directamente del Centro de Coordinación Operativa (CECOP) del Ayunta-

miento de Sevilla, un ente encargado de coordinar los dispositivos especiales que son implementados en ocasiones como la Semana Santa, la Feria, la cabalgata de Reyes o los eventos deportivos. Eventos en los que se involucra principalmente a representantes de la Policía Local, los Bomberos, los equipos de Protección Civil, la Policía Nacional y el Servicio de Urgencias y Emergencias Sanitarias. Pero más allá de la gestión formal de estas intervenciones sobre el espacio urbano, sus efectos resultan tolerables fundamentalmente porque la mayor parte de la población los considera como directamente ligados a la identidad de la ciudad.

En este sentido, las procesiones latinoamericanas constituyen un dispositivo muy sutil de apropiación del espacio urbano, donde la reivindicación de la singularidad cultural se expresa en delicado equilibrio con la compatibilidad de las expresiones culturales consideradas genéricamente locales. Los propios inmigrantes son muy conscientes de ello y, en su forma de ejecutar estas procesiones, armonizan magistralmente elementos estéticos y formales que son importados del país de origen con otros claramente extraídos del repertorio cultural local. Esto se expresa a distintos niveles. Por ejemplo, en la ornamentación de la imagen sagrada, que puede mantener su forma tradicional y, al mismo tiempo, incorporar algún detalle característico de la tradición local —una cinta, una medalla, etc.—. También las expresiones musicales que rodean estas procesiones combinan elementos del país de origen con otros vinculados a la cultura local sevillana, a veces en formas tan creativas que probablemente sea en estos contextos en los que más claramente podamos observar expresiones asimilables a lo que García Canclini ha llamado *hibridación cultural,* entendiéndolas como «procesos socioculturales en los que estructuras o prácticas discretas, que existían en forma separada, se combinan para generar nuevas estructuras, objetos y prácticas» (García Canclini 2001, 14). Es esto sin duda lo que observamos en la procesión del Señor de los Milagros de Perú, que en su salida de 2023 se meció entre los frecuentes cantos del *Himno al Señor de los Milagros* que entonan las mujeres peruanas, pero acompañado por la música de la Agrupación Musical San Lucas Evangelista de Coria del Río, que también interpretó marchas cofrades autóctonas como la célebre *Saeta.*

Esta forma de ocupar y significar el espacio urbano permite así otorgar un alto nivel de visibilidad a las culturas de origen de los inmigrantes latinoamericanos y, al mismo tiempo, incidir en la idea de una compatibilidad cultural que supuestamente facilitaría su integración en la ciudad y su convivencia con el resto de vecinos. De hecho, esto favorece que haya incluso una participación directa y creciente de población autóctona en estos rituales. Y es que, si en sus primeros años de celebración estas procesiones eran vistas desde la distancia, con una mezcla de recelo por lo extraño e interés por lo exótico, hoy existen muchos vecinos autóctonos que participan directamente de ellas de distintas formas. Basta pensar, por ejemplo, en las bandas de música que acompañan a estos pasos o en las vecinas que improvisan una saeta desde su balcón al ver pasar el Cristo de los Milagros, como lo harían si fuera el del Gran Poder o el de las Tres Caídas.

Otras veces, sin embargo, la apropiación que hacen del espacio los inmigrantes latinoamericanos no despierta la misma simpatía en la población autóctona. De hecho, muchos de los principales conflictos acontecidos en torno a estos han tenido como causa —o al menos como pretendida justificación— la práctica de formas de ocupación del espacio urbano consideradas indeseables. En el caso de la Macarena esto responde, al menos en parte, a la abundancia de bloques de pisos y la escasez de espacios públicos, que a la postre se ha terminado proyectando en una fuerte presión demográfica sobre los escasos lugares disponibles para la sociabilidad vecinal (Cuberos Gallardo y Martín Díaz 2012). En la mayor parte del distrito, estos espacios se reducen a los estrechos pasajes entre los bloques de pisos y algunas plazas públicas de escasas dimensiones (Cuberos Gallardo 2014b). Los inmigrantes latinoamericanos han hecho un uso intensivo de estos espacios, que contrasta con el uso moderado que suele hacer de ellos la población autóctona. Existen varios factores que contribuyen a explicar esta diferencia (Cuberos Gallardo y Martín Díaz 2012). Por una parte, la ocupación de espacios como plazas y aceras tiene una gran importancia en las estrategias económicas de la población inmigrante, que entronca directamente con la ya mencionada inserción laboral en el mercado de trabajo secundario. En la medida en que se necesita acceder a nichos de empleo desregulados, en los que la oferta y demanda circulan generalmente por circuitos informales, la calle aparece como un espacio vital para el acceso a estas oportunidades. Por lo que ciertas plazas y esquinas funcionan como espacios de reunión donde las personas pueden encontrarse y así intercambiar informaciones de importancia para la búsqueda de empleo. Son igualmente valiosos estos espacios de reunión para la circulación de información y de apoyo en los trámites relacionados con la regularización de la situación jurídica de los extranjeros. Entretanto la población autóctona del barrio, en gran medida envejecida, pasa menos tiempo en las plazas y callejones. Esta diferencia de edad también se refleja en los horarios en que los espacios públicos son usados: la mayor parte de los autóctonos usa el espacio público en horario de mañana; mientras que la población en edad laboral, entre la que tienen más peso los inmigrantes, opta preferentemente por ocupar plazas y calles en horario de tarde, y suelen usarlas también por la noche (figura 3).

Si atendemos a la gestión del problema de las reuniones en las plazas públicas, este ha sido afrontado sistemáticamente mediante actuaciones de carácter privatizador o inhabilitador de estos espacios. Estas intervenciones se han orientado básicamente a restringir o dificultar la ocupación de calles y plazas por parte de los vecinos. Cabe destacar aquí el vallado en las principales plazas del barrio —incluyendo la Plaza

Figura 3. Jóvenes ecuatorianos y bolivianos interpretan caporales en la celebración del Día de la Mujer organizada por la Asociación Tungurahua en la Macarena (Sevilla, 2008). Fuente: autor.

Playa de Punta Umbría y otras especialmente frecuentadas por los inmigrantes—, que pasan a tener un acceso restringido a unas horas concretas del día; además de la instalación de elementos inhibidores, normalmente metálicos, que son adosados al suelo para evitar que la gente pueda sentarse, con el objetivo de dificultar el aprovechamiento del espacio con comodidad. Parece obvio que estas soluciones responden, en mayor medida, a las preferencias de los vecinos autóctonos —o por mejor decir: de la parte más organizada de estos— que a las necesidades y prioridades de los inmigrantes. En relación con el paisaje físico, es interesante señalar que estos elementos de arquitectura hostil son construidos a menudo en un estilo que, a base de formas redondeadas y coloridas, tiende a proyectar una imagen desenfadada que encubre su finalidad disuasiva sobre ciertas prácticas. Encontramos, en este punto, un paralelismo claro con la tendencia a la *estetización de las prácticas penales* que García (2013, 336) observa en la arquitectura característica de los Centros de Internamiento de Extranjeros (fachadas en colores vivos, conos separadores, cubiertas metálicas abombadas y azuladas en lugar de barrotes en las ventanas, etc.).

Es importante en todo caso notar cómo estas intervenciones en el espacio urbano adquieren su sentido en los diferentes imaginarios urbanos. Para una parte de la población autóctona, hay muchos inmigrantes latinoamericanos que utilizan los espacios públicos de forma indebida por una falta de educación cívica. En este discurso, el problema se explica en clave étnica, y se suele presentar a los inmigrantes como personas civilizadas de forma incompleta, que atentan contra la convivencia al importar desde sus países de origen formas incorrectas de estar en la ciudad. Sin embargo, entre los propios inmigrantes el problema es codificado con más frecuencia atendiendo a un criterio de edad. En su discurso se admite que algunos inmigrantes dan usos incorrectos a los espacios de reunión o al mobiliario urbano, pero esto es achacado generalmente al hecho de tratarse mayoritariamente de población joven. Esta diferencia es importante, por cuanto la misma práctica de ocupación del espacio urbano aparece en un discurso como un comportamiento incorrecto que obedece a la juventud, y que por tanto puede corregirse fácilmente con el tiempo; mientras que en otro es asociado a la etnicidad, entendida como una identidad cultural esencial y resistente al cambio.

Esta tendencia a asociar ciertas pautas de ocupación del espacio a una visión esencial de la identidad étnica se constata igualmente a otros niveles. Por ejemplo, en la polémica recurrente en torno a los llamados *pisos-patera*. Con este término se conoce la práctica de compartir un mismo apartamento entre un alto número de personas. Esta forma de ocupar la vivienda genera con frecuencia malestar entre los vecinos, especialmente cuando estos son autóctonos. Por una parte, debe tenerse en cuenta que muchos bloques del barrio tienen contadores de agua genéricos, que contabilizan en una única factura el gasto total de agua de todos los pisos. La consecuencia de este sistema de contabilización del gasto es que los pisos-patera provocan, por su alto número de moradores, un incremento del consumo de agua que afecta indirectamente a todos los vecinos del bloque, que han de participar a partes iguales en el pago de la factura común. Por otro lado, la instalación simultánea de muchas personas dentro de una misma vivienda genera un mayor tránsito por los espacios comunes del bloque —pasillos, escaleras o descansillos— y, por consiguiente, un aumento del ruido que es objeto de queja frecuente entre algunos vecinos.

El ya citado problema de los pisos-patera fue durante varios años un motivo recurrente de disputa, que perdió cierta importancia en la medida en que las comunidades de propietarios fueron optando por instalar contadores particulares para cada vivienda, pero que aún hoy es objeto de polémicas frecuentes. Igualmente se dan entre los vecinos quejas por los niveles de ruido, especialmente durante las horas de la noche y en lugares aledaños a las principales plazas del barrio. Una vez más, encontramos aquí lecturas confrontadas por la interpretación del mismo fenómeno en el marco de dos imaginarios distintos. Entre los inmigrantes, el piso-patera constituye una estrategia económica de minimización del gasto y maximización del ahorro, comprensible para trabajadores que reciben bajos salarios y que tienen la responsabilidad transnacional de enviar remesas al país de origen. Entre muchas personas autóctonas el piso-patera se explica a través de una imagen esencializada del inmigrante como sujeto incívico, cuya cultura le incapacita para ocupar el espacio residencial de un modo correcto.

Es interesante que, en este último imaginario, la cultura del inmigrante llega a ser tan asociada al hecho de ser inmigrante que incluso es imaginada como *heredable* de padres a hijos. De tal forma que los hijos de inmigrantes latinoamericanos sufren a menudo formas de discriminación construidas sobre la imagen estereotipada de la cultura de sus padres, incluso cuando muchos de esos niños no han tenido ningún contacto con el país de origen de sus progenitores. En el distrito Macarena esta tendencia ha sido magistralmente descrita por Castellani (2024), que ha sabido captar su proyección en formas distintivas de vigilancia policial sobre estos jóvenes en el espacio urbano. Resulta de gran interés comprobar, en este punto, cómo las mismas reuniones informales y prácticas de ocio que son consideradas normales entre la juventud autóctona pasan a estar severamente estigmatizadas cuando son reinterpretadas en el marco de imaginarios como el referente a las *bandas latinas* (Queirolo Palmas y Torre 2005; Recio y Cerbino 2006).

A veces la articulación de imaginarios urbanos se torna estratégica en los conflictos que enmarcan la incorporación de los inmigrantes. Esto se aprecia con claridad en el caso ya mencionado de las canchas latinas de San Jerónimo Puente. Tal y como se introdujo en el capítulo anterior, este recinto deportivo ha sido objeto de fuertes tensiones, que han involucrado tanto a asociaciones de inmigrantes como a instituciones locales y entidades del tercer sector. La celebración en este espacio, durante varios años, de unas ligas autoorganizadas por los inmigrantes latinoamericanos se vio interrumpida por la entrada en escena de una ONG, Anima Vitae, que asumió el encargo del Ayuntamiento de organizar unos campeonatos deportivos expresamente orientados a la integración de distintos sectores de población vulnerable, incluyendo a los inmigrantes latinoamericanos. La participación de estos campeonatos, formalmente voluntaria, pasó a ser desde entonces la forma de acceder con normalidad al espacio físico de las canchas, pues estas eran sistemáticamente reservadas por la ONG durante amplias franjas horarias durante los fines de semana, gracias a la condición prioritaria que disfrutaba por el hecho de implementar un programa de integración oficial financiado con fondos públicos. En este contexto, un número importante de inmigrantes latinoamericanos se resistió a entrar en los llamados Juegos de la Amistad y optaron por registrar a la red informal de inmigrantes que hasta entonces había gestionado la organización de los partidos, incluyendo la disposición de las canchas, como Asociación Liga Sudamericana de San Jerónimo.

Pronto la Liga Sudamericana de San Jerónimo entró en conflicto con la ONG Anima Vitae. Esta última, liderada por un equipo de sociólogos y trabajadores sociales, insistía en la conveniencia de que todos los inmigrantes se incorporasen a sus campeonatos y desautorizaba a los dirigentes de la Liga Sudamericana de San Jerónimo, cuestionando sus motivaciones para resistirse a entrar en los Juegos de la Amistad. Concretamente, algunos representantes de la ONG deslizaban en sus opiniones que los líderes de la Liga Sudamericana constituían en realidad un grupo de particulares unido por intereses pecuniarios, que se habían estado lucrando personalmente del dinero recabado a otros inmigrantes por la inscripción en sus campeonatos. Por lo demás, los responsables de Anima Vitae se oponían frontalmente a ciertas prácticas que hasta su llegada habían sido habituales en el uso de las canchas. El aislamiento geográfico de este recinto en la periferia, unido a un período de semiabandono y a una presencia casi exclusivamente inmigrante durante varios años, había favorecido que en las canchas se reprodujesen habitualmente comportamientos impensables en otras instalaciones deportivas municipales. Uno de esos comportamientos era el consumo de alcohol, que era común entre los espectadores de los partidos, y que se incrementaba con el transcurso de las horas a lo largo de las jornadas maratonianas de fútbol sala y ecua-vóley[11] durante los sábados y domingos. Otro comportamiento considerado indeseable era la compra y venta de comida y bebida, que se desarrollaba con normalidad en cuanto que muchos particulares vendían a sus paisanos cervezas y refrescos, pero también productos típicos como tamales, humitas o ceviches, que eran traídos previamente cocinados en casa o elaborados directamente en cocinas improvisadas en las canchas, mediante el uso de infiernillos, sartenes y cacerolas. Finalmente, resultaba considerablemente polémica la práctica de las apuestas en el recinto deportivo. La celebración de apuestas era relativamente rara en los partidos de fútbol sala y baloncesto. Pero sí eran muy habituales en los juegos de ecua-vóley, una modalidad deportiva constituida como derivación del voleibol, que presenta la singularidad de enfrentar a equipos compuestos por tres jugadores y permitir leves retenciones de la pelota en el golpeo.

En la medida en que los Juegos de la Amistad fueron monopolizando el uso del espacio, la Liga Sudamericana encontró dificultades crecientes para continuar haciendo uso de las canchas, y sus dirigentes empezaron a canalizar sus quejas en formas de creciente hostilidad hacia los miembros de Anima Vitae. A su vez, los dirigentes de esta ONG fueron asumiendo cada vez más funciones en la gestión de las canchas, y lo que en un principio era una ocupación compartida del espacio como usuarios pronto se convirtió en una gestión de las instalaciones como una entidad subsidiaria de la Administración local. En un contexto de creciente tensión, la ONG autóctona y

---

[11]   El nombre de esta práctica deportiva se compone de una contracción entre las palabras ecuatoriano y voleibol, y no deja lugar a dudas sobre su vinculación simbólica con la inmigración latinoamericana.

la Liga Sudamericana se disputaban el espacio de las canchas a través de argumentos cuyas fuentes de legitimidad remitían a dos imaginarios claramente diferenciados. La ONG reivindicaba su papel como entidad legalmente encargada de ejecutar un proyecto social respaldado por el Estado. Los inmigrantes denunciaban haber sido expulsados del lugar y esgrimían su derecho a disfrutarlo por haber comenzado sus campeonatos antes que los de la ONG. Merece la pena detenerse en los imaginarios que asisten cada una de estas posturas para entender cómo se confrontaban, pero también cómo se complementaban.

Como se ha dicho, el discurso de la ONG Anima Vitae se fundamentaba en el argumento principal de ser coherente con la legalidad vigente y con los criterios políticos del Estado. En este punto cabe recordar que, tanto en Sevilla como en el resto del mundo, el Estado ha ejercido sin duda una influencia especialmente importante en las formas de territorialización en el contexto de la modernidad. Las políticas de ordenación del territorio, las normas urbanísticas, la construcción sistemática de edificios públicos o la vertebración del territorio mediante grandes vías de comunicación han sido algunas de las herramientas que han permitido al Estado la producción de una espacialidad propia. Una espacialidad de carácter tecnocrático y burocrático, como expresa David Harvey (2014, 159), regida por un criterio de racionalidad cartesiana. A través de la aplicación de la ley, del trabajo cotidiano de sus funcionarios y de la implementación de políticas públicas, el Estado ejerce un poder decisivo sobre las pautas de distribución física de la población, sobre los rasgos arquitectónicos del paisaje, sobre la ordenación del espacio y sobre las formas de movilidad. No obstante, como ya apuntó Lefebvre ([1974] 1991) y reafirma el propio Harvey, esta producción tecnocrática y burocrática del espacio tiende sistemáticamente a provocar la rebelión sistemática de las poblaciones. Frente al modelo de espacialidad cartesiana, diseñado por los representantes del Estado en base a criterios abstractos y generales, las prácticas espaciales concretas y específicas de la población local plantean necesariamente desviaciones y contradicciones (De Certeau 1988). En este sentido, Lefebvre ([1970] 1972) propone el concepto de *heterotopía* para designar la práctica del espacio que la gente desarrolla en su vida cotidiana, y que convive tanto con el orden racionalizado del capitalismo y del Estado, *isotopía,* como con el deseo expresivo de la propia población, *utopía.* Afirma Lefebvre que las heterotopías se plantean en tensión con la isotopía, más que como alternativa a ella.

Desde esta perspectiva, el intento de la Liga Sudamericana de San Jerónimo por mantener sus campeonatos autoorganizados y al margen de la ONG puede ser interpretado como una forma distintiva de territorialización, que trataba de controlar, delimitar y significar estas canchas de un modo coherente con necesidades ajenas a los criterios del Estado. Concretamente, esta pauta de territorialización remitía a un imaginario en el que los inmigrantes latinoamericanos aparecían como los pioneros, que habrían llegado antes que los demás a unas canchas abandonadas en la periferia y que estarían por tanto legitimados para usarlas con sus propios criterios. Resulta particularmente interesante que, en el relato de esta asociación, el origen de los campeonatos de inmigrantes en las canchas se remitía a la iniciativa primigenia de unos indígenas otavaleños. Una referencia que tiene un fuerte valor simbólico por dos motivos: primero, porque en la historia de la migración ecuatoriana a España los otavaleños cuentan con una larga experiencia, por lo que adjudicarles la iniciativa de los campeonatos era tanto como remitir la génesis de esta iniciativa al comienzo mismo de la presencia inmigrante en la zona; y, en segundo lugar, por cuanto la imagen del indígena representaba probablemente la forma más radical de otredad respecto a los españoles que disputaban el control legítimo del espacio.

En el discurso de la Liga Sudamericana, además, las prácticas organizativas que podían ser irregulares desde el punto de vista de la Administración local y la ONG, como el cobro informal de cuotas, la venta no autorizada de comida y bebida o las apuestas, eran legitimadas como pautas de sociabilidad propias del país de origen y prueba viva de la capacidad de autoorganización de los inmigrantes. Para los dirigentes de la Liga Sudamericana de San Jerónimo, las formas en que los inmigrantes usaban las canchas no estaban exentas de problemas y contradicciones. Pero a diferencia de los gestores de la ONG, consideraban que en esas formas de uso también había elementos aprovechables para el proceso de integración que debían ser protegidos, y, sobre todo, que eran los propios inmigrantes latinoamericanos quienes debían gestionar sin intromisiones las canchas de San Jerónimo Puente para hacer de este emplazamiento un recurso eficaz en su integración.

La experiencia de las ligas deportivas en las canchas de San Jerónimo Puente nos provee así de un ejemplo paradigmático para la observación de cómo un mismo espacio físico puede albergar usos, normas y límites notablemente distintos en función del imaginario urbano que se elabore para su control. En la construcción de estos imaginarios alternativos concurren diferentes actores, que movilizan imágenes, valores y argumentos funcionales a sus necesidades, intereses e identidades. Las condiciones de desigualdad estructural en las que estos se interrelacionan explican que los diferentes imaginarios se desarrollen, en mayor o menor grado, logrando algunos de ellos un nivel de legitimidad suficiente como para dificultar notablemente la proyección del resto de imaginarios.

4.2. El gueto y el archipiélago: el caso de los caboverdianos en Lisboa

También en la Cova da Moura encontramos la coexistencia de distintos imaginarios sobre la historia de este barrio y el papel que los inmigrantes han jugado en ella. Al comparar la imagen que se ofrece de este enclave en los medios de comunicación nacionales con la que transmiten los representantes de las asociaciones vecinales, sorprende en seguida un fuerte contraste entre muy distintas interpretaciones sobre el origen del poblamiento de la zona, la funcionalidad del trazado urbano, el valor estético de los edificios o la calidad del ambiente vecinal. Lo más interesante, en el caso concreto de la Cova da Moura, son los criterios contrapuestos que distintos imaginarios asumen a la hora de legitimar o desautorizar la presencia de los residentes inmigrantes en el barrio que habitan. Para entender mejor el eje de esta confrontación, resulta útil rescatar la diferencia que separa las categorías de ciudadanía y vecindad en cuanto formas distintas de vinculación entre una población y un territorio.

En su excelente etnografía sobre El Alto (Bolivia), Sian Lazar (2008) recupera y analiza la concepción antitética que François-Xavier Guerra (1999, 42) plantea entre las identidades del *vecino* y del *ciudadano*. Desde la perspectiva de Guerra, que Lazar retoma parcialmente en sus trabajos, el ciudadano es un componente individual de una colectividad abstracta —el pueblo, la nación—, mientras que el vecino aparece siempre como alguien concreto, enraizado: territorializado. Frente a la concepción liberal del ciudadano, que construye a los individuos como reproducciones anónimas de un modelo racionalizado y universal, el vecino se construye en base a una identidad específica y diferenciada. La vecindad, como categoría, no resulta de la obtención de un estatus legal ni de un reconocimiento jurídico, sino de la participación activa en una red acotada de relaciones sociales, que produce cotidianamente significados propios y que se fundamenta sobre el reconocimiento personalizado. Partiendo de esta diferencia, entendemos mejor el conflicto entre los dos proyectos de territorialización presentes en la Cova da Moura. De un lado, el Estado portugués propone un territorio racionalizado para un ciudadano estandarizado; los vecinos del barrio, por su parte, defienden un territorio producido desde la concreción y la singularidad de sus experiencias. Sin embargo, y si bien esta relación tensa entre ciudadanía y vecindad es común a otros conflictos urbanos, la propia categoría *vecino* tiene en la Cova da Moura un conjunto de rasgos distintivos que merece la pena detallar.

Ser vecino en la Cova da Moura implica, de antemano, ser parte de un entorno deteriorado y seriamente estigmatizado. Sin embargo, este barrio alberga una considerable heterogeneidad interna. En sus partes bajas existen casas de buena calidad, donde viven personas blancas de ascendencia portuguesa y razonablemente integradas, mientras que es en la zona alta del barrio donde se concentra la mayor parte de la población, de origen africano, asentada en viviendas humildes y expuestas a graves problemas de pobreza, marginalidad y carencia de infraestructuras. La condición de vecino tiene una importancia menor en el primer grupo, cuyos integrantes evitan identificarse con la imagen del barrio que suele ser proyectada hacia el exterior, principalmente a través de los medios de comunicación. Han sido los segundos y, muy especialmente, la mayoría caboverdiana del barrio, los que han hecho de su vecindad una fuente identitaria de primer orden y, por extensión, los que ejercen una mayor presión en defensa de un reconocimiento de la singularidad cultural del barrio. Prácticas como el grafiti, la música rap, las representaciones tanto de los líderes de la independencia africana —Amílcar Cabral— como de referentes de una identidad negra genérica —Martin Luther King—, o la reivindicación del origen africano del barrio en los nombres de las calles y comercios dan prueba de un esfuerzo colectivo por afianzar un vínculo que une a cada vecino con la comunidad, con el barrio y con África como tierra de origen.

La importancia de este origen inmigrante nos obliga a relativizar las propias fronteras físicas del barrio y también los límites de la condición de vecino. Buena parte de la población de este barrio se encuentra plenamente inserta en la vasta red de personas, territorios y relaciones que integran la diáspora caboverdiana (Carita y Rosendo 1993; Sardinha 2004; Batalha 2008; Gois 2008; Marques e Santos 2008). La circulación de personas entre los distintos enclaves que integran esta diáspora es una constante. Es común que personas del barrio pasen temporadas visitando a sus familiares en Cabo Verde o en Santo Tomé, que emigren temporalmente a Francia y Bélgica o que alojen durante un período indefinido a familiares residentes en los Estados Unidos de América. Esta imbricación del barrio en un escenario transnacional constituye un rasgo claramente distintivo frente a otros vecindarios del entorno. Resulta significativo, a este respecto, que sea común entre estos vecinos referirse al barrio como *Ilha*[12] da Cova da Moura. Al caracterizar su barrio como una isla los vecinos afirman simultáneamente una doble singularidad de su territorio: su diferencia radical respecto al resto de Lisboa y su integración simbólica en el archipiélago caboverdiano.

Esta vinculación con una comunidad extranjera plantea sin duda consecuencias particulares en la relación con el territorio. En la Cova da Moura se da una situación aparentemente paradójica: la afirmación de la otredad étnica —el origen extranjero— es parte importante del discurso de reivindicación del territorio. Esta fórmula aparece con más frecuencia en sentido inverso: suelen ser los autóctonos quienes, precisamente por serlo, movilizan su identidad étnica para reclamar un control exclusivo sobre el territorio. Esto se aprecia claramente en el caso de los *small-town defenders* de Hazleton estudiados por Steil y Ridgley (2012), en el que la condición del vecino se construye sobre la idea de una comunidad de personas autóctonas frente a una inmigración que es percibida como una amenaza. La Cova da Moura, por el contrario, es construida cotidianamente por la mayoría de sus vecinos como una no-Portugal, o por mejor decir, como una Portugal-otra, reflejo de la historia silenciada de la experiencia colonial, la inmigración, el racismo y la exclusión de los subalternos.

---

[12]   Isla.

Por lo demás, la situación particular de cada unidad familiar también demuestra tener una influencia importante en las formas de adscripción a la comunidad vecinal. De un lado, la propuesta de ordenación urbanística del barrio, que amenaza con demoler la inmensa mayoría de las viviendas, favorece la extensión de un sentimiento compartido de ser parte de un mismo vecindario. Por otro, sin embargo, la intensidad de ese sentimiento y sus implicaciones varía en función de si se es propietario o arrendatario, de si se posee una casa de mayor o menor calidad, de si se dispone de más o menos redes de amigos y familiares en el barrio. Finalmente, debe tenerse en cuenta que el concepto de *la vecindad* y su importancia también entronca con una fuerte tradición autóctona, muy sólida especialmente en los barrios humildes de Lisboa, donde las organizaciones vecinales han jugado un papel clave en los tiempos recientes y en asuntos como la urbanización del territorio, la alfabetización o la democratización de Portugal tras la dictadura. En este sentido, encontramos una diferencia significativa con otras ciudades. Así, por ejemplo, Fava (2014) interpreta que en Buenos Aires la condición del vecino se encuentra fuertemente ligada a una pertenencia de clase media, a un origen europeo y a procesos de movilidad social ascendente, a través del comercio y la educación. En Portugal la importancia del referente vecinal parece ser más fuerte en los llamados barrios populares y se relaciona con más frecuencia con los símbolos y repertorios culturales de las clases trabajadoras. Algo que tiene una incidencia directa sobre las propias implicaciones del hecho de ser vecino, puesto que, si en la capital argentina esto representa una condición «inversamente proporcional a la militancia política, así como al ejercicio de la protesta en el espacio público» (Fava 2014, 102), en Portugal la historia reciente del país se encuentra profundamente enraizada en movimientos vecinales muy politizados y de gran actividad reivindicativa. En la Cova da Moura este activismo vecinal, unido a la diversidad étnica de sus habitantes, al singular proceso de poblamiento del barrio y a sus graves problemas socioeconómicos, se han traducido en formas específicas de territorialización que difieren notablemente de la que el Estado portugués reivindica en su discurso.

El Estado tiende a presentar la Cova da Moura como un espacio disfuncional, que escapa a los criterios de racionalidad urbana que deben regir en el conjunto del país y que precisa, por tanto, de una intervención desde el exterior para dotarlo de orden. Dentro de este discurso, la raíz del problema está en los vecinos, en cuanto portadores de una *cultura desviada* (Aris Escarcena 2024) que proyectan al entorno físico que habitan. Frente a ese desafío, el Estado se constituye como garante del orden y responsable último de vigilar en la Cova da Moura los criterios urbanísticos que son aplicados en el resto de Portugal. Esto se traduce, en la práctica, en una tendencia sistemática a presentar la Cova da Moura como un espacio anómalo y a ejecutar sobre él prácticas sustentadas en un criterio de excepcionalidad.

La lectura que hace el Estado de este territorio parte del reconocimiento de un problema de origen, que conecta con la ocupación ilegal de unos terrenos que son propiedad de unos particulares. En efecto, el barrio está construido sobre un total de dieciséis hectáreas urbanizables, propiedad de la familia Canas Vigouroux, que según sus dueños poseen un valor de mercado de unos cien millones de euros aproximadamente. Esta familia, que usó los terrenos como granja hasta que fueron ocupados en los años setenta, asegura continuar pagando en la actualidad tres mil ochocientos euros anuales en concepto de Impuesto Municipal sobre Bienes Inmuebles (IMI). Sus representantes, ligados a distintos negocios en el sector agrícola, exigen una compensación en dinero o permuta por terrenos rurales, e interpelan periódicamente tanto al Ministerio de Medio Ambiente y Ordenación del Territorio como al Ayuntamiento de Amadora en demanda de una solución. Por su parte, ambas instituciones rechazan poseer competencias para la resolución del problema, y se culpan mutuamente de agravarlo cuando políticamente conviene a sus intereses. Sin embargo, y más allá de estas diferencias tácticas, todas las instituciones que integran el Estado portugués convergen en el axioma central de la propiedad privada de la tierra, que reconoce el derecho privativo de la familia Canas Vigouroux sobre estos terrenos y que, por eso mismo, asume la Cova da Moura como un espacio anómalo desde su origen.

En el discurso de las instituciones portuguesas, esa anomalía se proyecta como una condición esencial que impregna toda la historia de la Cova da Moura, y que contamina tanto la vida social del barrio como su realidad física. Lo primero se pone de manifiesto claramente en el discurso que asocia el ambiente urbano de la zona con diferentes expresiones de criminalidad, incluyendo la venta de droga, los asaltos o la presencia de armas de fuego en la vía pública. Estas y otras imágenes convergen en un relato que vincula indisociablemente a la Cova da Moura con la idea de peligro, y que se concreta en una sobreabundancia de noticias periodísticas y televisivas ambientadas en el barrio y articuladas sobre episodios puntuales de conflicto, como robos, tiroteos o muertes violentas. Los vecinos, sin embargo, son muy críticos con esta forma de representación del barrio. Algunos líderes vecinales aseguran que la función de esos relatos es estigmatizar el barrio y que su objetivo último sería desautorizar a los residentes para expulsarlos y hacer negocio con la comercialización de los terrenos:

> Tiene todo que ver con el hecho de que este barrio está muy bien situado, cerca de Lisboa, cerca de Sintra, cerca de Cascais. Tiene una gran ubicación y está construido en una colina, y también es genial porque hay una gran vista aquí. Es por eso que la especulación inmobiliaria está muy interesada en esta tierra. Esta tierra vale oro. Así que la especulación inmobiliaria ha hecho una gran campaña para hablar mal de este barrio. Aquí pasan cosas, pero pasan en Sevilla, pasan en Bruselas, pasan en todas partes. Pero aquí, cuando pasa algo en Cova da Moura, sale en primera página. Y a menudo

se habla de Cova da Moura. Mientras que, si ocurre en otro sitio, es solo una pequeña noticia, lo mismo, una pequeña noticia y es solo una vez, mientras que aquí lo repiten. Y estigmatizaron mucho al barrio en 2002, porque había un plan para arrasar el barrio en un 80 % (Adele. Belga, 70 años). [Traducción del autor]

En estas declaraciones de Adele, líder vecinal vinculada a la Asociación Cultural Moinho da Juventude, la referencia al año 2002 es altamente significativa. Con ella remite directamente a la presentación del Plan de Ordenación para la Cova da Moura (2002) por parte del Ayuntamiento de Amadora, un plan que preveía la regularización de los terrenos mediante la demolición de buena parte de las viviendas edificadas y el realojamiento de sus residentes. Más allá de que pueda compartirse o no la opinión de Adele sobre la situación del barrio, la vinculación que establece entre el plan urbanístico del ayuntamiento y la estigmatización en el discurso mediático ilustra perfectamente la compleja combinación de prácticas, normas, valores y discursos que se articulan en un imaginario urbano.

En los grandes medios de comunicación portugueses, pero también en el discurso habitual de la Administración pública, el imaginario que se construye sobre la Cova da Moura encaja razonablemente en el paradigma del *gueto,* entendido como un lugar donde converge la segregación étnica-racial con la segregación residencial (Duneier 2016, 220). Frente al conjunto de Lisboa y su área metropolitana, la Cova da Moura aparece caracterizada por los rasgos estructurales que Wacquant (2011) ha propuesto para el gueto: estigma, restricción, confinamiento espacial y paralelismo institucional. De este modo, en el discurso mediático e institucional el barrio aparece caracterizado como un espacio hermético, claramente diferente al resto de la ciudad, donde la realidad social se caracterizaría por tres grandes rasgos: la identidad subalterna e indiferenciada de sus residentes, un escaso nivel de control externo y un orden interno disfuncional, percibido genéricamente como patológico. Dentro de este esquema, se encuentran noticias y reportajes que engordan la sección de sucesos en los periódicos, y que tienden a representar la Cova da Moura como un barrio sin ley, donde una amalgama de africanos no asimilados viviría en un contexto de delincuencia generalizada ante la pasividad del Estado.

Sin embargo, los datos recabados en nuestra investigación permiten constatar que esta imagen se distancia notablemente de la realidad del barrio y que reproduce muchos de los estereotipos que han sido recurrentemente discutidos en los estudios sobre el gueto. De antemano, distintos autores vienen señalando hace tiempo la importancia de repensar el papel que las autoridades exteriores —el Estado portugués en este caso— juegan en la configuración de este tipo de enclaves urbanos, reconociendo en concreto una tendencia al aumento del control desde el exterior. Duneier (2016, 222) ha documentado convincentemente cómo en los guetos negros de Estados Unidos de América el aumento del control exterior de los guetos ha sido acompañado paradójicamente de un empobrecimiento generalizado de la vida social y cultural de estos barrios. Salvando las diferencias que pueden existir, llama la atención que también en la Cova da Moura la presencia creciente del Estado, apreciable en aspectos tan elementales como el asfaltado de las calles o la instalación de luz eléctrica, no ha contribuido significativamente a una superación de la marginalidad que sufren sus vecinos, ni ha evitado una profundización en el estigma que padecen hacia el exterior.

Por otra parte, las diferencias internas son mucho más profundas de lo que suele reconocerse desde fuera, y establecen formas acusadas de agrupamiento, separación y jerarquización entre distintos sectores de vecinos. Frente a la idea de una comunidad indiferenciada, compuesta por individuos afectados por los mismos problemas y dotados de las mismas características, los vecinos del barrio tienen muy claros los distintos perfiles de residentes que habitan en él. Factores como la identidad étnica, pero también la profesión, el nivel formativo o el nivel de antigüedad en la zona se conjugan para interpretar y evaluar el comportamiento de diferentes sectores dentro del barrio. Esto se aprecia claramente cuando se aplica a las personas directa o indirectamente ligadas al tráfico de droga, que son generalmente percibidas como problemáticas, y cuyas formas de vida son consideradas indeseables y contrarias a los intereses de la comunidad vecinal. Resulta interesante, en este punto, señalar el papel de contraparte de algunas asociaciones del barrio, muy especialmente el de Moinho da Juventude, que ha alcanzado una gran legitimidad entre los vecinos justamente por constituirse como representante de la mayor parte del vecindario que reivindica valores cívicos profundamente comunitarios y que rechazan frontalmente la asociación de la imagen del barrio con la delincuencia.

Ciertamente sería simplista reducir todos los discursos que son producidos fuera del barrio a la pura y simple estigmatización de los vecinos. Es importante notar que existen diferencias importantes, por ejemplo, entre el discurso del Estado portugués y los que difunden mayoritariamente los medios de comunicación privados. Estos últimos tienden a aparecer de forma fragmentada y a centrarse en acontecimientos puntuales que, al ser presentados de un modo descontextualizado, profundizan en la imagen de la Cova da Moura como un lugar caótico, peligroso y necesitado de una intervención externa que le ponga orden. Entretanto, es justo apuntar que las instituciones públicas portuguesas han ido virando hacia un discurso más complejo, al reconocer en los propios vecinos una agencia autónoma que incluso se ha intentado articular con la iniciativa estatal, especialmente en los programas implementados durante las últimas dos décadas. El caso más llamativo en este sentido es la Iniciativa Barrios Críticos (IBC), un programa nacional coordinado por la Secretaría de Estado de Ordenación del Territorio y Ciudades, y aprobado por la Resolución del Consejo de Ministros, n.º 143/2005. Centrado específicamente en tres barrios considerados especialmente problemáticos —Cova da Moura (Amadora), Largarteiro (Porto) y Vale da Amoreira (Moita)—, este plan llega a clasificar la Cova da Moura como «ejemplo vivo de la formación de la sociabilidad y de lecciones de vida en un mundo cada vez más individualista». Afirma que los especialistas del espacio urbano «necesitan sumergirse en estas sociedades, en las que la riqueza reside en el entretejido espacial y en las relaciones interpersonales construidas a lo largo de los años en un compartir de ayuda mutua, y recoger un conjunto de lecciones en términos de procesos y prácticas».[13] Con el fin de facilitar este proceso, la IBC propone un modelo de intervención que enfatiza en su metodología la participación vecinal. El programa también establece como criterios centrales la búsqueda de nuevas fuentes de financiación público-privadas y un diseño que evite la «dependencia permanente de los recursos públicos», asumiendo inequívocamente el marco del urbanismo neoliberal (Martínez 2024b). Pero incluso si atendemos a los mecanismos participativos, de vocación democratizadora, debe tenerse en cuenta que el protocolo de intervención contempla para cada barrio la creación de un grupo de trabajo en el que, si bien se prevé la representación de la junta parroquial y «otras organizaciones de la vecindad», se garantiza la presencia del ministro de Estado y de la Administración Interna; del ministro de Trabajo y Solidaridad Social; del ministro de Sanidad; del ministro de Educación; del ministro de Cultura; además del ayuntamiento respectivo; todo ello bajo la coordinación del ministro de Medio Ambiente, Ordenación del Territorio y Desarrollo Regional. Se trata, en definitiva, de un modelo que reconoce en el tejido vecinal una capacidad para intervenir positivamente en la configuración del paisaje urbano, pero que reserva en todo caso al propio Estado la aplicación del modelo urbanístico definido como deseable para el conjunto de la nación. Esto podría explicar que, una vez finalizada la ejecución de este ambicioso programa —entre 2005 y 2007—, el grueso de las entidades barriales expresaran serias reservas sobre sus resultados, y permanezcan hoy preocupadas por el futuro del vecindario.

Para entender el recelo de estas entidades, debe entenderse que, paralelamente a la aprobación y desarrollo de planes urbanísticos formalmente participativos como la IBC, la presencia del Estado asume cotidianamente formas bastante menos amables en la Cova da Moura. Concretamente, existe en el barrio un amplio sentimiento de rechazo a la práctica recurrente de redadas por parte de las Unidades Especiales de la Policía de Seguridad Pública (PSP) portuguesa. La PSP es el cuerpo encargado del mantenimiento del orden en las grandes áreas urbanas —las áreas rurales quedan a cargo de la Guarda Nacional Republicana (GNR)—. Las Unidades Especiales de la PSP realizan periódicamente acciones coordinadas contra ciertas formas de delincuencia,

---

[13]   Véase web oficial del programa: https://www.dgartes.gov.pt/pt/acao/197.

generalmente ligadas al tráfico de droga, que con frecuencia son grabadas para programas televisivos y cuentan con miles de visualizaciones en plataformas virtuales como
YouTube. En este contexto, muchos vecinos sienten que los programas urbanísticos
de carácter participativo tienen un efecto muy limitado frente a la estigmatización
constante del barrio en medios masivos como la televisión, la radio o internet.

Por lo demás, las principales entidades del barrio y, muy especialmente, el Moinho
da Juventude, mantiene una posición muy crítica frente a estas intervenciones de
la PSP, especialmente porque interpretan que los cuerpos de seguridad se muestran
incapaces de distinguir entre vecinos honrados y delincuentes, y proyectan por tanto
una suerte de estigmatización generalizada contra el conjunto de los residentes. Esta
actitud discriminatoria obedece, según el criterio de dichas entidades, a un rechazo
a su situación de pobreza y marginación, pero también a su condición de caboverdianos, africanos y, en definitiva, extranjeros. Esta confluencia entre la subalternidad
económica que les afecta como trabajadores y la discriminación étnica que sufren
como inmigrantes está en la base del solapamiento simbólico que se da en este
barrio entre la comunidad étnica y la comunidad vecinal. Si bien existen en el barrio
vecinos de orígenes distintos, las referencias a lo africano y, muy especialmente, a la
caboverdianidad, se han constituido como fuente desde la que erigir una identidad
alternativa, que reconoce en los vecinos valores, tradiciones y formas organizativas
propias. Este discurso tiende a construir una imagen idealizada de la comunidad
vecinal, en la que las relaciones entre los individuos adquieren formas igualitarias,
solidarias y enriquecedoras. Dentro de este imaginario, la Cova da Moura aparece
como un barrio que, aun teniendo problemas, sabe vivir con *sabura* (en criollo caboverdiano 'alegría, placer') y que, frente a los problemas cotidianos, sabe responder
con *djunta-mon* (en criollo 'juntar las manos', para referirse a comportamientos
basados en la ayuda mutua).

Obviamente, el imaginario que han construido muchas entidades del barrio y
que enfatiza la dimensión comunitaria de un entorno idealizado, no puede negar
que el barrio sufre problemas graves, que incluyen formas considerables de delincuencia violenta. Sin embargo, en este discurso la causa de estos problemas está en
la situación de vulnerabilidad estructural que padece el barrio, y las acciones de sus
responsables no solo son ajenas a la forma de vivir de la mayoría de los residentes,
sino que son contrarias a los valores que les unen como vecinos y como caboverdianos. No es de extrañar, por tanto, que en este discurso el eje principal del conflicto
urbano se dibuje entre los vecinos y una minoría de residentes delincuentes a los que
se percibe como tolerados desde el exterior o incluso protegidos desde el exterior. Así,
entre los dirigentes vecinales es habitual observar una lectura muy crítica de la delincuencia, que enfatiza su funcionalidad para los potenciales inversores interesados en
estigmatizar el barrio con el objetivo de higienizarlo y de hacer negocio; o para unos

gobernantes que se encuentran cómodos remitiendo la raíz de los problemas sociales a enclaves urbanos acotados y genéricamente desautorizados como marginales.

En el imaginario alternativo de muchos vecinos, que se encuentra típicamente exteriorizado en el discurso de la Asociación Moinho da Juventude, la comunidad vecinal cuenta con los recursos culturales necesarios para transformar positivamente el entorno urbano que habita. Pero esos recursos necesitan ser aplicados desde el protagonismo absoluto de los propios vecinos, asumiendo tanto el control legítimo del espacio como el potencial transnacional de sus culturas e identidades. En efecto, el proyecto de renovación urbana que persigue esta asociación se concreta en mejoras materiales concretas, pero se justifica en una revisión profunda de la propia condición de la vecindad, que apuesta por rescatar el valor de la identidad cultural de los inmigrantes y repensar la periferia de Lisboa como un espacio en el que aplicar de forma positiva la herencia del contacto colonial y, en definitiva, la implosión de las culturas llegadas a Portugal con los inmigrantes. En este sentido, el imaginario urbano que se propone como alternativa no construye la caboverdianidad como una esencia a conservar, sino como un recurso desde el que construir. Retomando la terminología propuesta por Castells (2003) se trata de una *identidad-proyecto* que, al reivindicar un lugar para las culturas de los inmigrantes, trata de repensar críticamente la estructura de la sociedad portuguesa en su conjunto.

4.3. Usurpadores o conservadores del patrimonio: el caso de los peruanos en Buenos Aires

En el caso del barrio porteño del Abasto, tanto su longevidad como la importancia económica que ha tenido en distintos momentos de la historia reciente han favorecido que diferentes discursos se amalgamen en torno a este enclave, encabalgándose, complementándose o contradiciéndose en distintas circunstancias. En términos generales, puede decirse que el Abasto ocupa un lugar central en el imaginario de la población de Buenos Aires y suele ser considerado como parte importante del patrimonio argentino por su valor material e inmaterial. El Abasto tanguero, el del mercado, el que acogió las noches de farra de Gardel, Troilo o Goyeneche, permanece en la memoria de los argentinos como un espacio vinculado particularmente al folclore, pero también, por extensión, a una forma distintivamente porteña de estar en la ciudad. Junto con esta imagen tradicional del Abasto, sin embargo, han existido otras muchas, entre las cuales cabe destacar al menos dos. En primer lugar, las últimas décadas del siglo XX asistieron a la emergencia de un Abasto marginal, coincidiendo con el cierre del mercado y el aumento del desempleo, que a nivel físico se plasmó en el deterioro del edificado y la proliferación de las *casas tomadas*. Por otra parte, durante el último cuarto de siglo una intervención millonaria ha preconizado la recuperación del Abasto, levantando en torno a sí un imaginario renovado del Abasto patrimonial, que alcanza un nuevo valor como recurso comercial en el mercado turístico, y que moviliza todo un conjunto articulado de imágenes, valores, juicios y prejuicios sobre la importancia de proteger el barrio y sobre las amenazas que le acechan. Este último discurso ha marcado la experiencia reciente del barrio y, por sus características y por las prácticas que ha llevado aparejadas, puede ser interpretado incuestionablemente como un proyecto de gentrificación.

En términos generales, la gentrificación puede ser entendida como:

> Un proceso que implica un cambio en la población de usuarios del suelo de tal manera que los nuevos usuarios son de un nivel socioeconómico más alto que los anteriores, junto con un cambio asociado en el entorno construido a través de una reinversión en capital fijo (Clark 2005, 263). [Traducción del autor]

Este fenómeno urbanístico, estudiado por primera vez en los centros urbanos de grandes ciudades anglosajonas, ha llegado a extenderse a nivel planetario durante las últimas dos décadas. A lo largo y ancho del mundo los procesos de gentrificación reflejan la penetración creciente de la lógica del mercado en el campo de la planificación urbanística (Weber 2002; Aricó, Mansilla y Stanchieri 2016). En su impacto en el paisaje físico, la gentrificación refleja de forma clara la tendencia neoliberal a sustituir lo que algunos han llamado *urbanismo ciudadano* por una arquitectura al servicio de un mercado salvaje (Borja 2013, 75). La gentrificación es, en definitiva, la expresión de los intereses de una clase, que confronta inevitablemente con los intereses antagónicos de otras, y que entraña un ejercicio de violencia, pero también genera una reacción (Winchester, Kong y Dunn 2003). Si a la ciudad concebida por el capital se le opone siempre la apropiación de la ciudad vivida que ejecutan cotidianamente los sectores populares (Lefebvre [1974] 1991), cuando la concepción de la ciudad capitalista entraña un ejercicio extra de violencia, en forma de expulsión física y simbólica de lugares sentidos como propios, no es de extrañar que la oposición de los afectados adopte formas explícitas y organizadas. Los espacios urbanos inmersos en procesos de gentrificación nos ofrecen, en este sentido, laboratorios vivos para una exploración privilegiada de los imaginarios que distintos grupos enarbolan para legitimar proyectos de territorialización irreconciliables.

Para conservar y reproducir su hegemonía, el modelo socioespacial que inversores y especuladores impulsan a través de la gentrificación precisa movilizar, en paralelo al capital financiero invertido, una gama amplia de capitales culturales, relacionales y simbólicos (Casgrain y Janoschka 2013). En la medida en que dicho modelo confronta la ordenación previa del espacio y la somete a un reordenamiento violento, se hace necesario para sus defensores acompañar la apuesta económica de todo un conjunto de intervenciones de refuerzo en el plano de los discursos y de las relaciones que funcionan en el barrio. El éxito de este tipo de operaciones depende en gran medida de su capacidad para conectar, en el plano simbólico, con valores que sean respetables para la mayoría social y que, al mismo tiempo, deslegitimen las estrategias de los sectores que se le oponen. Dotar a la intervención urbanística de legitimidad social constituye así un objetivo prioritario que absorbe buena parte de la energía de sus beneficiarios y que involucra con frecuencia a una multiplicidad de actores. Concretamente, la gentrificación exige la destrucción previa de vínculos sociales y formas de ocupación del espacio que preexisten en el tiempo y que contravienen la lógica de esta intervención urbanística (Dalmau i Torvà 2016). Ello explica que, en el marco de este tipo de operaciones, se observe una tendencia sistemática a la visibilización y estigmatización de colectivos y prácticas que son presentados como *problemáticos*. Es común que los agentes gentrificadores estigmaticen a los sectores populares a expulsar presentándolos como usurpadores del espacio.

Tratando con el propio caso del Abasto, Carman (2006) ha explicado cómo el discurso de los agentes gentrificadores ha asumido características singulares. En ese discurso la reivindicación patrimonialista converge con la promoción de la explotación comercial y con la agitación del sentimiento xenófobo. El proyecto gentrificador se afirma fundamentalmente como una batalla contra los ocupantes ilegales de vivienda, directamente identificados con los inmigrantes peruanos, y que son representados como sujetos triplemente usurpadores: usurpadores del valor material de las casas, usurpadores del valor patrimonial del entorno y usurpadores del territorio nacional —por ser vistos generalmente como extranjeros e indocumentados— (Carman 2006, 160). El proyecto de gentrificación del barrio, por tanto, no descansa exclusivamente sobre la inversión de capital financiero: reclama paralelamente una inversión de capital simbólico, orientada a deslegitimar el régimen socioespacial preexistente y justificar así la necesidad de una intervención violenta. En esta intervención la imagen del Abasto articulada en el discurso gentrificador pugna por cobrar cuerpo en el espacio físico.

Esto, sin embargo, va a tener el efecto de promover entre los peruanos una reacción de afirmación de su identidad diferenciada. Frente a un discurso que les visibiliza como amenaza para el barrio, el mismo hecho de ser peruanos pasa a funcionar como un criterio de autorreconocimiento y como un eje sobre el que articular estrategias de resistencia a la expulsión. De hecho, este tipo de respuestas en clave comunitaria y de afirmación identitaria no es extraña: la existencia de un espacio en disputa tiene a menudo el efecto de fomentar la solidaridad y la confianza mutua entre quienes reivindican su control frente a otros grupos (Arenales 2016, 130). Como afirma Harvey, la «conducta vecinal» asociada a este tipo de prácticas resurge de manera reforzada en el seno de comunidades amenazadas (Harvey 1977, 295). A la hora de motivar y canalizar el ejercicio de estas conductas, la identidad étnica parece ser un patrón recurrente en las poblaciones migrantes y en las minorías. Diferentes autores han subrayado insistentemente cómo las comunidades que definen sus nexos en términos étnicos presentan con frecuencia una excepción al retroceso generalizado de las formas de solidaridad organizada en el medio urbano (Castells 2003; Harvey 2014).

Esto no significa que los peruanos residentes en el Abasto interpreten que la tendencia gentrificadora les afecte exclusivamente, ni siquiera principalmente, en cuanto peruanos. La presión especulativa, que identifican como causa última de sus problemas, entraña una violencia que opera fundamentalmente en base a un criterio de clase. Los perjudicados son los sectores populares en su conjunto y, generalmente, los vecinos peruanos del barrio no suelen identificar su nacionalidad de origen como una categoría explicativa en este sentido. Sin embargo, cuando se desciende hasta los efectos concretos que sufren las familias, sí mencionan algunas dificultades añadidas por el hecho de ser inmigrantes. Destacan fundamentalmente dos. En primer lugar, el acceso a un alquiler se ve dificultado a veces por la complicación de contar con una persona *bien considerada* —argentina, se entiende— que ejerza como garante.

> La situación en la Argentina, como usted lo habrá visto, no solamente los peruanos, todo inmigrante tiene el mismo problema: que no puede acceder a vivir como la gente. Que no pueden acceder a ir a alquilar algo, para que pagues. No puedes porque tú sin un garante, de un condominio o de una casa, no sos nadie (Violeta. Peruana, 43 años).

Por otra parte, las personas peruanas entrevistadas identifican un segundo problema que, si bien de manera indirecta, también afecta negativamente a sus opciones de encontrar vivienda en un barrio como el Abasto. Básicamente interpretan que, en la medida en que se les criminaliza como *invasores* en este barrio, hay algunos residentes que se resisten a aceptarlos como vecinos. En este punto se constata que, tal y como ya se mencionó en el capítulo anterior, las actitudes de rechazo xenófobo explícito son citadas siempre como excepciones y para subrayar por contraste que, en términos generales, la relación con los vecinos es buena. En todo caso, los peruanos son conscientes de que su condición de extranjeros les reporta una hipervisibilización en los discursos estigmatizadores que, fundamentalmente a través de los grandes medios de comunicación, les criminalizan presentándolos como residentes indeseados.

Lo interesante en este punto es confrontar dos grandes imaginarios que surgen en torno a la gentrificación del Abasto: de un lado, el impulsado por los beneficiarios del proceso; por otro, el que manejan los vecinos afectados por la subida de los precios y por una posible expulsión del barrio. El primero de estos discursos justifica la necesidad de una intervención urbanística que salve el barrio en cuanto enclave patrimonial amenazado por una población usurpadora. El segundo discurso reivindica la legitimidad que asiste a los residentes tradicionales de la zona y denuncia la transformación urbanística como un proyecto injusto, que se orienta exclusivamente al enriquecimiento de una minoría y que supone la expulsión violenta de los vecinos legítimos del vecindario. Merece la pena describir en detalle las diferencias que separan a estos dos discursos, especialmente en lo tocante a la articulación entre las categorías de vecino, territorio, patrimonio e identidad.

En primer lugar, la regeneración del Abasto se afirma como un proyecto de ordenación, que aspira a restituir el funcionamiento considerado normal para cualquier vecindario. El axioma de partida es que el espacio urbano comprendido dentro de este enclave habría atravesado una etapa de anormalidad, marcada por la inoperancia excepcional de la ley, que ahora desembocaría en un retorno al orden. El núcleo fundacional de ese orden se encuentra contenido en el vínculo de propiedad inmobiliaria, que establecería en último término quién está legitimado para hacer uso del espacio urbano de conformidad con la legislación del Estado argentino. En la vulneración de ese vínculo nace la primera forma de usurpación: los ocupantes irregulares de vivienda son, en este discurso, sujetos que se definen prioritaria y a menudo exclusivamente por su condición de ilegalidad, y que carecen por tanto de cualquier forma de legitimidad para residir en el barrio. Desde esta perspectiva, la expulsión de los ocupantes de viviendas no solo estaría justificada, sino que constituiría en sí misma un ejercicio de restitución del orden normal de las cosas. Pero el fenómeno de la ocupación irregular es leído de forma muy distinta por parte de los residentes del barrio. Muchos de ellos enfatizan en sus discursos que, hace relativamente poco tiempo, muchos edificios del Abasto se encontraban abandonados y que, entonces, nadie se preocupaba demasiado por habitar los edificios y darles uso. Otros aducen llevar décadas habitando su vivienda en el barrio y reivindican un derecho de uso basado en el arraigo: si bien no pueden probar ser los propietarios legales de los inmuebles, se consideran legítimos dueños por ser ellos quienes les han dado uso durante muchos años. Finalmente, son muchos los que aseguran haber desembolsado grandes cantidades de dinero en forma de alquiler a propietarios que a la postre se desentendieron de los edificios o, incluso, a subarrendadores que en algún momento desaparecieron.

Estas desavenencias se ven agravadas por el valor patrimonial que se suele atribuir al barrio del Abasto. En el discurso de los impulsores del proyecto de renovación urbana —incluyendo a la empresa IRSA, pero también a otros inversores y a las principales instituciones públicas—, la transformación del barrio constituye un rescate de su valor patrimonial, que teóricamente beneficia al conjunto de los argentinos como depositarios simbólicos de este enclave. Las intervenciones materiales de embellecimiento, que han incluido la restitución del asfaltado, la instalación de farolas decorativas, la peatonalización de calles emblemáticas o la apertura al público de espacios como el Museo Casa Carlos Gardel, refuerzan la percepción de un beneficio colectivo en la intervención urbanística privada, que permitiría a los argentinos volver a disfrutar de un barrio histórico. El contraste con la etapa de abandono inmediatamente anterior contribuye a que el proyecto gentrificador sea percibido como un ejercicio de restitución a los argentinos de un barrio patrimonial, que después de una fase de excepcionalidad volvería a ser un lugar seguro y apto para el disfrute de todos. Pero también aquí el discurso de los vecinos presenta algunas disonancias. Y es que incluso los residentes más humildes se presentan a sí mismos como conservadores del patrimonio, por haber mantenido con vida los edificios del barrio durante el tiempo en que no existía una demanda significativa para vivir en ellos. De esta forma, los vecinos asumen el mismo discurso patrimonialista para activarlo en beneficio de sus intereses y se representan a sí mismos como conservadores del paisaje físico, pero también del entramado de relaciones sociales que articuló históricamente el Abasto.

Por último, la tendencia de ciertos discursos estigmatizadores a asociar la ocupación ilegal de edificios con la población inmigrante favorece que, en el caso de los peruanos, al beneficio ilegítimo del valor inmobiliario de las casas y de su valor patrimonial se sume una tercera forma usurpación: la usurpación del espacio nacional. El peruano, caracterizado como máxima expresión del ocupa, vulnera triplemente el orden urbano y se configura como máxima amenaza a la convivencia vecinal (Carman 2006). Al no pertenecer a la comunidad nacional autóctona, se presupone a estos inmigrantes una insensibilidad al valor simbólico que este enclave patrimonial tiene para los argentinos. Una insensibilidad que se ve redoblada por el natural desapego que se atribuye a quienes habitan un inmueble del que no son propietarios legales. Observamos en definitiva cómo las tres formas de usurpación se retroalimentan, haciendo del peruano un chivo expiatorio perfecto frente al que justificar la gentrificación del Abasto como una operación de rescate. Pero también aquí los vecinos afectados por la gentrificación, y muy particularmente los peruanos, consiguen hilvanar un imaginario alternativo que legitima su presencia en el barrio. Y es que la peculiar idiosincrasia de Buenos Aires está fuertemente ligada a la inmigración como fenómeno constitutivo de la ciudad. El barrio del Abasto, particularmente, hunde sus raíces en la migración originaria de población extranjera, fundamentalmente europea —italianos, españoles, griegos— y, en menor medida, la llegada desde Oriente Próximo —sirios, libaneses—. Lo que permite a los peruanos resignificar su condición de migrantes como algo que no solo es compatible con la pertenencia a la comunidad vecinal, sino que de hecho conecta con la propia tradición del Abasto como barrio de inmigración. Esto se aprecia claramente cuando los peruanos subrayan la continuidad histórica que han dado a los conventillos y hoteles-pensión, en cuanto edificios diseñados originariamente para el alojamiento de población inmigrada. O cuando se incide en la condición de inmigrante de Carlos

Gardel, que aparentemente frecuentó el barrio desde su juventud y compró allí junto con su madre la casa que hoy alberga el museo en su memoria.

El barrio del Abasto ofrece así una interesante muestra de las formas variables en que los imaginarios urbanos pueden articular nociones aparentemente sencillas para producir ejes de legitimidad abiertamente contrarios. Si los promotores de la renovación del Abasto ven este barrio como un enclave patrimonial, que debe ser protegido frente a la amenaza de una población inmigrante usurpadora, los residentes inmigrantes del barrio compaginan la reivindicación de su peruanidad con su construcción como vecinos legítimos, en base al derecho a continuar habitando el barrio que han mantenido vivo con su presencia.

4.4. IMAGINARIOS URBANOS: IDENTIDAD Y LEGITIMIDAD EN LA CONFIGURACIÓN DE LA CIUDAD

El proceso de gentrificación que afecta a los inmigrantes peruanos radicados en el Abasto implica su exposición a una presión expulsora que, en función de las circunstancias, puede llegar a asumir formas de violencia explícita. Una violencia que puede operar exclusivamente en el plano del discurso, cuando en los tabloides y programas televisivos se insiste en criminalizar a los inmigrantes asociándolos a la ocupación de viviendas y al deterioro general del barrio; o incluso adquirir formas físicas, cuando se ejecuta un proceso de desahucio y la policía interviene obligando a las familias afectadas a desalojar un inmueble y marcharse con sus pertenencias a otra parte. Igualmente, los otros dos casos de estudio ofrecen expresiones de una violencia variable en la disputa entre procesos de territorialización alternativos. En ambos lugares los máximos niveles de tensión suelen coincidir con intervenciones policiales, entre las que se han registrado choques de los jóvenes de la Cova da Moura con los oficiales de la PSP, así como algún conato de enfrentamiento entre inmigrantes y policía en la Macarena, coincidiendo con el desalojo nocturno de las canchas de San Jerónimo Puente, o con un eventual registro a jóvenes latinoamericanos en la vía pública. En cualquier caso, estas situaciones de especial tensión representan solo la expresión más descarnada de las dinámicas de opresión y resistencia que atraviesan los modos de apropiación, delimitación y significación del espacio urbano.

En el contexto de esas dinámicas, las poblaciones migrantes demuestran poseer una agencia propia para tejer y visibilizar imaginarios urbanos que operan como marcos de legitimación de sus necesidades y sus demandas. Esto se aprecia en el propio caso del Abasto, cuando los migrantes se afirman como herederos de la tradición inmigrante del barrio para, desde ahí, afirmar su derecho a continuar habitando unos edificios fuertemente ligados a la historia migratoria del país. Con este discurso, los peruanos consiguen reformular el sentido de nociones como *barrio, vecino, patrimonio o identidad,* y frente a quienes les estigmatizan como usurpadores reconstruyen una historia del entorno urbano que justifica —e incluso recomienda— su permanencia en el Abasto como mantenedores del entorno urbano. Entretanto, los africanos residentes en la Cova da Moura hacen frente a unos discursos que representan el barrio como un gueto, donde la falta de normas y el peligro omnipresente parecen recomendar una intervención higienista desde el exterior. Activando referentes culturales ligados a la caboverdianidad y, más generalmente, a un sentido amplio de la africanidad y la negritud, los migrantes y sus descendientes inscriben en el paisaje urbano las huellas de una implosión colonial que enarbolan como base de su derecho a permanecer en este barrio y a participar de su ordenación. En el caso de Sevilla, el menor peso relativo de la población inmigrante se expresa en formas superficiales y discontinuas de apropiación y significación del espacio urbano, que exigen una negociación permanente con la mayoría autóctona. En este contexto, los migrantes parecen apostar por incluir entre sus estrategias formas de apropiación del espacio urbano que, como las procesiones religiosas, combinan la afirmación de la diferencia con un énfasis en la idea de compatibilidad cultural con la población autóctona. Se constata, de esta forma, que las pautas de territorialización de estos grupos deben ser interpretadas en el marco de relaciones de poder que constriñen las opciones disponibles, y que obligan a los migrantes a desarrollar imaginarios urbanos coherentes con sus situaciones y con las dinámicas concretas de relaciones interétnicas en que se desenvuelven cotidianamente.

En efecto, el proceso de construcción de los imaginarios urbanos se desarrolla siempre en contextos de disputa, en los que actores diversos pugnan por imponer su propio sentido a la organización del espacio urbano. Por este motivo, resulta necesario aplicar el análisis de los imaginarios identificando a los distintos actores que intervienen en cada escenario. En el caso de Sevilla, los latinoamericanos construyen discursos sobre la ciudad que encuentran tanto aliados como adversarios en otros sectores de la sociedad receptora. Así lo demuestra la práctica de las procesiones, en las que la participación activa de población autóctona en aspectos como el acompañamiento musical de los pasos, la ejecución de saetas o la simple contemplación en la calle como espectadora contribuye a reforzar la idea de que la inmigración latinoamericana practica la ciudad de formas compatibles con las consideradas propias en la ciudad de Sevilla. Otras veces, sin embargo, el imaginario urbano de los inmigrantes se construye en oposición a otros sectores de la población local, como se observa en el discurso de la Liga Sudamericana de San Jerónimo sobre las canchas deportivas de San Jerónimo Puente. En este caso la reivindicación de la legitimidad original en el uso de las canchas se enfrenta a una ONG que juega un papel activo en la proyección del discurso de la Administración local que prevé usos estandarizados y altamente reglamentados de los espacios deportivos. En el caso de Lisboa, la representación abrumadoramente mayoritaria de los africanos en la Cova da Moura y la situación de marginalidad que afecta al barrio han favorecido una alta visibilidad de este enclave, y una centralidad recurrente de su imagen en los discursos de distintos actores portugueses sobre la inmigración y su incorporación a las ciudades del país. La experiencia de los inmigrantes y la realidad jurídica del contexto les ha inducido a constituir un tejido asociativo fuerte, que demuestra una alta capacidad para emitir un discurso alternativo a la estigmatización que gobierna los discursos mayoritarios en los medios de comunicación y en determinados sectores de la sociedad autóctona. Entidades como el Moinho da Juventude no solo demuestran poseer una sólida estrategia discursiva, sino que logran entablar alianzas estables y diversificadas con actores afines —ONG, universidades, sindicatos, partidos de izquierda...— para canalizar sus demandas y difundir sus propuestas para el barrio. Una dinámica paralela la encontramos en el Abasto, donde el imaginario urbano que reivindica la presencia de los inmigrantes es apenas un débil testimonio de la resistencia discursiva ante la potente campaña de estigmatización que ha acompañado desde los medios de comunicación la inversión financiera de los agentes gentrificadores de este enclave.

La función práctica de los imaginarios que hemos descrito en este capítulo es la de legitimar simbólicamente las estrategias organizativas de los inmigrantes en su incorporación al paisaje físico de la ciudad. Sin embargo, los símbolos, imágenes y valores que nutren estos imaginarios remiten a la historia particular de cada grupo y, con frecuencia, tienen su origen en contextos socioculturales muy alejados de las sociedades locales en que operan. Los peruanos del Abasto justifican su condición de vecinos apelando a la tradición del barrio como lugar de inmigración, pero al mismo tiempo construyen sus redes movilizando marcadores propios de su identidad de origen, como el consumo de pisco y ceviche en los restaurantes peruanos de la zona, el baile de cumbia peruana en los boliches nocturnos o la celebración de las fiestas patrias. Una tendencia que también se observa en Sevilla, donde se suelen homologar las salidas procesionales con la pauta local sin que esté reñido con que el Cristo de los Milagros, la Virgen del Quinche o la de Caacupé sean caracterizados con rasgos fuertemente distintivos, ni que sus pasos vayan acompañados por cantos periódicos procedentes de la tradición del país de origen. Del mismo modo que en las instalaciones de San Jerónimo la presencia mayoritaria de los inmigrantes se deja notar en prácticas como la proyección de música latina desde los coches a un alto volumen o la venta y consumo de humitas y sancochos en los pasillos que discurren entre las canchas. En la Cova da Moura la dimensión transnacional del imaginario urbano que practican los migrantes adquiere un máximo nivel de desarrollo, dejándose notar en la decoración de los edificios, las pinturas en los muros y los nombres de los negocios. También en este punto la mayor densidad poblacional de los inmigrantes y su capacidad organizativa permiten reforzar sus discursos sobre la ciudad proyectando expresiones materiales vistosas y duraderas de la experiencia transnacional de sus vecinos.

Se constata en definitiva que las poblaciones migrantes poseen una capacidad evidente para producir imaginarios que no solo se manifiestan en el plano discursivo, sino que orientan las intervenciones de estas poblaciones sobre los paisajes urbanos que habitan. En Sevilla, el mito que muchos inmigrantes manejan sobre las canchas deportivas de San Jerónimo supone que estas fueron rescatadas del abandono —casi creadas— por unos indígenas otavaleños y que, desde ese momento, fueron inmigrantes los que dieron uso y cuidado a este espacio. Un discurso así ha sido fundamental para cohesionar a los inmigrantes en su demanda de acceso legítimo a las instalaciones y en su determinación a disputar legítimamente el control de un espacio que consideran propio. Sin embargo, ha encontrado la resistencia de actores como la ONG y la Administración local, que han intentado desautorizar a los inmigrantes y neutralizar sus intentos de apropiación de las canchas, intensificando el control sobre las mismas mediante el cerramiento de las instalaciones, la limitación de los horarios de uso o la restricción del acceso a las zonas de oficina. Del mismo modo los peruanos, al instituirse como conservadores de los conventillos del Abasto, no solo producen discursos orales para reivindicar su derecho a habitar el barrio, sino que se organizan para limpiar los edificios, pintarlos, reparar desperfectos y, en definitiva, proyectar materialmente su papel como vecinos legítimos. Unas iniciativas que no evitan que los medios de comunicación sigan presentando a estas personas como usurpadoras de un barrio patrimonial ni que el Estado siga movilizando a los cuerpos policiales para ejecutar desahucios en la zona. El caso de los africanos que habitan la Cova da Moura representa, también en este punto, un nivel más alto de desarrollo en la plasmación de los discursos de los migrantes en el paisaje físico. El imaginario urbano que se difunde desde entidades como el Moinho da Juventude no se limita a dibujar con palabras una comunidad unida en la convivencia vecinal y la cultura compartida: estos valores se han proyectado en formas tan estables como los edificios construidos mediante convocatorias de trabajo voluntario entre los residentes, las jornadas de limpieza vecinal o los trabajos coordinados de reparación de infraestructuras. En este caso, la imagen de una comunidad autoorganizada ha cobrado cuerpo en redes vecinales sólidas y efectivas cuya actividad ha tenido ya un impacto decisivo en la morfología del barrio. Una vez más, la iniciativa de estos vecinos inmigrantes encuentra como contraparte otros discursos, en este caso el que representa a la Cova da Moura como un gueto peligroso, y que justifica medidas excepcionales de intervención en el tejido urbano como las controvertidas redadas de las Unidades Especiales de la PSP.

Para entender el impacto complejo, complementario y contradictorio, que los imaginarios urbanos de los migrantes tienen en el paisaje físico de la ciudad, es preciso describir en detalle las redes en que operan y las prácticas concretas en que cristalizan. En el próximo capítulo abundamos en este aspecto, analizando de manera comparada los tres estudios de caso seleccionados.

5. Contrageografías migrantes: actores, redes y prácticas en la producción del espacio urbano

Partiendo de la premisa de que el espacio urbano obedece a una producción social, en este trabajo estamos discutiendo el papel que las poblaciones migrantes juegan en este proceso. Para ello, comenzamos identificando las condiciones estructurales que enmarcan la inserción del migrante en la ciudad, para posteriormente describir los factores básicos que distinguen sus procesos de territorialización. En el capítulo inmediatamente anterior hemos incorporado al debate los imaginarios urbanos, como marcos de referencia que dotan de sentido los discursos y las actitudes de los migrantes en la urbe. Es hora entonces de analizar las prácticas con que los migrantes intervienen en el paisaje físico y contribuyen activamente a significar el espacio urbano. El objetivo de este capítulo es proveer de una descripción detallada de las estrategias que los migrantes implementan para transformar el entorno que habitan de una forma coherente con sus necesidades e intereses. Para ello, mantendremos el esquema de exposición ordenada de los tres casos de estudio seleccionados. Del mismo modo que en los capítulos precedentes, nos interesa la comparación entre estos casos como método de exploración de los patrones básicos del urbanismo migrante, pero también como eje desde el que constatar las formas variables en que se concreta.

Más allá de las diferencias que existen entre los contextos migratorios que he estudiado, y que hemos visto que incluyen aspectos diversos e importantes como la antigüedad migratoria, los regímenes jurídicos de inserción, las áreas geográficas de residencia, el tipo de vivienda y el espacio público que se usa cotidianamente o los imaginarios hegemónicos en cada caso, hoy existen tendencias generales que están marcando de forma decisiva las pautas de producción del espacio urbano en todo el mundo. Sin ánimo de agotar el repaso de todas ellas, sí es preciso detenerse en algunas que, necesariamente, hemos de tener en cuenta por la fuerza con que condicionan las prácticas del urbanismo migrante.

En primer lugar, es fundamental tomar como marco de referencia la implementación a escala global de un modelo de capitalismo neoliberal que, si bien se concreta en formas variables en los distintos contextos locales (Brenner y Theodore 2002), presenta una tendencia general inequívoca hacia la mercantilización del espacio urbano. En este contexto, Harvey (2014, 16) señala que dinámicas como la reurbanización comercial, los proyectos arquitectónicos y paisajísticos a gran escala y las tentativas de «limpiar el medio ambiente» están generando un impacto profundo tanto en el diseño como en la planificación de las ciudades. En efecto, si asumimos que el entorno construido produce y refleja las relaciones sociales de cada época (King 1990; Law 2002, 1626), el advenimiento hegemónico del urbanismo neoliberal debe ser el eje desde el que pensar las posiciones que se reservan a las poblaciones migrantes en la configuración del paisaje urbano y los niveles de agencia que estas consiguen acumular.

La aplicación de políticas neoliberales en el ámbito urbano se ha traducido fundamentalmente en medidas de promoción de la competencia entre ciudades por la captación de inversiones de capital; la privatización de la propiedad o la gestión de los servicios municipales; la minimización o supresión total de los beneficios sociales; la desregulación de los flujos de capital —en mercados como la vivienda y la planificación, el suministro de energía o la eliminación de residuos—; la mercantilización de bienes urbanos; la concentración de capital corporativo en el centro de la ciudad; la expansión suburbana y los procesos de gentrificación simultáneos (Lees, Shin y López-Morales 2016); las tendencias crecientes de turistificación urbana (Gil y Sequera 2022); y las estrategias de legitimación mediante la inflación simbólica extrema y el espectáculo —potenciación de marca de ciudad, megaeventos y edificios singulares— (Martínez 2024b).

La implementación del modelo urbanístico neoliberal se encabalga así en la pauta de destrucción creativa propia del sistema económico capitalista (Berman 1982; Harvey 1985). Este proceso, como sugiere Swyngedouw (2004), se materializa en la ciudad a través del cambio y la reestructuración geográficos. Desde esta perspectiva, el espacio en la ciudad capitalista es siempre un momento constitutivo (Swyngedouw 2004, 30), en el que es posible observar a los agentes que participan en su definición y las relaciones que sostienen entre ellos. Y el momento actual se define por la convergencia del urbanismo neoliberal con la desigualdad socioeconómica, las disparidades medioambientales y la corrupción gubernamental y empresarial, lo que provoca una profundización en la *ciudad dual* que se gesta en los años ochenta (Mollenkopf y Castells 1991; Low 2019, 2) hasta desembocar en la *ciudad precaria* del presente, en que buena parte de la población se ve empobrecida por sistemas estructurales de opresión y racismo que benefician a una clase social minoritaria y elitista (Low 2019, 2).

De acuerdo con Setha Low (2019), la precariedad urbana puede ser pensada como un estado de vulnerabilidad existencial y física, que se acompaña de la invisibilidad ante las instituciones sociales y políticas supuestamente encargadas de mitigar esta situación. Esta combinación de vulnerabilidad e invisibilidad se proyecta en una reducción de las protecciones para la población pobre y sin hogar en las ciudades globales, así como en un refuerzo de los patrones culturales de marginación política por raza, clase y género. La precariedad es por tanto una condición políticamente inducida, en la que ciertas poblaciones sufren la falta de redes sociales, económicas y de apoyo, y viven por ello sobreexpuestas a las lesiones, la violencia y la muerte (Butler 2009, 25; Low 2019). Los migrantes se cuentan con frecuencia entre las poblaciones más precarizadas y sufren, con especial asiduidad, problemas como el chabolismo, el hacinamiento residencial o el desplazamiento hacia áreas marginales (Díaz Orueta 2013, 93). La sobreexposición de estos y otros grupos minoritarios al impacto del urbanismo neoliberal llega a ser tan acusada que autoras como Lees (2016) consideran que, especialmente en sociedades como la estadounidense, la intersección de variables como la clase y la raza determina cómo se distribuyen los beneficios y las pérdidas en procesos como la gentrificación. Entretanto, las políticas públicas tienden a soslayar la necesidad de contemplar los problemas específicos de estas personas (Colectivo IOÉ 2006; Torres 2011; Díaz Orueta 2013).

El avance en la configuración neoliberal de la ciudad tiende a una apropiación creciente del espacio urbano por parte de una elite, en detrimento de una mayoría de excluidos, que van quedando crecientemente circunscritos a espacios subalternos, y que pasan a ser considerados sujetos *fuera de lugar* cuando salen de sus espacios de confinamiento (Winchester, Kong y Dunn 2003, 176). En estas condiciones, es comprensible que las estrategias del urbanismo migrante tiendan a quedar encorsetadas en formas vulnerables, tendentes a la discontinuidad en el tiempo y a la invisibilidad en el espacio. No obstante, los migrantes no se resignan y, en su día a día, pugnan por mejorar en lo posible sus condiciones de vida en la ciudad. También en este empeño el espacio urbano demuestra ser un espacio para la política mucho más concreto que el de la nación (Isin 2000; Sassen 2000, 2003), y es básicamente en las ciudades donde los migrantes visibilizan sus identidades y sus formas de entender el mundo.

Cuando los migrantes tratan de intervenir sobre el espacio urbano de una forma más prolongada o más profunda, es frecuente que esto genere una reacción adversa de otros sectores de la sociedad. Pero más allá de la amenaza efectiva que el urbanismo migrante pueda representar en la práctica, los grupos que detentan el poder convierten a menudo a los migrantes en chivos expiatorios de las contradicciones de la economía capitalista en la ciudad (Davis 2006, 169). La construcción de una imagen amenazante del inmigrante, como usurpador, despilfarrador o degenerador del espacio urbano resulta extremadamente útil a las estrategias de los poderosos para legitimar los efectos negativos del modelo urbanístico neoliberal a través del consentimiento popular (Harvey 2005; Díaz Orueta 2013). La interpretación del urbanismo migrante debe anclarse por tanto, en primer lugar, en un régimen de precariedad en el que la tendencia general a la vulnerabilidad y la invisibilidad no es óbice para que los migrantes sean hipervisibilizados en el espacio urbano en momentos concretos: cuando ello conviene a las estrategias de los sectores más poderosos, generalmente orientadas a la estigmatización de estas personas y su instrumentalización como chivo expiatorio.

Por otra parte, en este marco de precariedad estructural los migrantes interactúan con otros actores que también intervienen en la configuración del paisaje urbano. En este sentido, el entorno construido cristaliza a través de prácticas situadas de quienes viven en y trabajan con los edificios (Ingold 1995; Strebel 2011, 248; Kobi 2019). Esto incluye a los migrantes, pero también las prácticas de los vecinos que comparten espacio residencial con ellos y las de los pequeños negocios de la zona; por no hablar de las prácticas legislativas diseñadas desde los organismos públicos o las empresariales orientadas a la maximización de los beneficios. Un abordaje complejo recomienda asumir el estudio de ese entorno construido como un campo social en el que participan múltiples actores, tomando en consideración para su análisis tanto las identidades de los distintos actores implicados y las posiciones que ocupan como las relaciones que sostienen entre ellos (Kobi 2019, 690). Se trata de inscribir a los migrantes en redes de interacción que se superponen dentro de la ciudad, que exceden los límites físicos de esta y que la conectan con otros lugares del mundo (Robinson 2002). Unas redes que canalizan tendencias de diseño urbano, normas legales de planificación, pautas de dependencia política, flujos de comercio informal, influencias religiosas, financieras, institucionales, intergubernamentales, etc. (Allen 1999b; Smith 2001).

La importancia de reconocer a actores múltiples y de tener en cuenta su influencia como agentes configuradores del espacio urbano no solo ha sido reconocida en la literatura científica, sino también en las políticas públicas. Como explica Arantxa Rodríguez, la sustitución progresiva del término *gobierno urbano* por el de *gobernanza urbana* expresa un reconocimiento de la complejidad creciente de la intervención pública en la urbe, «como consecuencia de una mayor implicación directa del sector privado, la incorporación de distintas agencias locales, regionales, nacionales y, en ocasiones, de la sociedad civil en el gobierno de la ciudad» (Rodríguez 2013, 233). Las decisiones sobre la ordenación de la ciudad tienden hoy a fragmentarse entre una pluralidad de agencias públicas, semipúblicas y privadas, y una tendencia hacia fórmulas de gestión mediante coaliciones, redes multiagentes y consorcios público-privados (Moulaert, Rodríguez y Swyngedouw 2003; Rodríguez 2013). Es en este contexto general en el que los migrantes pueden cristalizar como un nuevo actor entre los muchos que van ganando protagonismo como interlocutores de la Administración pública y como agentes activos en la producción de la ciudad.

Sin embargo, no todos estos actores intervienen en el proceso con la misma capacidad de incidencia. La planificación y la construcción de la ciudad expresan una desigualdad entre los agentes implicados, al estar atravesadas por diferencias en la información disponible, la cantidad de individuos implicados, el manejo de tiempos y ritmos, los materiales locales, los emplazamientos geográficos, la historia y el contexto medioambiental (Low 2000, 87). Estas desigualdades son rastreables en el análisis de cualquier emplazamiento urbano. De hecho, trabajos como el de Carr *et al.* (1993) sugieren que variables como el nivel de acceso, los grados de libertad de acción, las formas posibles de reivindicación, las dinámicas de cambio y las fórmulas de propiedad permiten discutir en profundidad hasta qué punto es realmente público un espacio urbano reconocido formalmente como tal. En términos generales, las poblaciones migrantes tienden a presentar una capacidad comparativamente menor a la de otros actores para hacer valer sus criterios en la gestión del espacio urbano.

Para el estudioso de lo urbano, en cualquier caso, contemplar al migrante como agente configurador del espacio es tanto como liberar el debate sobre la ciudad del corsé nacional, para pensarla como espacio diaspórico de residencia y encuentros con la (super)diversidad (Berg y Sigona 2013; Wessendorf 2014; Blunt y Sheringham 2019). El migrante pasa de ser un convidado de piedra en un entorno ya construido a ejercer como un agente más en una ciudad en construcción, que está abierta al mundo exterior bajo la influencia de prácticas de movilidad múltiples y permanentes (Meier y Frank 2016, 364; Blunt y Sheringham 2019). Y en un contexto de multiplicación y diversificación de los flujos migratorios, esto plantea necesariamente una ruptura con las formas tradicionales de producción del espacio en sociedades geográfica- mente acotadas (Smith y Feagin 1995, 21). En su lugar, los migrantes habilitan la cristalización de nuevas *esferas públicas diaspóricas,* en las que se interpretan y discuten diferentes imaginarios políticos transnacionales (Werbner 1998, 12; Law 2002, 1641). Estudiar estas esferas públicas diaspóricas es explorar las estrategias de asentamiento y conexión transnacional de los migrantes dentro de unas estructuras de oportunidades que son cambiantes, por cuanto el entorno urbano de inserción se encuentra inmerso en procesos de reestructuración más amplios (Furlong, Biggart y Cartmel 1996; Salzbrunn 2011).

Precisamente estos procesos de reestructuración nos remiten a la tercera pauta de producción del espacio urbano que interesa comentar. Junto con el contexto general de precariedad que impone el paradigma del urbanismo neoliberal y por la necesidad de coexistencia e interlocución permanente con otros actores, los migrantes se des- envuelven cotidianamente en un proceso de reorganización de las relaciones entre distintos niveles geográficos, que hoy está siendo estudiado fundamentalmente des- de el prisma de la *multiescalaridad.* En términos generales, se asume que actualmente está en curso toda una redefinición de las relaciones entre localidades, regiones,

Estados-nación e instituciones globales, que responde al desarrollo de una nueva gobernanza global y que obligan a las ciudades a reposicionarse como competidoras globales (Salzbrunn 2011, 171).

Esto significa asumir, en primer lugar, que los procesos globales son apropiados y experimentados de formas variables a nivel local (Perelman 2019, 42). En este sentido, la integración creciente en lo global no implica una destrucción de lo local, sino más bien una interacción compleja y mutuamente constitutiva de ambas escalas (Cucó i Giner 2013, 158). Autores como Brenner y Theodore (2002) subrayan que el propio modelo de gobernanza neoliberal no opera del mismo modo en todo el mundo, sino que presenta grandes variaciones en cuanto que las reformas que prevé aterrizan sobre entornos político-institucionales específicos y diferenciados. Por ello utilizan la noción de *neoliberalismo realmente existente,* que alumbra «las formas complejas y controvertidas en que las estrategias de reestructuración neoliberal interactúan con los usos preexistentes del espacio, las configuraciones institucio-nales y las constelaciones de poder sociopolítico» (Brenner y Thodore 2002, 14). Debemos asumir entonces que en cada ciudad la doctrina neoliberal es metabolizada de maneras diversas, en función de su aterrizaje en dinámicas locales de alianzas y confrontaciones entre actores múltiples, diversos y desiguales. Unos actores que a su vez actualizan y modulan sus estrategias de forma dinámica, en la medida en que la ciudad les va ofreciendo nuevas posibilidades estratégicas derivadas de su creciente enraizamiento en estructuras globales (Cox 1997).

Por todo ello, hoy no resulta posible entender los espacios locales si no se in-corpora una *perspectiva multiescalar* (González 2006; Díaz Orueta 2013, 84). De hecho, el éxito de los distintos sectores de la sociedad, incluyendo a las poblaciones migrantes, depende cada vez más de la capacidad de aprovechar de manera ventajosa recursos, redes e informaciones que circulan a distintas escalas. Consecuentemente las estrategias de estos grupos, en su participación de lo urbano, se orientan priori-tariamente hacia el manejo de esta nueva configuración *multiescalar* de la realidad (Swyngedouw 2004, 42).

Dicha configuración *multiescalar* de la vida social se plasma, hacia el exterior, en la creciente integración de las ciudades en procesos políticos y económicos de naturaleza global. De hecho, hace ya muchos siglos que las ciudades se ubican en la intersección de procesos de escala supraurbana, a veces incluso de alcance inter-continental. Pero, tal y como apunta Saskia Sassen, lo que resulta novedoso hoy es la intensidad, la complejidad y el alcance global de las redes que atraviesan la vida urbana, en un contexto marcado por la digitalización o desmaterialización de ciertos flujos económicos, que hace posible el desplazamiento a gran velocidad por esas redes de personas, bienes y capitales (Sassen 2003, 27). Estas redes y flujos globales, por otra parte, tienden a socavar en gran medida las estructuras sociales endógenas, que hasta hace poco disponían del poder de ordenar la sociedad y reproducirse a sí mismas (Urry 2000, 1).

Por otra parte, dentro de la ciudad se constata que no todas las zonas que la componen se integran al mismo nivel en la economía global. Los flujos transnacionales de personas, bienes y capitales aparentemente solo se interesan en sectores específicos de las ciudades. Esto se está traduciendo en una dinámica de profunda fragmentación urbana, que se proyecta hacia el interior de la urbe en sensibles diferencias y profundas desigualdades entre zonas. Tomando como referencia a turistas y migrantes, Van Dijk (2011) habla de *puntos calientes* —hot spots— para referirse al atractivo especial que poseen determinados enclaves dentro de las ciudades para estas poblaciones. Y, sobre la inserción de los inmigrantes, subraya la importancia de reconocer la fragmentación urbana y, por tanto, de aplicar el análisis *multiescalar* hacia el interior de la ciudad. Su conclusión es que, si bien la escala de la ciudad es importante, la incorporación de los inmigrantes parece depender más aún de la escala de puntos calientes específicos que desde su interior interactúan directamente con escalas transnacionales (Van Dijk 2011, 120-121).

Los distintos actores inmersos en la configuración del paisaje urbano son conscientes del proceso de reescalamiento que está en curso y de la importancia de adecuar sus estrategias al máximo aprovechamiento de sus potencialidades. Esto se aprecia con claridad en la acción de los gobernantes locales. Las iniciativas de los alcaldes se orientan cada vez más a maximizar la conectividad regional y mundial de sus ciudades y, en general, a lo que coloquialmente se expresa como *posicionar a sus ciudades* en el mapa global. Para ello, concentran sus esfuerzos en facilitar las inversiones externas, atraer turistas e incorporar mano de obra altamente cualificada procedente del exterior (Salzbrunn 2011, 187). Una dinámica que se proyecta en el paisaje físico mediante intervenciones orientadas a la mejora de las infraestructuras de transporte, el impulso de grandes plantas logísticas, el fomento de la movilidad, la diversificación de las conexiones con el exterior, la apuesta por la comodalidad y una incorporación creciente al modelo de urbanismo de plataforma (Strüver y Bauriedl 2022).

Ahora bien, no solo los gobernantes locales tratan de incidir en la configuración del paisaje físico ni solo sus estrategias se adaptan a la *multiescalaridad*. También otros sectores de la sociedad local se organizan, con mayor o menor eficacia, para hacer valer sus intereses mediante una combinación creativa de relaciones a nivel local, regional, nacional e internacional. Partiendo de esta premisa, Salzbrunn (2011) ha descrito cómo los migrantes senegaleses residentes en Harlem se apoyan en el campo transnacional del *muridismo* para transformar el paisaje urbano de Nueva York. Como tendremos ocasión de ilustrar, también en los casos seleccionados para este libro encontramos que los migrantes se incorporan estratégicamente a campos transnacionales para nutrirse de recursos y relaciones con los que maximizar sus opciones de influir en la configuración espacial de la ciudad que habitan. Para ilustrar este proceso, abordamos a continuación cada uno de estos casos, describiendo en detalle las iniciativas que los migrantes despliegan en las distintas escalas en que habitan cotidianamente. Para una mayor claridad, optamos por centrarnos en situaciones concretas de conflicto urbano que, por confrontar de manera directa a los migrantes con otros actores, forzaron una afirmación explícita de las estrategias en juego, lo que permitió visibilizar con claridad las redes y los recursos que son movilizados.

En un artículo brillante, Jessop, Brenner y Jones (2008) lamentan que con frecuencia el interés por el análisis socioespacial que se origina en los años ochenta se ha visto lastrado por distintos *giros* teóricos que han incurrido sucesivamente en el error de privilegiar hasta la exclusividad el análisis de una sola dimensión del espacio. Así, si de forma reciente se ha desarrollado todo un léxico espacial autónomo en torno a la noción de *escala,* en otros momentos toda la atención se ha desviado hacia otras dimensiones de lo espacial, con el objetivo de encontrar en cada una de ellas la clave analítica definitiva. Para vencer esta tendencia, los autores citados proponen un enfoque relacional, que aborde la imbricación mutuamente constitutiva de cuatro dimensiones socioespaciales: el territorio, el lugar, la escala y las redes. A continuación, aplicamos este enfoque, popularizado como *TPSN* por sus siglas en inglés —*Territory, Place, Scale, Network*—, para la exposición de los datos etnográficos recabados en torno a tres experiencias de conflicto urbano en las que participaban directamente poblaciones migrantes. El objetivo, siguiendo la sugerencia de los propios Jessop, Brenner y Jones (2008, 396), es especificar los modos geográficamente localizados, históricamente específicos y estratégicamente selectivos de territorialización, detallando los procesos de creación de lugares, escalas y redes que sustentan los paisajes urbanos producidos por estas poblaciones.

5.1. La experiencia de las ligas latinas de San Jerónimo Puente (Sevilla)

Como se describió en los capítulos precedentes, las canchas deportivas de San Jerónimo Puente constituyeron un nodo estratégico fundamental para los inmigrantes de origen latinoamericano residentes en Sevilla, especialmente durante la primera década del siglo XXI, coincidiendo con la etapa de más fuerte crecimiento de esta población en la ciudad. En una primera fase, las canchas albergaron unos campeonatos organizados informalmente por los propios inmigrantes, que hicieron un uso relativamente exclusivo de las instalaciones por el hecho de encontrarse estas en un estado de infrautilización. Posteriormente, la llegada al área de una ONG local marcó un punto de inflexión en los usos de las canchas. A partir de este momento, la gestión de las instalaciones fue reorganizada. La ONG pasó a poseer un claro protagonismo en el control de las mismas, merced a la implementación de un proyecto de integración orientado a los inmigrantes, que se estructuraba en torno a campeonatos de fútbol sala y baloncesto, y que en la práctica se tradujo en una fuerte presión por incorporar a estas personas a un sistema estandarizado de competición deportiva. Como vimos, esta propuesta pronto encontró el rechazo de los migrantes organizadores de las competiciones preexistentes —las llamadas *ligas latinas*— y de buena parte de los equipos que las integraban, que trataron de formalizar una asociación autónoma con la que seguir organizando sus propios campeonatos. A partir de ese momento, la relación entre la ONG local y la emergente asociación de inmigrantes (Liga Sudamericana de San Jerónimo) se fue enconando progresivamente, en la medida en que cada una de ellas reivindicaba, con criterios distintos, su propia prioridad en el acceso a las canchas, y en cuanto desarrollaban paralelamente discursos claramente confrontados sobre los usos considerados legítimos para este espacio.

Si aplicásemos una visión cosificada del espacio urbano, que redujese las canchas deportivas de San Jerónimo a un mero recipiente material de actividades deportivas, el enfrentamiento entre la ONG y la asociación de inmigrantes sería difícil de explicar. En principio, los dos campeonatos deportivos que proponían —Juegos de la Amistad y Liga Sudamericana, respectivamente— involucraban prácticas formalmente idénticas, consistentes en la celebración de partidos de fútbol sala y baloncesto, con normas y recursos equivalentes. Desde esta perspectiva, no habría ningún motivo que justificase la renuncia de los inmigrantes a sumarse a la competición arbitrada por la ONG local, que además contaría con la ventaja potencial de hallarse respaldada por un proyecto oficial, dotado de financiación pública y por tanto de mejores recursos para los deportistas. Sin embargo, y después de una breve negociación, los líderes de la Liga Sudamericana rechazaron la invitación a disolver sus juegos y convencieron a una parte mayoritaria de los equipos enrolados para que apoyasen unos campeonatos autónomos de los inmigrantes, esta vez organizados ya formalmente, con la legitimidad añadida que obtenían de constituirse como asociación legal. Pronto el sostenimiento de esta nueva Liga Sudamericana se demostró inviable, por cuanto las canchas de San Jerónimo pasaron a estar crecientemente ocupadas por los Juegos de la Amistad, gracias a la reserva del espacio que la ONG local llevaba a cabo. Se hicieron cada vez más frecuentes las disputas por el uso de las canchas, y entre los responsables de la Liga Sudamericana se extendió una sensación de ser marginados en el acceso a un espacio que hasta poco antes habían disfrutado con bastante autonomía. Paralelamente, y en la medida en que la ONG consolidó su presencia en las instalaciones, sus responsables asumieron en la práctica funciones de control y vigilancia de este espacio, reglamentando el acceso al edificio de oficinas, aseo y vestuarios, y tratando de impedir prácticas consideradas inapropiadas, como la venta y el consumo de comida y bebidas alcohólicas en las canchas. Todas estas medidas de control, que desde la óptica de la ONG respondían a un sentido común sobre el correcto uso de unas instalaciones deportivas municipales, generaron un ambiente de alta tensión en las canchas, que llegó a traducirse en enfrentamientos personales. En la interpretación de los responsables de la ONG local, la actitud hostil de muchos inmigrantes solo podía a responder a dos causas: a un desconocimiento o falta de pericia en el uso de este tipo de instalaciones o bien a un interés inconfesado por obtener beneficios materiales del mantenimiento de la Liga Sudamericana. Normalmente, achacaban la primera carencia al grueso de los deportistas indisciplinados que se resistían a integrar sus juegos, y la segunda causa a los dirigentes que presumiblemente llegarían a acumular grandes cantidades de dinero recabadas en concepto de cuotas de inscripción a los equipos latinos. Sin embargo, el proyecto de la Liga de Sudamericana era más complejo, y su apoyo entre los inmigrantes respondía a una estrategia que merece ser analizada en detalle.

Conviene comenzar detallando las características que estas canchas poseían para los migrantes en cuanto territorio diferenciado. Debe notarse en este punto que, de entre las cuatro dimensiones socioespaciales apuntadas, la del territorio se rige según Jessop, Brenner y Jones (2008) por un principio de estructuración basado en la delimitación, el cercamiento y la parcelación del espacio. Los patrones a explorar en esta dimensión son los relativos a la construcción de divisiones entre el interior y el exterior del espacio de referencia. A este respecto, en el caso que nos ocupa conviene notar tres patrones significativos.

El primero tiene que ver con los límites que separan las canchas de San Jerónimo del resto de la ciudad de Sevilla. Concretamente destacan la ronda de circunvalación SE-30 y el cementerio de Sevilla, que operan respectivamente como foso y barrera física que invisibilizan las canchas y obstaculizan su conexión con el grueso de la ciudad. No hay que olvidar que los campeonatos de los inmigrantes llegaron hasta aquí desde las canchas de la Balzola, estas sí integradas en el casco urbano, tras entrar en conflicto con otros vecinos de aquella zona. En un primer momento, el aterrizaje en San Jerónimo Puente se vio facilitado por la infrautilización de aquellas canchas, que permitía a los inmigrantes un uso prácticamente exclusivo.

Esto contribuyó a su vez a una delimitación simbólica fuertemente orientada a la sociabilidad intragrupo. Mientras que otras canchas municipales ofrecían por su centralidad un acceso físico más cómodo y albergaban una presencia significativa de personas autóctonas o de otros grupos inmigrantes, San Jerónimo fue cuajando en el imaginario de los migrantes como un espacio frecuentado por latinoamericanos, y dentro de cuyos límites era posible practicar ciertas formas de sociabilidad fuertemente ligadas a sus sociedades de origen. Pronto la práctica deportiva se vio complementada con las reuniones familiares junto a las canchas, la venta informal de comida y bebida en puestos gestionados por familias inmigrantes, la emisión de ciertos estilos musicales a fuerte volumen desde coches y altavoces portátiles y los bailes improvisados. Consecuentemente, los tiempos de uso de este espacio también se adecuaron rápidamente a las necesidades de estos grupos específicos, concentrándose en los fines de semana y extendiéndose a menudo hasta altas horas de la noche. Conviene notar una interesante pauta de delimitación interna: mientras la mayoría de inmigrantes mestizos se adaptaban a este patrón de uso intensivo durante el fin de semana, un grupo importante de indígenas ecuatorianos, procedentes en su mayoría del área de Otavalo, solían usar con más frecuencia las canchas durante los días entre semana. Esta diferencia obedecía, en principio, al hecho de que estas personas se ocupaban mayormente de la venta ambulante, y que dentro de este sector la actividad comercial más intensa se concentra en los fines de semana, lo que les dejaba más tiempo libre entre lunes y jueves. No obstante, esta diferencia en los límites temporales de uso se correspondía también con patrones claramente distintos de identificación étnica.

Cabe añadir, finalmente, que el patrón de delimitación espacial de estas canchas incluía una fuerte conexión simbólica con espacios equivalentes en los países de origen. La participación en campeonatos de deportes por equipos durante el fin de semana es una costumbre ampliamente extendida en países como Ecuador, Perú o Bolivia, y en el discurso de los organizadores de los campeonatos en Sevilla existía una fuerte conciencia de estar dotando de continuidad a unas formas de sociabilidad directamente importadas de los países de origen. En este sentido, la utilización exclusiva de las canchas no era un capricho, ni la tendencia a mantenerse al margen de otros sectores locales era gratuita. Este relativo aislamiento era el que permitía reforzar la continuidad simbólica de este espacio con las sociedades de origen, incorporando formas de uso que habrían sido difícilmente reproducibles en un contexto de copresencia con la población autóctona.

De hecho, la llegada a las canchas de la ONG Anima Vitae pronto reveló un conflicto entre dos concepciones antitéticas del territorio. Para los responsables de la ONG, las canchas eran fundamentalmente unas instalaciones deportivas municipales, plenamente insertas en la trama local de relaciones vecinales y netamente sujetas a la normativa legal estándar. Las medidas de la ONG para *normalizar* los usos de estas canchas pueden ser interpretadas, en definitiva, como un intento de adecuar la utilización de las canchas a los patrones previstos para todo el territorio del municipio, sancionando negativamente y reprimiendo otros usos que cobraban su sentido en un marco territorial percibido por los inmigrantes como exclusivo, y fuertemente vinculado a las formas de sociabilidad propias de sus culturas de origen.

La importancia de las canchas de San Jerónimo Puente en las estrategias de los inmigrantes latinoamericanos conectaba simultáneamente con su importancia como *lugar* latino, es decir, como espacio ligado simbólicamente a la identidad cultural de estas personas. Tratamos ahora con una dimensión espacial diferente, que se estructura alrededor de principios de proximidad, incrustación y diferenciación espacial (Jessop, Brenner y Jones 2008). La construcción de un espacio como lugar asociado a un grupo tiene lugar mediante formas concretas de división espacial de las actividades, que tienden a una diferenciación *horizontal* con respecto a lo que sucede en otras áreas de la ciudad. En el caso de las canchas latinas de San Jerónimo, un repaso a las prácticas que los inmigrantes desarrollaban en este espacio permite constatar diferencias evidentes, que contribuían a significarlo de un modo claramente vinculado a la identidad cultural de estas personas, a partir de una serie de intervenciones específicas sobre el espacio.

En primer lugar, la significación diferencial de estas canchas se conseguía mediante la ejecución en ellas de prácticas que no eran reproducibles en otras zonas de la ciudad. Estas prácticas por lo general no tenían una relación directa con el deporte y, aparentemente, se desarrollaban como actividades accesorias, con un carácter en principio secundario respecto a los campeonatos de fútbol sala o baloncesto. Un ejemplo evidente era el consumo de comidas y bebidas, que eran elaboradas de manera informal por personas inmigrantes, generalmente familias que las vendían en pequeños puestos improvisados. Se incluyen aquí humitas, mazorcas de maíz a la parrilla, arepas, ceviches, sancochos y anticuchos. Instalados en zonas aledañas a las canchas, estos establecimientos informales ofrecían a los deportistas una forma cómoda y económica de disfrutar en su tiempo libre de platos que traían hasta Sevilla los olores y sabores del país que se dejó atrás. En aquel lugar los inmigrantes podían degustarlos escuchando, de fondo, las cumbias o sanjuanitos que años antes habían ambientado sus reuniones en Quito, La Paz o Bogotá, junto con personas que compartían su aprecio por aquel ambiente.

> Usted podía ir a compartir, aunque sea una comida o algo así, ¿no? Estaba tranquilo, ¿no? Era bueno, porque usted era la única parte donde puede ir a hablar, a encontrarse con bastante gente de su país, o de otros países. Porque aquí en otra parte no hay. Es lo bueno (Ricardo. Boliviano, 40 años).

La consolidación de las canchas como lugar latino favoreció que poco a poco se fueran congregando en ellas actividades especiales, generalmente conmemorativas o de carácter festivo, que reproducían tradiciones explícitamente vinculadas a sus países de origen, y que llevaban un paso más allá el ejercicio de apropiación y significación del espacio. En nuestro trabajo de campo pudimos cubrir eventos como la celebración del Inti Raymi, o día de San Juan, o concursos nacionales de *misses* generalmente celebrados con motivo de las Fiestas Patrias. En estas ocasiones, la intervención física sobre el espacio se veía redoblada en su intensidad simbólica, generalmente mediante la proliferación de banderas y elementos decorativos con colores asociados al país correspondiente.

Pero la vinculación simbólica con la identidad latina también se alcanzaba mediante la introducción de detalles aparentemente secundarios en la propia práctica deportiva. Cabe mencionar aquí, por ejemplo, una gestión mucho más relajada de la organización de los partidos respecto a la forma en que suele practicarse el deporte en las ligas municipales: las jugadas polémicas podían ser resueltas mediante negociaciones improvisadas entre los jugadores de ambos equipos al margen de la opinión del árbitro; un equipo podía incorporar con flexibilidad a un jugador de otro equipo si no contaba con efectivos suficientes ese día; se podían intercambiar jugadores si una diferencia excesiva de calidad entre dos equipos hacía recomendable un reajuste en pro de una mayor competitividad; e incluso se podía modular el nivel de intensidad del juego si el balón llegaba hasta algún jugador que por su edad o por sus condiciones físicas no podía competir al nivel del resto. Por lo demás, merece la pena señalar la presencia en las canchas del ecua-vóley como una red autónoma, no integrada en la Liga Sudamericana, que ocupaba un espacio lateral y que enfrentaba a equipos de tres personas en una modalidad deportiva con leyes singulares, y netamente atravesada por la práctica de apuestas, que generalmente controlaba un grupo informal de indígenas otavaleños.

La noción de *escala* también resulta importante para entender la importancia estratégica de las canchas de San Jerónimo para los inmigrantes latinoamericanos que hacían allí deporte. Nos referimos, en este caso, a un principio de estructuración socioespacial basado en la jerarquización, es decir, en la diferenciación vertical entre distintos espacios. También en este punto podemos encontrar en las ligas latinas de San Jerónimo patrones interesantes, que apuntan claramente a una integración significativa de las relaciones que allí se daban con otros espacios. Concretamente, conviene prestar atención a la forma en que las prácticas ejecutadas por los inmigrantes en las canchas cobraban su sentido por su integración dentro de marcos más amplios, a escala regional e internacional, pero también por su configuración *multiescalar* a nivel interno.

Respecto a lo primero, debe entenderse que la propia forma de practicar deporte en San Jerónimo respondía en gran medida a una voluntad consciente por dar continuidad a formas de sociabilidad propias del país de origen. Esto significaba en la práctica que la dimensión *tradicional* o, en otras palabras, el hecho de hacer las cosas *como se hacía en (Ecuador, Perú, Colombia o Bolivia)* constituía un criterio de legitimidad añadida. Y, por tanto, que contar con experiencia demostrable en el país de origen —esto es: haber organizado ligas antes de migrar— era una fuente de autoridad moral que reforzaba el liderazgo de ciertas personas en las canchas. Los deportistas que habían pasado años involucrados en el deporte de sus barrios de Lima o Guayaquil hacían lo propio en Sevilla, y utilizaban aquella experiencia premigratoria como repertorio de saberes acumulados y como prueba de autenticidad. Por otra parte, esta conexión de las ligas latinas de San Jerónimo con la escala transnacional también se ponía de manifiesto en prácticas que sin ser estrictamente deportivas se concentraban en las canchas en cuanto lugar de referencia latino. Tal vez el ejemplo más evidente a este respecto era el Inti Raymi, cuya celebración en las canchas no solo permaneció varios años controlada por las redes de indígenas ecuatorianos, sino que de hecho involucraron como priostes a personas que habían sido a su vez priostes en el Inti Raymi de Otavalo antes de salir del país, o que visibilizaban el protagonismo de los familiares de quienes ejercían de priostes en las ciudades de origen, reconociéndoles esta forma de prestigio en la distancia.

Además, debe notarse que las ligas latinas permitían ir alternando en su estructura diferentes niveles de identificación que eran importantes en las vidas de los migrantes. Paralelamente a los campeonatos regulares, que solían desarrollarse durante períodos de entre tres y seis meses y que, generalmente, se dividían en *campeonato de invierno* y *campeonato de verano,* periódicamente se celebraba eventos especiales como los *mundialitos,* que integraban a equipos configurados como selecciones nacionales. Estas competiciones breves se concentraban durante uno o dos fines de semana y contaban con el atractivo añadido de convocar a espectadores como patriotas que animaban a sus respectivas selecciones. Además, en estos campeonatos excepcionales era común que los deportistas latinos de San Jerónimo confluyesen con latinoamericanos asiduos a otras canchas de la ciudad, como las del Parque Amate, recibiendo en San Jerónimo a esos otros deportistas o desplazándose eventualmente a otras canchas a jugar. Por lo demás, la práctica del ecua-vóley tenía su propia dinámica de integración regional, dentro de una organización autónoma y conforme a sus propios parámetros. Cabe mencionar aquí, por un lado, la importancia que tenían las redes indígenas a la hora de convocar a jugadores de otras ciudades; y, una vez más, el sistema de apuestas como incentivo para la organización de estos partidos y los correspondientes desplazamientos interurbanos. Como ejemplo, puede señalarse un partido de ecua-vóley que despertó considerable expectación y que jugó una selección de deportistas de San Jerónimo contra un equipo de inmigrantes residentes en Málaga, que se desplazó expresamente a San Jerónimo para la ocasión.

Por último, es necesario apuntar cómo ese modelo organizativo de la Liga Sudamericana en sus campeonatos regulares —de invierno y verano— favorecía la inscripción y la reorganización relativamente flexible de equipos que, al constituirse a partir de redes informales de amigos, visibilizaban con frecuencia identidades locales y regionales difícilmente observables en otros escenarios de sociabilidad en Sevilla. Así, el equipo de Pedro Carbo aglutinó durante algún tiempo a una red de amigos procedentes de este cantón de la costa ecuatoriana, mientras que el Blooming integraba a aficionados del club homónimo boliviano tan ligado a la identidad regional de Santa Cruz de la Sierra y el oriente del país. Al permitir expresar estas identidades en los nombres de los clubes y en su simbología —camisetas, etc.— y al revitalizar en los partidos formas importadas de rivalidad regional, las ligas latinas permitían mantener vivas unas identidades subnacionales que, pese a resultar desconocidas para la mayor parte de la sociedad local sevillana, seguían jugando un papel importante en las estrategias cotidianas de estos inmigrantes, en la medida en que permitían sostener redes informales de sociabilidad que asumían importantes funciones en la provisión de información sobre empleo, vivienda y trámites burocráticos, o simplemente al reportar a los migrantes compañía dentro de unos códigos familiares en los que sentirse reconocidos (Cuberos Gallardo 2014a).

Por último, un análisis socioespacial de la estrategia de estos inmigrantes en las canchas de San Jerónimo exige necesariamente atender a las redes que estas personas construían, ampliaban y reforzaban mediante la apropiación de este espacio. En este caso, nos interesa analizar las formas de interconectividad e interdependencia (Jessop, Brenner y Jones 2008) que presentan las relaciones sociales que producían los inmigrantes en las canchas, asumiendo su condición rizomática: esto es, la ausencia de un centro estructurante y la capacidad inagotable de dichas relaciones para ramificar mediante conexiones múltiples y cambiantes. Para entender la dimensión reticular de esas relaciones, en definitiva, debemos identificar sus nodos principales y las formas de conectividad que establecían tanto hacia adentro como hacia afuera de las canchas.

Desde esta óptica, podemos pensar que la posibilidad misma de acceder a redes era una de las principales motivaciones —expresas o latentes— de quienes asistían cada fin de semana a hacer deporte en las canchas. Más allá del disfrute del tiempo de ocio, pasar tiempo en las canchas permitía conocer gente, hacer contactos y entablar relaciones de amistad, todo lo cual se traducía en modestas pero muy preciadas formas de capital social. Para personas que alternaban mayoritariamente la precariedad laboral con etapas de desempleo, que intentaban acomodarse residencialmente en régimen de alquiler en una ciudad cara y que necesitaban reagrupar a la familia en España, ayudar a otros amigos a migrar o incluso regularizar su propio estatus legal, poder encontrarse con otros inmigrantes y construir redes de apoyo era crucial para la obtención de recursos tan valiosos como un préstamo económico, una tarde de ayuda en una mudanza o simplemente información sobre una buena oportunidad de empleo. Es partiendo de esta premisa que entendemos mejor el éxito de las canchas: como nodo de una sociabilidad estable y de extraordinaria densidad, que permitía maximizar el acceso a redes durante el fin de semana a unas personas que en su vida cotidiana encontraban problemas severos para organizarse en defensa de sus intereses. En unas cuantas horas en las canchas un deportista podía conseguir el número de un abogado que le asesorase para acceder a su permiso de residencia, recabar ayuda de un grupo de amigos para una tarea doméstica o correr la voz de que otro amigo estaba en busca de una habitación de alquiler por la zona.

Había migrantes que incluso hacían de estas redes un recurso clave en sus estrategias de provisión familiar. Esto era lo que sucedía con las personas que practicaban la venta por catálogo y que encontraban, en las canchas, una alta concentración de potenciales compradores. Dentro de los equipos femeninos de fútbol sala y baloncesto era muy común que mujeres implicadas en este tipo de negocio vendiesen sus productos a sus compañeras de equipo o a otras conocidas a través de la práctica deportiva en las canchas. Se trata esta de una práctica muy arraigada en los países de origen, donde es común entre las clases populares residentes en el medio urbano que las mujeres comercialicen ciertos productos —generalmente de belleza y cosmética— entre sus redes vecinales, como una estrategia para complementar los ingresos familiares. Esta dinámica fue incorporada a las canchas de San Jerónimo, a través de mujeres involucradas en empresas especializadas como Yanbal o Cristian Lay. Las dinámicas de cohesión entre las deportistas no se entienden sin el papel vertebrador de estas redes de venta, que permitían la circulación de recursos dentro de un modelo comercial que, no obstante, operaba en gran medida por un sentido básico de solidaridad entre mujeres o entre compatriotas.

La propia organización de los campeonatos latinos involucraba toda una estructura reticular por la que circulaban distintos tipos de recursos y en múltiples direcciones. La recaudación de cuotas entre los deportistas confluía en una cúspide de organizadores que empleaban los recursos recolectados en la compra de material deportivo como balones, redes para las porterías o silbatos para los árbitros. Hacia abajo, dentro de cada equipo una persona asumía la responsabilidad de pagar la inscripción en las ligas, y simultáneamente de recabar entre los integrantes del equipo una aportación proporcional. Con frecuencia, los deportistas aportaban algo más de lo necesario y usaban el remanente para cubrir gastos propios del equipo, fundamentalmente la compra de las equipaciones. Pero más allá de esta estructura básica de articulación vertical entre equipos y deportistas, la organización de las ligas involucraba activamente a familias que hacían su negocio cocinando o vendiendo productos a los deportistas durante el fin de semana. Estas personas tenían un interés obvio en que las ligas latinas reunieran a una cantidad de personas lo más amplia posible; también hacían aportaciones periódicas en beneficio de los campeonatos, que generalmente adoptaban la forma de una donación discrecional más que el pago de una cantidad fija.

Las estrategias de los migrantes en San Jerónimo se proyectaban, en definitiva, en una pluralidad de intervenciones sobre el espacio en sus distintas dimensiones: como territorio, como lugar, operando de forma *multiescalar* y habilitando la operatividad de múltiples redes. Ahora bien, este proceso no se desarrollaba en el vacío y, de hecho, otros actores pugnaron con fuerza por impulsar distintas formas de vertebración del mismo espacio. La ONG Anima Vitae contó con el respaldo institucional para impulsar otros campeonatos deportivos que vigilaban la ordenación de las canchas en cuanto parte del territorio administrativo de la ciudad de Sevilla, sujeto a la normativa del Instituto Municipal de Deportes (IMD). Para esta entidad las canchas eran un lugar fundamentalmente municipal, donde los usos del espacio debían quedar circunscritos a la práctica deportiva y donde, de hecho, cualquier expresión de vinculación exclusiva del espacio con los inmigrantes era percibida negativamente como síntoma de un déficit de integración. La única escala reconocida como legítima desde esta perspectiva era la que integraba las canchas en el marco institucional de la Administración local, y consecuentemente se presionaba a distintos niveles para adecuar los usos del espacio a los previstos por esa administración, usando para ello sus recursos —desde trabajadores sociales hasta políticos locales—. Finalmente, esta forma de interpretar el espacio también se proyectaba en una tendencia a estigmatizar o incluso criminalizar ciertas redes que eran clave en el funcionamiento de las ligas latinas, especialmente cuando estas habilitaban la circulación informal de recursos económicos o cuando albergaban, en algún grado, comportamientos lucrativos.

5.2. La producción de la Cova da Moura como isla caboverdiana en Lisboa

En el barrio de Cova da Moura, las pautas de territorialización implementadas por los migrantes tuvieron características singulares que conectaban, como vimos, con el propio proceso de poblamiento original de la zona. El hecho de encontrar a su llegada un terreno vacío favoreció que los africanos trabasen con este espacio un vínculo de residentes-constructores, que se fue consolidando a lo largo de los años por la actitud de inhibición relativa de la Administración pública portuguesa. Si en las canchas de San Jerónimo los latinoamericanos gozaron de cierta exclusividad de uso que duró pocos años y se circunscribió a un recinto deportivo, en la Cova da Moura todo un barrio fue levantado a lo largo de varias décadas mediante la iniciativa de los vecinos y con el permiso tácito del Estado. Fue solo con el transcurrir del tiempo, que el crecimiento de la urbe y la consolidación de graves problemas de pobreza y marginalidad en el barrio provocaron que la Cova da Moura pasara de ser una anomalía en la distancia a un problema grave dentro del área metropolitana de Lisboa. A lo largo de todo este proceso, fueron cristalizando distintos imaginarios, frecuentemente enfrentados entre sí. Desde fuera se tendió a estigmatizar el barrio como un enclave marginal necesitado de una intervención ordenadora. La mayoría de los vecinos, organizados a través de asociaciones propias, han ido proyectando un discurso alternativo que reivindica este espacio como huella material de la memoria colonial y como expresión urbana de una cultura transnacional.

La construcción del barrio se ajustó a una serie de pautas que, en términos generales, presentan claros paralelismos con lo observado en contextos migratorios similares. Llama la atención, por ejemplo, las semejanzas apreciables con lo descrito por Sciorra (1996) sobre las casitas de madera que los inmigrantes puertorriqueños levantaron en el South Bronx de Nueva York. En ambos casos fue la disposición del terreno infrautilizado lo que habilitó una intervención de hondo calado por parte de los migrantes, basada en modelos constructivos y formas de organización del trabajo importados del país de origen y que más adelante detallaremos. En uno y otro contexto, el paisaje físico emergió a partir de una combinación creativa de conocimientos y técnicas que permitió a los migrantes reaprovechar los escombros de la experiencia colonial como «abono para nuevos órdenes de diferencia [...], en el intervalo entre un pasado agrícola rural y un futuro urbano industrial» (Sciorra 1996, 68). Por lo demás, tanto en el South Bronx descrito por Sciorra como en la Cova da Moura, observamos el desarrollo progresivo de un conjunto de problemas de marginalidad vertebrados en gran medida por la penetración de la droga en el barrio, y una reivindicación de orgullo de parte de los vecinos que tiende a confrontar la imagen estigmatizada que se proyecta desde el exterior.

Incluso los detalles del proceso constructivo en ambos casos presentan llamativas semejanzas, comenzando por el papel destacado de materiales de desecho que fueron reciclados por los vecinos para levantar su entorno residencial (Sciorra 1996, 71). Ciertamente, en la Cova da Moura, como en otros contextos migratorios similares, el amplio margen de autonomía de los migrantes y el protagonismo principal de sus culturas de origen entronca en gran medida con la inhibición de las instituciones de la sociedad receptora y la imposibilidad de acceso a los más elementales recursos habitacionales. Sin embargo, con el paso de los años el barrio ha devenido un espacio altamente valorado por los vecinos. Tal y como se ha hecho anteriormente con el caso de las canchas deportivas de San Jerónimo Puente, conviene detallar las prácticas y relaciones que han posibilitado la proyección de las estrategias de los migrantes en las distintas dimensiones socioespaciales que articulan el paisaje físico en este enclave de la periferia de Lisboa.

Si asumimos que la constitución de la Cova da Moura como territorio diferenciado obedece fundamentalmente a una dinámica de *fronterización*, también aquí se aprecia con claridad el papel constitutivo del exterior, como una otredad que condiciona la configuración interna del barrio y que la dota de identidad propia. En este caso, esa otredad está representada físicamente por un entorno residencial que muestra claras diferencias con la Cova da Moura. La primera de estas diferencias nos remite directamente a la orografía: el Alto da Cova da Moura —denominación oficial del barrio— se dispone sobre una colina de acusada pendiente, que contrasta claramente con el paisaje relativamente llano de los barrios del entorno. Entrar en la Cova da Moura supone para el caminante un cambio notable, en primer lugar, en la inclinación del terreno. Pasear por el barrio implica subir y bajar pendientes que le confieren un carácter inconfundible.

Por otra, la disposición interna del edificado de la Cova da Moura también es claramente distinta de la que predomina en los barrios del entorno. Si estos se caracterizan por tener calles anchas, en su mayor parte de doble carril, y un predominio de bloques de vivienda en altura; la Cova da Moura se conforma a partir de viviendas unifamiliares, generalmente de dos plantas y con techo de teja a dos aguas. Estas casas se disponen conformando vías estrechas, dentro de un trazado irregular marcado por las curvas, intersecciones y recovecos. Las principales calles del barrio tienen una anchura suficiente para el tránsito de coches en doble sentido, pero hay otras secundarias en las que esto no es posible. Además, la mayor parte del vecindario carece de aceras y es común que los coches, al estacionar, impidan la circulación a pie por los bordes de la calzada, lo que obliga a los transeúntes a ocupar el centro de esta.

Un número significativo de las viviendas del barrio poseen pequeños patios, en los que a veces asoma algún árbol o arriate decorativo. La decoración del edificado suele consistir en pintura de un solo color, siendo común el uso de tonos llamativos —incluyendo rojo, verde, azul y amarillo—, lo cual confiere al barrio su característica estampa colorida. No obstante, otras viviendas optan por la fachada de azulejos característica de las construcciones residenciales portuguesas. En estos casos se recurre, por lo general, al empleo de un solo tipo de azulejo para toda la fachada, normalmente de forma cuadrangular y decorado con formas geométricas sencillas, que casi siempre son de alguna tonalidad oscura de azul —más infrecuentemente verde o rojo— sobre fondo blanco o crema. Por lo demás, una parte importante del edificado de la zona se encuentra sin pintar. Algo que parece reflejar un proceso de edificación distendido en el tiempo, sujeto a la disponibilidad coyuntural de recursos, y que tiende a consolidar una imagen de la casa propia como un edificio en construcción permanente y siempre pendiente de nuevas intervenciones.

La Cova da Moura también se organiza como un territorio diferenciado en la medida en que acoge edificios característicos por su funcionalidad. Cabe destacar dos tipos distintos en este sentido. Por un lado, el perfil singular del vecindario y la identidad cultural de sus vecinos ha favorecido que, en este enclave, se desarrolle un tipo singular de comercio, adaptado a la demanda de la zona —peluquerías afro, restaurantes caboverdianos, etc.—. Por otro lado, el barrio está salpicado de edificios de titularidad colectiva, adscritos a las diferentes entidades vecinales, deportivas y recreativas radicadas en el barrio, que sirven como huella y como soporte de una intensa vida asociativa. Por ejemplo, la Asociación de Solidaridad Social del Alto da Cova da Moura (ASSACM) cuenta con un inmenso edificio de dos plantas, en el que ofrecen desde cursos de formación en informática e internet hasta prácticas de patinaje, danza, teatro, capoeira o distintas modalidades deportivas y apoyo escolar. Pero es, sin duda, la Asociación Moinho da Juventude la que ha logrado una presencia física más amplia, diversa y extendida por todo el barrio. Aparte del inmenso edificio de oficinas, en el que cuentan con varias salas de reuniones y espacios de trabajo, esta entidad cuenta con otro edificio más pequeño en el que presta servicios especializados a los vecinos —asesoría jurídica y laboral, así como cursos formativos—, una casa de varias plantas con salas para actividades culturales y recreativas, y otra construcción más pequeña adecentada como biblioteca. En total, estos edificios son el soporte de una amplia y densa red de servicios que atiende a gran número de vecinos, incluyendo el Centro de Apoyo Familiar y Asesoramiento a Padres, el Centro de Actividades de Tiempo Libre para niños y adolescentes de distintas edades, la Oficina de Inserción Profesional, la Oficina de Apoyo a la Documentación, la Oficina de Acción Social, varias instalaciones deportivas, un centro de mediación sociocultural, el Estudio Kova-M de grabación y difusión musical, una sala de informática, dos bibliotecas y un archivo fotográfico y documental del barrio. Mención especial requiere el servicio de guardería, que se proyecta en el edificado del barrio a dos niveles. De un lado, por la prestación de clases regulares de lunes a viernes por parte de un equipo de tres educadores y diez auxiliares de acción educativa, que desde 2003 dan servicio cada año a sesenta niños de entre cuatro y treinta y seis meses, en un enorme edificio habilitado con varias aulas y servicio de cocina y comedor. De otro, con la presencia dispersa en el barrio de las viviendas particulares donde mujeres contratadas por la asociación ofrecen el servicio de guardería familiar.

En cuanto a la configuración de la Cova da Moura como un lugar caboverdiano-africano, el alto grado de autonomía que han disfrutado los inmigrantes en este espacio ha permitido que los marcadores de la identidad cultural de los vecinos hayan llegado a incrustarse en formas estables en el paisaje físico. Una de ellas, muy llamativa, se concreta a través de la práctica del grafiti. El barrio se encuentra repleto de pintadas en las paredes que le confieren una apariencia característica. Ahora bien, dentro de los grafitis de la Cova da Moura hay que distinguir dos tipos. Por una parte, los hay de estructura muy sencilla, que se limitan a una palabra —generalmente el pseudónimo del autor a modo de firma—, y que son ejecutados por muchos jóvenes del barrio en cualquier pared con un tipo de letra característico. Pero, paralelamente a este formato, existe otro grafiti, más llamativo, que se realiza en grandes murales, con representaciones reconocibles y ejecutadas en distintos colores. Aquí podríamos encuadrar los retratos de personajes insignes ligados a la caboverdianidad, la africanidad o la negritud —como Amílcar Cabral, Bob Marley o Martin Luther King—; pero también los de personajes significativos del barrio, como el de Eduardo Pontes, líder vecinal y fundador de la Asociación Moinho da Juventude fallecido en 2015; o el de Roberto, joven del barrio muerto en un altercado violento en la Cova da Moura. Igualmente, las paredes son adornadas con otras estampas de fuerte carga simbólica en el imaginario de los vecinos, como paisajes caboverdianos o redadas policiales. Estas pinturas, que entrañan una considerable dificultad técnica, han sido realizadas por expertos grafiteros que viven en el barrio o que simpatizan con su movimiento asociativo. Destaca aquí la figura de Sergio Odeith, de reconocido prestigio en el mundo del grafiti, cuyo estilo hiperrealista se ha popularizado con el nombre de *sombrío 3D,* y que es autor de grandes murales en la Cova da Moura, pero también en áreas de viviendas sociales en barrios como Damaia, Carcavelos o Santa Filomena.

La práctica pictórica del grafiti se encuentra vinculada a una forma de sociabilidad y una estética características, estrechamente asociadas a las periferias urbanas de Portugal y de otros países en todo el mundo, que genéricamente encaja en el estilo conocido como *hip-hop.* En la Cova da Moura, al igual que en otros barrios del entorno como el Seis de Maio, esta peculiar subcultura se encuentra también fuertemente ligada a una construcción de la otredad étnica que generalmente se expresa en el marcador fenotípico de la negritud. Tanto el rap como el grafiti sirven como vías de expresión de la denuncia contra la discriminación racial, con frecuencia vinculada en el discurso a las instituciones portuguesas y, muy en especial, a los cuerpos policiales. No es casualidad entonces que buena parte de la producción musical del barrio, ampliamente reconocida en los enclaves urbanos de la diáspora caboverdiana, sea elaborada en la lengua criolla del archipiélago africano. Esta forma de comunicación verbal refleja así el mismo esquema de hibridación creativa que se mencionó en el origen de la arquitectura informal de la zona, y que también se expresa en los grafitis con referentes icónicos procedentes de una pluralidad de fuentes hilvanadas en la experiencia rizomática de la migración poscolonial.

La reivindicación de estas formas criollizadas de cultura contiene un incontestable componente irónico. Al fin y al cabo, como señala el propio Sciorra para el Caribe, la criollización no fue aclamada en sus orígenes como una forma de *adaptación creativa,* sino más bien devaluada como el producto cultural impuro de gente sin educación y socialmente inferior (Sciorra 1996, 65). La reivindicación orgullosa de las formas criollas constituye un ejercicio de inversión simbólica, con el que los miembros del grupo atribuyen valor a los símbolos que un día fueron usados para estigmatizarlo. En la interpretación del rap criollo, se enfatiza sin complejo el acento y se aplica un amplio repertorio de palabras y expresiones propias de entornos caboverdianos o africanos. En el grafiti, las mismas palabras y expresiones son representadas mediante una grafía que, lejos de rehuir la diferencia, la recalca con el recurso estético a la *k* o el empleo de apóstrofes para visibilizar las inflexiones propias de la pronunciación típica de la periferia obrera de Lisboa.

Este componente irónico llega a asumir sus formas más explícitas en las expresiones más ritualizadas de apropiación del espacio urbano. Tal vez el ejemplo más claro en la Cova da Moura sea el Kola San Jon, festividad en honor a San Juan que es distintiva del barrio y que actualiza anualmente una tradición caboverdiana en la distancia. Lo importante en este punto es la clara conciencia que los vecinos tienen de estar rescatando una festividad que en su día no solo estuvo estigmatizada, sino que llegó a estar prohibida total o parcialmente por la administración colonial portuguesa. Concretamente, un elemento central de esta fiesta es el *batuke,* un género musical estructurado en forma de canto-respuesta, que llegó a estar prohibido en los entornos urbanos de Cabo Verde desde mediados del siglo XIX, y cuyo punto álgido de represión se alcanzó en la etapa ulterior del Estado Novo (1933-1974). Resulta así significativo que hoy la Cova da Moura cuente con un nutrido grupo de *batuke,* compuesto por una veintena de *tamboreiros,* tamboreros y timbaleros, y *koladeiras,* bailarinas. El estruendo sonoro de la *batuke* en plena exmetrópoli tiene un claro componente de revancha histórica, que se ve visualmente reforzada con las ostentosas *umbigadas:* el choque de ombligos que las *koladeiras* practican entre sí y con el público danzante, y cuya evidente connotación sexual fue objeto recurrente de control y sanción por las autoridades coloniales.

El análisis de la dimensión escalar resulta especialmente interesante en un barrio como la Cova da Moura, justamente porque el discurso que lo representa como un gueto tiende a asumir que todo lo que sucede en el barrio responde a factores autocontenidos dentro de sus límites. La idea de que los vecinos del barrio son fundamentalmente una población segregada se proyecta con frecuencia en la imagen estereotipada de un espacio aislado, en el que los vínculos con el exterior se presuponen escasos o inexistentes. Por el contrario, un repaso atento a la historia de este enclave demuestra que los vecinos han sostenido dinámicas de interlocución y cooperación permanente tanto con instituciones públicas como con entidades privadas de fuera del barrio. En el caso de la Cova da Moura, la condición de Instituição Particular de Solidariedade Social que ostentan asociaciones como el Moinho da Juventude o la Asociación de Solidaridad Social Alto da Cova da Moura hace que estas entidades asuman directamente tareas delegadas por la Administración pública, mediante acuerdos firmados con el Estado y con financiación de este. La singular configuración del entramado institucional portugués favorece esta cooperación estrecha: basta decir que el Gabinete de Inserción Profesional (GIP) del Moinho da Juventude es la entidad que presta servicios como la difusión de ofertas de empleo, los cursos de formación a desempleados e incluso la renovación del derecho a subsidio por desempleo. En estados como el español muchos de estos servicios son gestionados única y exclusivamente en oficinas de la propia Administración pública. Pero más allá de esta cooperación directa con la Administración central, que explica la propia importancia de los edificios de oficinas que lo posibilitan, hay huellas del paisaje físico del barrio que reflejan de forma explícita formas muy concretas de intervención *multiescalar*.

Esto se aprecia por ejemplo en el enorme edificio que alberga las oficinas centrales de la Asociación Moinho da Juventude. Ubicado en un lugar central del barrio, con un tamaño realmente impresionante y adornado con enormes murales que lo hacen inconfundible incluso en la distancia, los vecinos presumen de este edificio recordando periódicamente que fue levantado por ellos mismos, mediante jornadas de trabajo vecinal voluntario. El dato es cierto, pero no suele mencionarse que los trabajos de construcción estuvieron dirigidos por arquitectos integrantes del Movimiento de Compañeros Constructores, una ONG que llegó a operar a escala europea prestando ayuda a comunidades desfavorecidas fundamentalmente mediante la construcción de infraestructuras, proyectos de desarrollo comunitario y apoyo a diversas organizaciones.

> Contamos con el apoyo de voluntarios de Bélgica, Holanda y Alemania para construir la primera sede. [...] Es una organización llamada Compañeros Constructores. Esta organización existe en varios países y ayudan durante las vacaciones: pagan su viaje, y luego nosotros tenemos que proporcionarles comida y alojamiento. Y trabajan (Adele. Belga, 70 años). [Traducción del autor]

El apoyo activo de algunas ONG, como la citada, pero también de universidades, fundaciones e instituciones públicas, ha respondido a una estrategia de las asociaciones vecinales por estrategias de diferenciación vertical, consistentes en la búsqueda de la interlocución, el asesoramiento o el apoyo activo de otros actores para iniciativas concretas. Si los Compañeros Constructores fueron importantes en la dirección técnica de los trabajos del levantamiento de edificios, otras veces la interlocución de este tipo de actores ha sido procurada para la conservación del paisaje físico del barrio ante las amenazas que lo acechan. En este punto, conviene detenerse en la lucha planificada y *multiescalar* que consiguió para los vecinos la inclusión oficial del Kola San Jon del barrio en el inventario de Patrimonio Cultural Inmaterial de Portugal.

Para entender la estrategia que subyace a esta conquista, hemos de retrotraernos al ya mencionado Plan de Ordenación que el Ayuntamiento de Amadora propuso en 2002 para la higienización del barrio. Este proyecto, que fue percibido por muchos vecinos como una amenaza de expulsión, aceleró una estrategia de autoorganización que llevó al vecindario, liderado por el Moinho da Juventude, a presentar sus alternativas urbanísticas y buscar apoyos de entidades de alta legitimidad social fuera del barrio. Fue así como se construyó un discurso que valorizaba el barrio como expresión paisajística de una cultura transnacional forjada en la experiencia de migración poscolonial, y que pronto recabó apoyo de sectores significativos fuera de la Cova da Moura. Dentro de este discurso el Kola San Jon ocupaba un lugar central, en cuanto expresión de cultura tradicional, prueba consiguiente tanto de continuidad cultural con Cabo Verde como de sensibilidad y riqueza cultural de los residentes.

La estrategia se concentró primero en la recuperación del Kola San Jon, enfatizando su continuidad con el que se celebra anualmente en las islas caboverdianas de Barlovento, y particularmente en la isla de Santo Antão, donde la fiesta es un acontecimiento de singular importancia que implica una peregrinación de un día que comienza en la pequeña aldea de Ribeira das Patas y termina en la ciudad de Porto Novo. La importación de la fiesta a la Cova da Moura implicó, en principio, una asunción directa de tareas por parte de amplios sectores del barrio: la veintena de niñeras integradas en el servicio de guardería familiar, que viven repartidas por todo el barrio, desempeñaron desde el principio un papel clave en la coordinación de jornadas de voluntariado descentralizadas, organizando cada una de ellas a sus vecinas en la decoración de las calles para la procesión:

> Colocamos tiras con flores de colores. Pero no de países, sino de colores. Nos repartimos en diferentes zonas y cada una se ocupa de la suya. Las del servicio regular de guardería se ocupan de la calle del Moinho y, luego, cada niñera de la guardería familiar decora su calle, y yo, como coordinadora, las apoyo con un grupo de dos o tres voluntarias (Carinda. Caboverdiana nacida en Cova da Moura, 25 años). [Traducción del autor]

Pero paralelamente se incorporó activamente a académicos portugueses integrados tanto en el Instituto de Etnomusicología (INET) como en la Facultad de Arquitectura de la Universidad Técnica de Lisboa (Sardo 2013; Queiroz da Costa 2018). El asesoramiento de estos expertos pronto alumbró la idea de valorizar la fiesta del Kola San Jon como forma de dignificar la imagen del barrio. Pero el colofón de esta estrategia se alcanza con el proyecto de inclusión del Kola San Jon de la Cova da Moura en el Inventario Nacional del Patrimonio Cultural Inmaterial de Portugal. Un objetivo que, gracias al asesoramiento y la implicación de estos expertos y otros actores aliados, se consigue en octubre de 2013. Esta distinción de la República de Portugal ofrece el máximo nivel de protección a la fiesta. De este modo, los habitantes de la Cova da Moura han logrado el reconocimiento oficial del valor patrimonial de una fiesta que, por lo demás, es inseparable de la historia y de la identidad del barrio. La protección patrimonial de la fiesta asume así una importancia crucial como instrumento de protección de la comunidad frente a las intervenciones urbanísticas que amenazan con expulsar a los vecinos de la zona.

Por último, la comprensión del proceso de territorialización de la Cova da Moura por los inmigrantes africanos nos obliga a conectar la descripción aportada hasta ahora con un análisis de las redes que atraviesan la organización vecinal en este barrio. Y lo más interesante de dicho análisis es que nos obliga a reconocer el papel crucial que han jugado en dicha organización actores que, en principio al menos, son ajenos a la identidad caboverdiana. Frente al paradigma del gueto, que asume acríticamente la centralidad de la identidad caboverdiana en las estrategias vecinales como una proyección mecánica de la cultura de sus vecinos, el conocimiento profundo de las redes de la Cova da Moura nos invita a proyectar una mirada más compleja.

Esa mirada empieza por reconocer el papel de liderazgo incuestionable que un matrimonio compuesto por una belga y un portugués ha ostentado en la Asociación Moinho da Juventude. Concretamente Adele, la mujer belga que aún hoy ejerce como líder principal del Moinho da Juventude, cuenta que se instaló en la zona en 1978 y por accidente. Ella pretendía emigrar junto con Eduardo, su pareja portuguesa, a Brasil. Ambos eran personas de izquierdas, activistas y deseosos de conocer sociedades distintas:

> Yo pensaba que ya había visto cosas en Bélgica y Holanda, que ya sabía más o menos cómo era, en términos de trabajo, y ahora quería ver mundo. Quería ir a Brasil, pero pensé en ir primero a Portugal, para aprender portugués y todavía sigo aprendiendo portugués (Adele. Belga, 70 años). [Traducción del autor]

Esta líder vecinal no había tenido hasta entonces ningún contacto con Cabo Verde ni con la inmigración. Lo que sí tenía era una larga trayectoria de militancia en distintas causas en Bélgica, que además era heredada de sus padres:

> En Bélgica mucho, muchísimo. Formé parte de siete u ocho asociaciones, y varias cosas empezaron con mis padres. Habían creado la Caja Agrícola para agricultores, que era más bien una asociación, y más tarde... ahora es un banco enorme a nivel nacional. Y en cuanto a asociaciones para agricultores, estaba en mi casa, en casa de mis padres. Y luego yo también, como estudiante, formé parte de una asociación (Adele. Belga, 70 años). [Traducción del autor]

Fue su instalación en el barrio, en principio temporal, lo que obligó a Adele y a Eduardo a convocar a sus vecinos para abordar los problemas más urgentes que observaban en él:

> La primera reunión fue el 1 de noviembre de 1984 [...]. A nivel social, era a raíz del agua y el alcantarillado. También pusimos en marcha una pequeña biblioteca, por aquel entonces. Y, a nivel económico, empezamos con las trabajadoras domésticas. No conocían sus derechos y deberes, así que empezamos a trabajar con el sindicato del servicio doméstico. Esto supuso un gran avance para la asociación. Y en el ochenta y

siete conseguimos la escritura ante notario y en el ochenta y nueve conseguimos el primer dinero oficial (Adele. Belga, 70 años). [Traducción del autor]

Hoy la Asociación Moinho da Juventude está fuertemente vinculada a la identidad cultural caboverdiana y es el referente principal del discurso vecinal que reivindica la singularidad de este enclave urbano. Sin embargo, este breve repaso a su historia nos demuestra que la identidad caboverdiana no emerge aquí como el producto mecánico de la agregación de caboverdianos en torno a su propia tradición. Más bien fue el descubrimiento progresivo del potencial de esa identidad como mecanismo organizativo lo que impulsó un proyecto consciente de caboverdianización estratégica de la lucha vecinal.

Lo que observamos es un proceso de hibridación o ensamblaje entre los marcadores identitarios y las tradiciones organizativas caboverdianas, por un lado; y la cultura política de izquierdas y la experiencia de militancia de base de un matrimonio compuesto por un portugués y una belga, que van a ser decisivos en la articulación del discurso y la interlocución con otras entidades. La prueba de la influencia de esta segunda fuente la obtenemos si comparamos el proceso organizativo de la Cova da Moura con el que se dio en paralelo en el vecino barrio de Seis de Maio. Este vecindario, que se encuentra a poca distancia de la Cova da Moura y que presenta una problemática común en muchos aspectos, también ha sido visibilizado a muchos niveles como enclave africano y como nodo de problemas de marginalidad urbana. Sin embargo, el discurso que se ha desarrollado en el Seis de Maio es sensiblemente diferente. Nuestra hipótesis es que esto se explica por la influencia de la congregación de monjas dominicanas que tomó desde sus inicios el control del Centro Social Seis de Maio. Estas hermanas, llegadas directamente al área en los setenta en su huida de Timor Oriental, incorporaron los discursos que habían reproducido en los dominios ultramarinos y que, a falta de colonias, ahora proyectaban hacia los inmigrantes caboverdianos a los que atendían en Lisboa, en un claro ejemplo de continuidad entre las prácticas coloniales y las formas de gestión de la diversidad en la antigua metrópoli (Aixelà-Cabré 2019). El mismo arsenal de recursos culturales que los caboverdianos incorporaron a la periferia de Lisboa tuvo proyecciones claramente distintas en uno y otro barrio, en la medida en que en uno hibridó con un discurso religioso, de concertación social y fuertemente etnocéntrico, y, en el otro, con un discurso combativo de impugnación del orden vigente. Solo en este segundo caso de la Cova da Moura, esos recursos se articularon en torno a un proyecto de territorialización comprometido con la identidad cultural de los migrantes y crítico con el orden urbano hegemónico en el conjunto del área metropolitana de Lisboa. Por lo demás, el liderazgo de Eduardo y Adele, con su formación universitaria y su experiencia militante, es crucial para entender la solvencia del Moinho da Juventude a la hora de actuar como interlocutores y trazar alianzas con entidades de fuera del barrio, con frecuencia de ámbito internacional, como el propio Movimiento de los Compañeros Constructores, pero también universidades, sindicatos, ONG y entidades públicas.

Como se aprecia, la territorialización de la Cova da Moura por parte de los migrantes se desarrolla a través de prácticas contrapuestas al modelo de ordenación del espacio urbano previsto por la Administración portuguesa. Desde muy pronto, el barrio adoptó una peculiar configuración, por disponerse físicamente sobre una colina y por ordenarse originalmente conforme al criterio autogestionado de sus residentes-constructores informales. El hecho de quedar excluido del Plan Especial de Realojamiento (PER) que eliminó las barracas y reordenó los barrios del entorno, acentuó la dinámica de *fronterización* de un barrio que ha conservado una identidad claramente expresada en su configuración física. A partir de ese momento, la Cova da Moura se consolida como un territorio disfuncional y necesitado de ordenación desde la perspectiva del Estado y como un lugar de implosión colonial caboverdiana-africana para muchos de sus residentes. El análisis de las prácticas *multiescalares* nos revela estrategias que desafían abiertamente el mito de la Cova da Moura como *gueto africano en Europa*. Lejos de vivir encerrados, los vecinos demuestran saber incorporar en sus estrategias una pluralidad de alianzas con distintos actores fuera del barrio (ONG, universidades, sindicatos, etc.). Frente a una Administración pública que intenta ejecutar su modelo de ordenación del espacio de arriba abajo, de manera unilateral y unidireccional, la articulación de alianzas a distintas escalas permite a los vecinos maximizar su influencia en la reivindicación del espacio que habitan. Por último, hemos comprobado que esta estrategia multinivel descansa sobre redes que conectan con patrones de autoorganización propios de las culturas de origen de los inmigrantes africanos, pero también con el capital político acumulado por vecinos muy concretos que, al incorporar una densa experiencia asociativa y un alto nivel de politización, fueron importantes en la identificación de objetivos y en el trazado de alianzas.

5.3. Gentrificación, patrimonialismo y relaciones vecinales en el Abasto

En el Abasto de Buenos Aires, como vimos, los inmigrantes peruanos han desarrollado un fuerte vínculo con el barrio que se ve refrendado en la alta valoración que confieren a este enclave urbano. Para las integrantes de esta corriente migratoria, mujeres en su mayoría, el Abasto ofrece ventajas incuestionables, tanto por su centralidad física y la accesibilidad que ofrece a importantes nichos de empleo como por la calidad de sus servicios públicos y la seguridad del ambiente urbano en comparación con la alternativa habitacional que representa la villa. Además, la inserción en el modelo residencial del conventillo ha tenido, según vimos, algunas ventajas importantes en el marco de las estrategias migratorias de estas personas. Y es que, a pesar del carácter modesto de estas construcciones, el alquiler de habitaciones dentro de este sistema ofrece una fórmula asequible de radicarse en una zona central de la ciudad y ayudar a otros componentes de la cadena migratoria a encontrar alojamiento cerca. Si a ello le sumamos la importancia numérica de la colonia en el barrio y su antigüedad, es fácil entender que la inmigración peruana haya hecho del Abasto su lugar de residencia predilecto.

No obstante, desde fines de la década de los noventa el barrio ha sido objeto de un ambicioso proyecto de renovación urbana, que pivotó alrededor de la recuperación del antiguo mercado y que pronto se extendió cristalizando en un acelerado proceso de gentrificación. El Abasto ha ido albergando crecientemente reclamos orientados al consumo turístico de nacionales y extranjeros, así como negocios y viviendas claramente destinados a residentes de un perfil socioeconómico más alto que el representado por los inmigrantes peruanos del vecindario. En este contexto, la inversión de capital financiero en la compra de terrenos y la edificación de edificios ha sido acompañada de una inversión paralela de capital político, que los impulsores de la gentrificación han activado en forma de contactos con gobernantes e instituciones; y de capital simbólico, que se ha concretado en una creciente presión discursiva que conecta la recuperación del valor patrimonial del barrio con la expulsión de los vecinos peruanos, caracterizados como usurpadores del espacio urbano.

El discurso patrimonialista, que redescubre la importancia del pasado tanguero del barrio y su centralidad en la identidad porteña, se ha traducido en la ejecución de intervenciones concretas de compra y remodelación del edificado urbano, que han tenido un doble efecto expulsor sobre los inmigrantes. En términos genéricos, la gentrificación del área ha provocado una subida progresiva del precio del suelo urbano, que se plasma en el coste de los alquileres, pero también en el coste de los servicios públicos —agua, luz, impuestos, etc.— y en el encarecimiento general de los precios en el comercio de la zona. Paralelamente, cada vez más propietarios de edificios se han interesado por desalojar a sus inquilinos peruanos, presionándolos mediante subidas desproporcionadas de los precios, amenazas más o menos veladas, o la aplicación de la fuerza policial en forma de desahucio cuando esta posibilidad se presenta. La gentrificación del barrio del Abasto puede ser leída, desde este punto de vista, como un proyecto de territorialización que entra en conflicto directo con el que practican los inmigrantes peruanos residentes en este espacio. En el capítulo anterior, tuvimos ocasión de ilustrar los distintos imaginarios urbanos que fueron construidos para dotar de legitimidad a cada uno de estos proyectos de territorialización alternativos. Se trata ahora de entender cómo cada uno se materializó en intervenciones concretas sobre el espacio urbano, que pueden ser analizadas en base a las cuatro dimensiones que ya han sido discutidas en los otros dos casos de estudio.

Si atendemos a la delimitación del barrio, llama la atención la fuerza con que resisten los límites simbólicos de este vecindario histórico, que como ya se apuntó, no ostenta un reconocimiento administrativo y se divide formalmente entre los distritos de Almagro y Balvanera. Del mismo modo en que la Cova da Moura posee una identidad claramente diferenciada pese a dividirse burocráticamente entre las *freguesias* de Damia y Buraca, el Abasto se mantiene en el imaginario porteño como un enclave claramente reconocible. Pero si en la Cova da Moura la *fronterización* desde el exterior siempre ha estado cargada por el estigma y la consideración de territorio ligado a la otredad étnica, en el Abasto se impulsó un discurso que subrayaba su especial vinculación con la argentinidad. Si en Portugal se acusaba a las instituciones de haber permitido el desarrollo de un *gueto africano* en Lisboa, en Argentina se exigía a la Administración pública la recuperación y protección de un espacio considerado ante todo como territorio nacional.

Entre los promotores de este discurso sobre el territorio del Abasto están sin duda una parte de sus residentes, a menudo organizados en asociaciones de vecinos. Pero también otros actores se han sumado con ímpetu, incluyendo en primer lugar a los impulsores de las principales inversiones financieras que transformaron el perfil físico del barrio. Dentro de este grupo debe notarse la presencia destacada de figuras como la de George Soros, cuya condición de extranjería no supuso aparentemente ningún impedimento para que destacados representantes de la Administración pública y grandes medios de comunicación le reconociesen como una persona comprometida con la historia y la identidad del barrio, e incluso como un actor prominente en la protección de este enclave patrimonial frente a los peligros que supuestamente lo acechaban. Bajo esta lógica, subyace la aceptación implícita de que la explotación mercantil como negocio lucrativo es la forma más eficaz de cuidar y divulgar el valor patrimonial del Abasto. Un axioma que funciona paralelamente en sentido inverso, cuando se identifica a los peruanos como usurpadores y se les atribuye, por tanto, ser la principal amenaza al patrimonio.

Los peruanos, sin embargo, revelan otras formas de *fronterización* en sus discursos y en sus prácticas sobre el Abasto. Esta población enfatiza la antigüedad de la presencia peruana en el barrio, conectándola simbólicamente con la importancia que tuvo la migración como factor propiciador de la conformación de este enclave desde sus orígenes. Dentro de este imaginario urbano, los peruanos no serían los *otros* aterrizados a posteriori en un sector habitado por autóctonos, sino simplemente una aportación migratoria más de las muchas que nutrieron el barrio desde su propio nacimiento. El conventillo, como edificación originalmente diseñada para la acogida habitacional de población inmigrante, juega un papel importante no solo en las prácticas de *residencialidad* de estas personas, sino también en sus discursos sobre un paisaje urbano que tiene en este tipo de vivienda la más clara prueba de su conexión histórica con la migración internacional.

Podemos decir, en definitiva, que estos discursos sobre el territorio del Abasto confrontan dos visiones contrapuestas: desde arriba, tanto el Estado argentino como otros sujetos recientemente devenidos protagonistas en la configuración espacial del barrio —inversores privados, medios de comunicación—, lo delimitan como un fragmento esencial de una identidad nacional argentina, cuya frontera decisiva es la que separa a los autóctonos de la amenaza peruana; desde abajo, los peruanos —y vecinos de otras nacionalidades afines a este discurso— conciben el barrio como un espacio autónomo, originado en la inmigración y multicultural desde sus orígenes.

Estas dos formas de concebir el territorio se ponen claramente de manifiesto en contextos de conflicto, tal y como pude apreciar en el seguimiento que hice al desahucio de los vecinos residentes en un conventillo de la calle Zelaya. Integrando un total de veintisiete familias, incluyendo veinticuatro peruanas y tres argentinas, estas personas se vieron viviendo en la calle desde el día en que una vela originó accidentalmente un incendio en el edificio que, pese a ser controlado y apagado, permitió el desalojo de estas personas y la custodia del inmueble por la policía para evitar el reingreso. La respuesta de estas personas fue levantar un campamento improvisado frente a la casa, que pronto fue adornado por una combinación de banderas peruanas y argentinas. El seguimiento de este conflicto me permitió constatar las pautas de territorialización de estas familias, que ofrecían pistas clave sobre sus formas de concebir el territorio que habitan, pero también sobre otras dimensiones socioespaciales de sus estrategias.

Resulta de particular interés detenerse en las prácticas con que los migrantes proyectan de forma explícita su identidad cultural en espacios físicos concretos, que devienen así lugares peruanos en el Abasto. Esto se consigue mediante la conjugación de principios de estructuración socioespacial como la proximidad, la incrustación y la diferenciación espacial. La condensación de ciertos símbolos dentro de un área tan reducida como el Abasto, su exposición en espacios destacados por su visibilidad y el contraste que todo ello plantea con la realidad de los barrios limítrofes, permiten que el barrio en su conjunto se revista de una imagen asociada a la comunidad peruana de Buenos Aires.

Es posible describir en detalle una serie de patrones concretos en estas intervenciones. En primer lugar, la peruanidad se proyecta de forma obvia con la presencia concentrada de personas de esta nacionalidad en el barrio, sea en calidad de residentes, comerciantes o visitantes. Existen por todo el barrio conventillos, pero también casas convencionales, en las que la proporción de vecinos peruanos llega a ser tan importante en términos estadísticos que marcadores como el acento, la música ambiente o los aromas de la cocina se filtran en la percepción cotidiana del entorno. En el caso de los comerciantes, la peruanidad asume con frecuencia un nivel superior de visibilidad, en la medida en que es exhibida como reclamo comercial, tal y como sucede en muchos restaurantes, boliches y locutorios peruanos. Y esta oferta comercial, a su vez, ejerce como reclamo de peruanos de otras zonas de la ciudad, que visitan el barrio durante el fin de semana para disfrutar de una comida nacional o bailar música de su país de origen.

Esta *peruanización* de enclaves concretos se incorpora al entorno construido en la medida en que los lugares peruanos son adornados con símbolos como la bandera, el escudo, el mapa del país o la vicuña. Las fachadas de los comercios se revisten con frecuencia de rojo y blanco, los colores de la enseña nacional del Perú; mientras que los boliches peruanos incorporan ritmos típicos del país andino y los restaurantes se especializan en platos como el ceviche, el ají de gallina o la papa a la huancaína. La hostelería peruana de la zona es conocida por su especialidad, el pisco sour, un cóctel compuesto a base de pisco y zumo de limón cuya legítima invención se disputan históricamente los peruanos y los chilenos. Así, buena parte del entramado comercial del barrio se centra en productos asociados al Perú, que sirven como reclamo tanto para los peruanos nostálgicos de su país de origen como para aquellos argentinos interesados en lo que perciben como una oferta atractiva por su exotismo.

Más allá de los productos ofertados, el tejido comercial peruano ofrece formas distintivas de consumirlos, que refuerzan la recreación de la peruanidad en la distancia. En primer lugar, la orientación de estos negocios hacia la población peruana favorece que, especialmente durante el fin de semana, la propia concentración de peruanos en el interior de los establecimientos intensifique la sensación de estar bebiendo, almorzando o bailando en el país que se dejó atrás. Pero esto va acompañado de otros estímulos, como el sonido ambiente de música nacional, que frecuentemente se plasma en actuaciones en vivo de músicos peruanos, el consumo del pisco mediante el sistema peruano de compra de botellas completas o los típicos cantos y tradicionales brindis a los cumpleañeros y homenajeados en las fiestas familiares.

La vinculación de los establecimientos comerciales con la identidad peruana adquiere niveles variables de profundidad, que permiten interpelar simultáneamente a distintos perfiles de consumidor. El más superficial de estos niveles apunta a un sentido amplio de lo peruano, generalmente visibilizado mediante aquellas imágenes del país andino más populares en el mercado global: el poncho, la zampoña o distintas variedades de camélidos. Estos símbolos son los más habituales en el exterior de los establecimientos y operan como reclamos genéricos para el conjunto de los potenciales consumidores. Simultáneamente, es común que en el interior de los edificios abunden otros símbolos asociados a regiones y localidades específicas del Perú, o bien a tradiciones culturales que, por ser menos conocidas en el extranjero, cuentan entre los peruanos con el atractivo añadido de remitir a los códigos propios del grupo nacional. Es recurrente, por ejemplo, que los cuadros y fotografías que decoran el interior de los restaurantes aludan a la diversidad del país representando separadamente sus tres regiones: costa, sierra y selva. Todas estas representaciones de la peruanidad crean, en cualquier caso, una imagen amable y desproblematizada de la presencia peruana, construida básicamente a partir de estereotipos y elementos del folclore y la tradición.

Pero los inmigrantes también pueden construir otro tipo de lugares propios, donde la peruanidad asume otras funciones y significados. En el citado campamento que levantaron los vecinos desahuciados del conventillo de la calle Zelaya, las tiendas de campaña fueron en seguida adornadas con banderas del Perú, pero también de Argentina. En este caso la peruanidad ya no operaba como marcador de una otredad exótica, sino como parte de una identidad nacional que se solapaba con una identidad vecinal porteña. La combinación de banderas de Argentina y Perú, que sería contradictoria en el discurso gentrificador que estigmatiza a los peruanos como usurpadores del territorio nacional, era completamente funcional al discurso de estos inmigrantes, que reivindicaban su peruanidad como uno de los ingredientes inscritos en el paisaje urbano de un barrio ligado desde sus orígenes a la inmigración extranjera (figura 4).

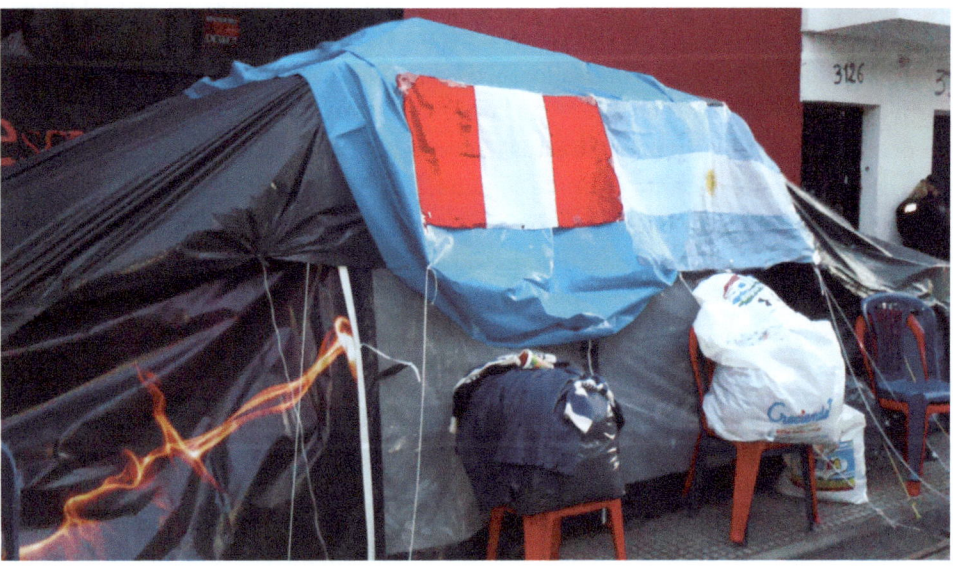

Figura 4. Banderas de Perú y de Argentina en una acampada de familias desahuciadas en el Abasto (2016). Fuente: autor.

De hecho, la combinación estratégica de símbolos nacionales argentinos y peruanos fue una constante en la lucha de estas familias contra su desalojo, y su comprensión exige tomar en cuenta la condición *multiescalar* de su estrategia. Para ello el análisis debe partir de la situación límite que atravesaban: tras ser expulsados del conventillo que habitaban a causa del incendio, la perspectiva de un proceso formal de desahucio activó todas las alarmas. Las familias inmigrantes se exponían a tener que abandonar el barrio en el que llevaban muchos años residiendo, donde tenían sus puestos de trabajo mayoritariamente, y —muy importante— donde habían labrado redes vecinales esenciales para la cobertura de necesidades cotidianas como el cuidado del inmueble, la vigilancia de niños pequeños, el préstamo de pequeñas cantidades de dinero o la cooperación para la ejecución de tareas domésticas. De hecho, fueron sin duda la solidez y la densidad de esas redes vecinales las que permitieron una gestión eficaz del campamento. Los vecinos se organizaron desde el primer día compartiendo sus recursos y repartiendo ordenadamente responsabilidades que tenían que ver tanto con la logística cotidiana del cuidado familiar —conseguían alimentos y cocinaban juntos, se prestaban ayuda para lavar, etc.— como con la ejecución de acciones reivindicativas para recuperar su vivienda colectiva.

Pero los vecinos tenían claro que el éxito de su empeño dependía por completo de extender su lucha, conectándola con otros sectores sociales e involucrando en su causa a otros actores organizados. Dentro de este objetivo amplio podemos distinguir tres escalas de intervención, que fueron desarrolladas de manera simultánea.

La primera de ellas procuraba el apoyo de un número amplio de residentes del barrio, y se basaba en la autoafirmación de los desalojados como vecinos del Abasto. Así, estas personas no solo rodearon el campamento de carteles de denuncia explicando su situación, sino que elaboraron pequeñas octavillas explicativas del caso, que repartieron a los vecinos de la zona en rondas de vista que realizaron casa por casa. Esta práctica permitió que, muy pronto, todo el barrio supiera de la situación y que muchos vecinos, incluyendo muchos argentinos, expresaran su solidaridad aportando incluso alimentos, ropa y mantas, especialmente necesarias en los fríos meses porteños de julio y agosto. En las octavillas repartidas y en las conversaciones que mantenían con los vecinos que pasaban por la zona, destacaba una tendencia en el discurso a personalizar las relaciones, incidiendo en los muchos años que llevaban en el barrio, en la simpatía que profesaban a comercios conocidos de la zona o en el cariño que les unía a vecinos o amistades compartidas. No casualmente las mujeres con niños en edad escolar difundieron su problema residencial entre las madres de los compañeros de sus hijos y trataron de involucrar a los centros educativos en los que estudiaban. Este tipo de vínculos personalizados fueron especialmente interpelados entre los vecinos más cercanos, residentes en la misma calle o en calles adyacentes.

Otra escala de intervención es la que practicaron a nivel local, con el apoyo activo de organizaciones argentinas directamente involucradas en causas sociales como la lucha por el derecho a la vivienda, el combate a la pobreza o la denuncia de la gentrificación del espacio urbano. Es importante señalar que desde el mismo día del incendio llegaron a atender a los afectados militantes argentinos de distintos

ámbitos, incluyendo organizaciones políticas —Nuevo Encuentro,[14] Patria Grande,[15] La Brecha[16]— y movimientos en defensa de la vivienda —Coordinadora de
Inquilinos de Buenos Aires (CIBA)—.[17] Así, la organización Nuevo Encuentro puso
el local que posee en la misma calle Zelaya a disposición de los inmigrantes, tanto
para organizar en él reuniones con comodidad como para guardar cosas e incluso
pernoctar en su interior en caso de necesidad. La Brecha les facilitó las tiendas de
campaña a las familias, y militantes de todas estas organizaciones se involucraron
de forma activa en la consecución de alimentos, ropas y mantas. Pero más allá de
esta ayuda material de emergencia, los militantes argentinos tomaron parte activa
en la organización del campamento, cooperando cotidianamente con las familias,
apoyando en la coordinación de asambleas para la planificación y organización de
la lucha y difundiendo cada iniciativa concreta a través de sus redes y medios de
comunicación. Este apoyo fue clave para que, apenas unos días después de haberse
iniciado el campamento, este fuese noticia en distintos informativos y periódicos
locales, y para que se acercasen a conocer la situación concejales y diputados de sus
respectivos partidos. Los dirigentes de la CIBA, por su parte, aprovecharon su amplia
experiencia en materia de lucha por la vivienda para asesorar a los inmigrantes,
orientar sus iniciativas de defensa legal y maximizar el efecto de las movilizaciones
a pie de calle. Cabe destacar en este punto, por su impacto en el paisaje físico del
barrio, el corte de la circulación en la avenida Corrientes que los vecinos y sus aliados
llevaron a cabo pocas semanas después del inicio del campamento. Este corte se
ejecutó por la tarde, en horario de máxima afluencia de tráfico rodado y sin previo
aviso. Tras su aprobación en una de las asambleas vespertinas que diariamente se
celebraban, más de sesenta personas nos dirigimos de manera ordenada hacia la
avenida Corrientes, una de las más importantes de la capital, en su intersección con
la avenida Agüero, justo al pie del shopping Abasto. Desplegando pancartas y con la
ayuda de megáfonos y equipos de sonido, pronto los cuatro carriles de circulación

---

[14]   Nuevo Encuentro es un partido político de centro-izquierda, nacido en el año 2009 en torno al
liderazgo personal de Martín Sabbatella y que ha evolucionado hasta integrarse *de facto* en el amplio
espectro del kirchnerismo.

[15]   Patria Grande es un partido político nacido en 2014 a partir de la fusión de varias organizaciones
de izquierda, que se construye igualmente desde una óptica de apoyo crítico al kirchnerismo y con
énfasis en el objetivo de la integración regional latinoamericana.

[16]   La Brecha es una coordinadora de organizaciones de base cuyo objetivo es construir poder
popular, fundamentalmente mediante el trabajo en los barrios, desde una perspectiva anticapitalista,
antipatriarcal y antiimperialista.

[17]   La CIBA es un movimiento autónomo que lucha desde los años setenta por el derecho a la
vivienda en la capital argentina, concentrando sus reivindicaciones en la suspensión de los desalojos,
la regularización del mercado de alquileres y la construcción de vivienda social.

unidireccional quedaron cortados al tráfico. La policía aplicó en seguida un efectivo dispositivo de reordenación del tráfico y el corte se prolongó durante casi una hora, hasta convertirse en una improvisada manifestación que bajó la avenida Corrientes por todo el costado del shopping, llegó hasta la gasolinera ubicada en el corte con la Jean Jaures y, desde esta última avenida, subió toda la cortada Carlos Gardel, auténtico epicentro turístico y comercial del Abasto, que a esa hora de la noche rebosaba de turistas que cenaban en los veladores y que contemplaron atónitos el saludo solidario a los manifestantes que dieron, desde sus balcones, los vecinos —peruanos en su mayoría— de otro gran conventillo ubicado en esta calle.

Por último, es preciso apuntar que la estrategia de los desalojados también operaba a escala nacional, o mejor dicho transnacional, por cuanto se afirmaban como peruanos para recabar apoyo de sus connacionales a distintos niveles. Por una parte, la peruanidad fue la base desde la que interpelaron a las asociaciones de inmigrantes peruanos, que son muchas y numerosas, y buena parte de las cuales cuentan con sede física en el Abasto. Varias de estas asociaciones pasaron a mostrar su apoyo y algunas se comprometieron de manera estable, destacando aquí la Asociación de Mujeres Unidas, Migrantes y Refugiadas en Argentina (AMUMRA).[18] Por otra parte, los vecinos afectados por el desalojo aprovecharon la coincidencia de las Fiestas Patrias del Perú —28-29 de julio— para organizar un evento al que invitaron al Consulado del Perú en Buenos Aires y a la Embajada del Perú en Argentina, con lo que lograron que representantes de estas entidades se interesaran por el problema y se comprometieran a buscar una solución. Finalmente, la condición compartida de la peruanidad fue la base desde la que estos vecinos pidieron solidaridad a los propietarios de muchos restaurantes y comercios peruanos de la zona. Interpelados como connacionales, algunos de estos comerciantes respondieron al llamamiento acercando hasta el campamento comidas, ingredientes básicos y productos de menaje desechable.

Una vez más, la comprensión completa del proceso de territorialización de estos inmigrantes nos obliga a detenernos en las redes que fueron activadas al efecto. Como en Sevilla y en Lisboa, también aquí encontramos una influencia decisiva de sujetos que operan como puntos nodales en la articulación de la estrategia y que demuestran tener una especial influencia en el acceso a recursos, contactos y fuentes de apoyo. En el caso de las familias desalojadas en la calle Zelaya, se hizo evidente desde el principio la centralidad de Ángela, una de las vecinas, que muy pronto asumió el liderazgo, la portavocía y un papel estratégico en el establecimiento de contactos.

---

[18]   AMUMRA se define como una organización civil de derechos humanos que trabaja por la calidad de vida de las mujeres migrantes y refugiadas. Funciona desde 2001 e integra mayoritariamente a mujeres peruanas.

La trayectoria de Ángela se forjó en su niñez, que pasó junto con su madre en un barrio obrero de Lima, conformado por migrantes llegados del interior del país y afectados por graves problemas de pobreza y marginalidad urbana. Su infancia se vio atravesada por las dificultades materiales y el estigma, pero también por la figura de su madre, a la que describía como sigue:

> Mi mamá hacía su propia militancia. Ella siempre, ella como que luchaba por la gente, le gustaba que los niños tengan algo… Eso ya, a veces peleaba con gente que vendía droga en el barrio, los sacaba. Se aparecía uno y mi mamá lo trataba de sacar. A ella no le importaba si la amenazaban. Organizaba a los vecinos. [...] Y era dirigente del vaso de leche. Era encargada de ir de guardería en guardería a ver si los chicos comieron, no comieron… estaba más metida en esto. [...] El vaso de leche llega del Gobierno, llega en tarros. Y por familia, ella se encargaba por familia: cuántos chicos hay, cuántos tarros les toca, y repartía, repartía, repartía. A los chicos para que no les falte. Ella era una coordinadora del barrio, una dirigente del barrio como le dicen. Escogida por los vecinos. Porque allí hay coordinadores de barrio, pero el mismo barrio lo escoge. Antes yo la criticaba, pero ahora que estoy acá, viste, todo lo que hacía mi madre más bien me ha servido de experiencia a mí. Porque me acuerdo todo, y como que sigo sus pasos, viste (Ángela. Peruana, 37 años).

Tal y como puede observarse, Ángela tenía una clara conciencia de estar aplicando en el Abasto saberes y estrategias de organización acumulados ya en el país de origen, incluso desde su niñez y por la herencia de generaciones anteriores. El mismo discurso se apreciaba en sus vecinos, que incidían constantemente en la importancia de sostener sus tradiciones de lucha y solidaridad para hacer frente a la situación que afrontaban en Buenos Aires. Pero más allá de esta vaga vinculación con una cultura política de asociacionismo vecinal, en el caso de Ángela encontramos una militancia efectiva, que dio inicio con su participación en la Alianza Popular Revolucionaria Americana (APRA) de Perú durante un breve período. Tras salir decepcionada de esta experiencia, y habiendo emigrado a Argentina para huir de las amenazas de su primer esposo —y padre de su primer hijo—, Ángela comienza a participar en organizaciones de la izquierda argentina. Es de esta forma como llega a integrarse en el Frente de Organizaciones en Lucha (FOL), un potente movimiento social surgido en el largo ciclo de movilizaciones iniciadas con la crisis argentina de 2001, que nace del proceso de autoorganización de trabajadores en barrios populares para la constitución de cooperativas autogestionadas.

> Hace tiempo nos llamaban piqueteros, ahora somos cooperativistas. O sea, tenemos nuestras mismas cooperativas: trabajamos en guarderías, de costura, tenemos productivo de toda clase, panaderías… de todo. Yo trabajo en una guardería, porque tengo mi

bebé. Y así nos ayudamos. Tenemos comedores... FOL se llama: Frente de Lucha. Es un movimiento de izquierda (Ángela. Peruana, 37 años).

Como se aprecia en estas declaraciones, Ángela se gana la vida trabajando en una cooperativa del FOL especializada en el cuidado infantil. Pero más allá de sus tareas profesionales concretas, tiene una clara conciencia de ser parte de una red de cooperativas muy amplias, y de la ventaja estratégica que supone en su vida estar dentro de esta red. Así, en el mismo momento en que se produjo el incendio, Ángela se puso en contacto con sus compañeros de La Brecha, que en seguida acudieron a apoyar a las familias afectadas.

La Brecha es una rama de nosotros. Sino que La Brecha son gente joven. Son jóvenes y profesionales. Luego está La Ciega, que son abogados; Cauce, que son universitarios y nosotros somos mamás, cooperativistas y del comedor. Como decir: esto es el FOL. Así está: como una cebollita. Todos protegidos: las mamás, en medio, protegidas por los abogados, por todos, y así una cebollita. Está muy bien organizado todo. Tenemos de todo: tenemos arquitectos, tenemos... Más que nada se preocupan por las necesidades de la gente pobre, porque ellos siendo profesionales podrían vivir muy bien en su casa y no perder el tiempo con nosotros. Pero es su espíritu: de luchar por la gente pobre. Que no les gusta la desigualdad. Eso es lo que más me admira de ellos, me llama la atención. Porque hay gente que tiene dinero, pero da su tiempo y da su dinero por ayudar a la gente pobre (Ángela. Peruana, 37 años).

Las palabras de Ángela describen con rigor la estructura organizativa del FOL en el que participa, pero también reflejan sutilmente su clara percepción de las diferencias que separan, dentro del FOL, a las trabajadoras no-cualificadas —y en gran medida inmigrantes— como ella de los jóvenes universitarios de izquierda con quien comparte militancia. Fue justamente esta diferencia la que convirtió a Ángela en una figura crucial durante todo el desarrollo del campamento y la lucha de las familias de la calle Zelaya: no solo porque sirviera de enlace con las organizaciones argentinas, sino porque ejercía como una suerte de intérprete entre culturas políticas y estrategias organizativas claramente diferenciadas.

En efecto, la experiencia militante de Ángela le habilitaba para manejar los códigos de las organizaciones políticas argentinas, incluyendo su vocabulario, sus referentes y sus ritmos. Pronto asumió una función mediadora. En las asambleas, sus intervenciones solían tener como objetivo amplificar el discurso de las organizaciones para convencer a los vecinos de la necesidad de *politizar* la lucha —movilizarse, participar activamente, etc.— y, en sentido inverso, negociar los ritmos con las organizaciones políticas y hacerles entender los códigos de unos vecinos que, con frecuencia, resultaban irritantemente lentos o ambiguos a los ojos de los militantes argentinos.

De hecho, más allá del respeto personal y del cariño que en seguida fraguaron en las relaciones cotidianas, las relaciones entre vecinos peruanos y militantes argentinos pronto se vieron atravesadas por una tensión permanente derivada del manejo de códigos y ritmos diferentes. Básicamente, los vecinos temían que una politización del problema en términos partidistas pudiese afectar negativamente a sus intereses. Algunos de ellos solo querían volver a entrar a la casa para arreglarla, o recibir a cambio alojamiento en un lugar cercano, y creían que visibilizarse junto con opositores de izquierda y kirchneristas podía dificultar sus relaciones con el Gobierno de derechas de la ciudad. Los activistas argentinos, por su parte, estaban convencidos de que era necesario desarrollar un programa de lucha sostenido en el tiempo y trataban de involucrar a los vecinos inmigrantes en actividades como el reparto de octavillas, la participación en concentraciones o el ya relatado corte de la avenida Corrientes. Esta tensión fue vivida con especial intensidad por Ángela, quien, por su origen social y nacional y por su trayectoria militante, conocía los códigos de los vecinos peruanos y de las organizaciones argentinas respectivamente, y tuvo que asumir un difícil papel como intérprete entre unos y otros.

No podemos olvidar, finalmente, que la estrategia de territorialización de estas familias tuvo que enfrentar otra propuesta de configuración para el mismo espacio urbano, impulsada por los beneficiarios de la inversión gentrificadora y sus aliados políticos. Ese proceso de higienización del Abasto concebía el barrio básicamente como un fragmento del territorio argentino a recuperar y, con frecuencia, estigmatizaba los lugares peruanos como enclaves amenazantes o ejemplos de usurpación del espacio urbano. Además, ese proyecto gentrificador también operaba de forma inequívocamente *multiescalar,* combinando la captación de recursos económicos en los mercados financieros globales con el apoyo político de destacados gobernantes locales y nacionales, y logrando asimismo activar apoyos locales a través de organizaciones patrimonialistas y asociaciones de vecinos autóctonos de perfil reaccionario. Y, como otros procesos de gentrificación, se aplicó en la destrucción de vínculos sociales y redes que contravenían sus intereses (Dalmau i Torvà 2016), intensificando la estigmatización de los peruanos y visibilizando los discursos de los sectores xenófobos del vecindario. La estrategia de los inmigrantes peruanos, por tanto, debe ser interpretada en el contexto de la pugna desigual que hubo de afrontar frente a ese otro proceso de territorialización.

5.4. Los migrantes y sus (diversas) estrategias de producción del espacio urbano

Los casos etnográficos descritos se enmarcan estructuralmente en un régimen de producción del espacio urbano que se define por tres grandes tendencias: el capitalismo neoliberal como modelo hegemónico y principio último de organización; la copresencia de múltiples actores que interactúan en los mismos espacios desde posiciones diversas y desiguales; y la articulación de lo urbano en una dinámica *multiescalar* que conecta la realidad de la ciudad con niveles socioespaciales tanto superiores como inferiores. Es dentro de este régimen de producción del espacio urbano que los migrantes implementan sus estrategias. Ahora bien, las formas concretas en que cada uno de los grupos estudiados se apropia del espacio urbano, lo delimita y lo significa se encuentran profundamente condicionadas por factores como la cultura de origen; el régimen de incorporación jurídica, laboral y residencial a la sociedad receptora; y las condiciones de coexistencia con otros proyectos de territorialización en los mismos espacios. Esto explica que, pese a la presión que ejercen los factores estructurales mencionados, las características concretas de cada caso se proyecten en estrategias claramente diferenciadas.

Las diferencias se aprecian con nitidez, por ejemplo, cuando comparamos las prácticas de *fronterización* desarrolladas por estos grupos. Las divisiones que separan el interior del exterior en los espacios urbanos definidos como propios varían notablemente según la situación de cada colectivo. En la Cova da Moura, donde los inmigrantes dispusieron de un alto nivel de autonomía en la conformación original del barrio sobre un terreno no urbanizado con anterioridad, se han consolidado fronteras claramente delimitadas, que separan de su entorno a un barrio con edificios característicos, comercios singulares y hasta un trazado urbano notoriamente distinto. Una experiencia diametralmente opuesta a la que vivieron los latinoamericanos en Sevilla, donde se incorporaron a la ciudad en un contexto de alta presión especulativa sobre el suelo urbano, y donde la dinámica de inserción residencial estuvo estrictamente controlada en torno a un régimen de alquiler en barrios densamente poblados y altamente reglamentados. En este contexto, las formas más visibles de ocupación del espacio por los migrantes tendieron a ser desplazadas hacia territorios periféricos, aislados e infrautilizados, como las canchas de San Jerónimo. En el caso del Abasto, la antigüedad y la concentración de la presencia peruana en el barrio ha favorecido que este grupo establezca una fuerte vinculación con el barrio, pero esto no ha impedido que otros actores lo construyan como una otredad amenazante para un territorio nacional. Se observa en definitiva una casuística diversa en la delimitación de territorios de referencia, en la que los niveles de autonomía y control sobre el espacio urbano varían sensiblemente en función de distintos factores, entre los que parece destacar el nivel de presión que otros actores ejercen por el control del espacio.

De otro lado, todos los colectivos estudiados parecen compartir la necesidad de producir lugares propios, mediante la vinculación explícita y más o menos exclusiva de ciertos espacios con marcadores de sus identidades culturales. Ahora bien, esa vinculación es altamente variable en sus niveles de visibilización en el espacio y en su permanencia en el tiempo. Si abordamos esta dimensión de lo espacial, observamos que los caboverdianos han alcanzado en la Cova da Moura una capacidad comparativamente superior para visibilizar su identidad de una forma continua en el espacio, dentro de un área relativamente extensa y mediante formas de intervención más o menos permanentes. Es esto lo que apreciamos en la práctica del grafiti, que ha llegado a incrustarse como un elemento que no solo es apreciable en muchos emplazamientos del barrio, sino que ha devenido característico del paisaje físico de la Cova da Moura. Algo que también ocurre con la festividad del Kola San Jon que, si bien tiene un carácter periódico y no permanece ininterrumpidamente en el espacio, sí ha alcanzado un nivel de reconocimiento tanto interno como externo que es suficiente para legitimar y hasta oficializar —como patrimonio legalmente reconocido— la caboverdianización del paisaje físico del vecindario. Entretanto, la *peruanización* del Abasto tiende a concentrarse en la arquitectura del comercio étnico, que combina los marcadores identitarios del grupo con un nivel variable de intensidad que interpela simultáneamente al turista que busca lo exótico y al peruano que procura lugares propios para la sociabilidad intragrupo. El caso de las canchas de San Jerónimo, en Sevilla, refleja una forma mucho más precaria de producción de un lugar propio. Allí las modificaciones físicas del paisaje para la visibilización de las identidades de los inmigrantes tenían que ser renovadas cada fin de semana: las banderas, la música, las camisetas deportivas de equipos del país de origen y los puestos de comida tradicional tenían que ser incorporados *exnovo* al paisaje de las canchas cada viernes. Y con obstáculos crecientes en la medida en que actores locales —ONG y Ayuntamiento— ejercieron una vigilancia cada vez mayor sobre los códigos de uso previstos para los espacios deportivos municipales.

Por otra parte, las pautas de configuración del espacio urbano de los migrantes operan en los tres casos en múltiples escalas, que se articulan de forma estratégica en función del contexto. En la Cova da Moura, la evidencia de una estrategia multinivel obliga a cuestionar profundamente la categorización de este barrio como un gueto. Un repaso superficial al edificado del barrio refleja, sin duda posible, que los vínculos vecinales con actores externos han sido intensos y coordinados. La Asociación Moinho da Juventude, que en la práctica ejerce como interlocutora destacada en nombre de la mayoría inmigrante, no solo posee varios edificios para la prestación de servicios a los vecinos, sino que los ha construido con el apoyo financiero, material y logístico de ONGs, profesores universitarios, fundaciones y hasta instituciones públicas, con los que ha trabado alianzas cambiantes y estratégicamente orientadas a maximizar el control de los vecinos sobre un espacio barrial en disputa. Entretanto, los peruanos del Abasto afrontan un proyecto de gentrificación que les construye como usurpadores del espacio y en el que se enfrentan a adversarios poderosos que responden a estrategias inversoras de orden transnacional. Sin embargo, incluso en estas condiciones de profunda desventaja, la experiencia del desalojo del conventillo de la calle Zelaya permite constatar una agencia entre los migrantes que también apunta prioritariamente hacia la construcción de alianzas multinivel. Así, el campamento improvisado que los desalojados tuvieron que levantar tras ser expulsados de su antiguo hogar fue, curiosamente, un espacio de encuentro que permitió una rápida conexión con múltiples actores que se acercaron y que pronto contribuyeron a potenciar las demandas de los inmigrantes más allá de su círculo inmediato. La imagen de las tiendas de campaña y las banderas —peruanas y argentinas— junto al shopping, que encarna la reactivación turística y comercial del barrio patrimonial, ya fue un potente dispositivo de denuncia, que en seguida se vio reforzado por otras intervenciones como el despliegue diario de pancartas a la entrada del centro comercial, la colocación de octavillas de denuncia en coches y puertas del barrio o el relatado corte del tráfico en la avenida Corrientes. El campamento demostró ser, en este sentido, el referente último de una movilización *multiescalar* que se ramificó hacia entidades políticas argentinas —Nuevo Encuentro, La Brecha—, movimientos sociales —CIBA—, asociaciones de inmigrantes peruanos —AMUMRA—, instituciones públicas —consulado y embajada de Perú en Buenos Aires— y actores privados —comerciantes peruanos del barrio solidarios con la causa—. Por su parte, los latinoamericanos de Sevilla tuvieron, aparentemente, una menor capacidad para involucrar a otros actores en su lucha. Aquí, probablemente pesó el propio aislamiento de las canchas que reivindicaban y su invisibilidad para los actores que podrían haber ejercido como potenciales aliados. Sin embargo, también estos deportistas latinoamericanos buscaron —sin demasiado éxito— el apoyo de asociaciones de inmigrantes y de ONG pro-inmigrantes de la ciudad. Lo más interesante en este caso es probablemente atender a la importancia de la escala infralocal, esto es: la importancia estratégica que las canchas tenían en cuanto dispositivo espacial para la reproducción de identidades locales y regionales de los países de origen —quiteño, potosino, costeño, camba, etc.—, que fueron cruciales para recabar apoyo a favor de las ligas y sostener redes de autoorganización entre los inmigrantes.

Por último, la descripción de estos casos apunta, de manera inequívoca, a la importancia de analizar las redes que estructuran estos grupos, conectando de manera eficaz a distintos individuos y sectores dentro y fuera del paisaje físico inmediatamente observable. En el caso de las canchas deportivas de San Jerónimo Puente, en Sevilla, la recuperación de este enclave urbano por parte de los inmigrantes y el uso intensivo que esta población le daba son incomprensibles si no se atiende a la singularidad de sus redes. En términos generales, las canchas eran en sí mismas la respuesta espacial a una necesidad de acceso a redes que era estructuralmente compartida por inmigrantes de corta trayectoria en la ciudad, cuya inserción precaria y dispersa en el espacio exigía una maximización y diversificación de contactos con otros inmigrantes. Paralelamente, la construcción de este espacio como propio era posible en la medida en que operaban eficazmente redes ampliamente experimentadas en la organización de este tipo de eventos en los países de origen. También por cuanto ciertas prácticas comerciales estimulaban el interés de algunos individuos en conservarlas para la distribución de productos. Además, la experiencia incorporada del país de origen se revela determinante entre las familias que fueron desahuciadas en la calle Zelaya, en el Abasto de Buenos Aires. En este caso, pronto se torna central una figura que, por su participación directa de los movimientos sociales argentinos —y concretamente del FOL— consigue movilizar contactos en apoyo de los vecinos. La gestión de estas redes refleja una tensión entre las distintas escalas que vertebran la estrategia de las familias inmigrantes, en las que a la figura de Ángela le corresponde ejercer un papel clave de traducción y mediación entre principios organizativos que pivotan alternativamente sobre las identidades de estas personas como vecinas, mujeres, peruanas y clase obrera. En el caso de la Cova da Moura, por último, el análisis de las redes vecinales refuerza la necesidad de romper con la imagen del gueto caboverdiano que ya apuntamos al hablar de las escalas. La centralidad de la identidad caboverdiana en las estrategias organizativas de los vecinos, que generalmente es interpretada como el efecto mecánico de la alta concentración de caboverdianos en un barrio marginal, es un rasgo distintivo de este barrio que, curiosamente, parece deber mucho a la estrategia liderada por un matrimonio de un hombre portugués y una mujer belga. Aparentemente estos líderes vecinales, curtidos en luchas sindicales y políticas, van a ser decisivos al identificar la identidad caboverdiana como un arsenal de recursos desde el que organizarse con sus vecinos y construir una identidad-resistencia (Castells 2003) desde la que implementar su reivindicación de legitimidad sobre el territorio. Es esto lo que explica que, más que como un legado del pasado progresivamente desdibujado, la identidad cultural caboverdiana del barrio haya ostentado una visibilidad creciente en una etapa reciente del barrio, cuando la presión del conflicto urbanístico ha requerido su activación como eje organizativo. En este sentido, la *caboverdianización* del espacio urbano ha sido progresiva y se ha desarrollado al ritmo marcado por unos vecinos que son más diversos y están mejor conectados con el exterior de lo que sugiere la idea de gueto.

La aplicación del método de análisis TPSN a los tres casos etnográficos escogidos nos devuelve una imagen caleidoscópica, en la que la influencia de los migrantes sobre el paisaje urbano adopta formas muy diversas según las características distintivas de la cultura de origen, la experiencia migratoria y el contexto de recepción en que se desenvuelven cotidianamente. No obstante, en todos los casos se observa en los migrantes una voluntad y una capacidad por intervenir activamente en la configuración del paisaje físico que habitan. Partiendo de este dato, resulta evidente que la presencia migrante puede y debe ser tomada en cuenta como una de las fuerzas que atraviesan la cristalización del paisaje urbano. Si la forma física de la ciudad es, en sí misma, una representación y un dispositivo propiciador de relaciones, estructuras, jerarquías e ideologías (King 1996, 4), los inmigrantes son parte activa en su configuración, y su influencia puede aportar una información decisiva sobre las ciudades que habitamos.

Ahora bien, el papel de los migrantes como configuradores del espacio urbano no puede ser analizado de forma autónoma, presuponiéndole una coherencia mecánica con sus culturas de origen, con sus identidades o con sus intereses objetivos. Por el contrario, ese papel se encuentra siempre condicionado por la presencia simultánea de otros actores en el mismo espacio, que interactúan con ellos cotidianamente y que intervienen en este proceso con una capacidad desigual de influencia. En este sentido, el paisaje físico de la ciudad puede ser interpretado como el producto de interacciones complejas entre múltiples actores, incluyendo a los migrantes, en contextos cambiantes.

Por otra parte, y en el marco de esas interacciones, no parece probable que los migrantes apliquen en sus estrategias patrones culturales estables, acabados y directamente derivados de sus culturas de origen. Todo parece indicar que las prácticas de los migrantes sobre el espacio urbano tienden a la mutabilidad y la regeneración. La cultura de origen, que provee a los migrantes de un arsenal desde el que organizarse, se articula con otros referentes y condicionantes, en una dinámica rizomática en la que la diferencia cultural no es el efecto de la conservación de una esencia sino de un sincretismo inventivo (Sciorra 1996, 65).

Una vez esbozado este análisis general, dedicamos el último capítulo del libro a describir tres prácticas concretas de intervención sobre el espacio urbano. A través de cada una de ellas podremos ver las formas complejas, dinámicas y cambiantes en que los migrantes combinan los patrones propios de sus culturas de origen con nuevos usos, formas y funciones estratégicamente aprovechables en contextos de disputa por el espacio.

6. Dispositivos de urbanismo migrante

El último capítulo de este libro está dedicado a la discusión de tres conjuntos concretos y acotados de prácticas que los grupos migrantes estudiados aplican para configurar el espacio urbano de manera coherente con sus necesidades y sus identidades. Si rescatamos las categorías de análisis aplicadas en el capítulo anterior, podemos decir que estos conjuntos constituyen opciones predilectas para la producción de territorios, lugares, escalas y redes funcionales a las estrategias de estos grupos. Cada uno de esos conjuntos debe ser interpretado en su contexto específico, es decir, entendiendo su encaje en un imaginario urbano y en una dinámica de coexistencia con otros imaginarios; remitiéndolo a las pautas de territorialización predominantes entre los miembros de ese grupo; y, finalmente, enmarcándolo en el contexto específico de la incorporación urbana que viven esas personas en cuanto migrantes. La hipótesis de partida es, de este modo, que existe un alto nivel de correlación entre cuatro dimensiones: los factores estructurales que condicionan la incorporación de estos grupos; las distintas necesidades que desarrollan en su vida cotidiana en la ciudad; los diversos campos de significados en que actúan y se relacionan; y las múltiples dimensiones en que proyectan sus prácticas espaciales. Todos estos condicionantes concurren para determinar la importancia de conjuntos de prácticas muy concretos, que ostentan un valor especial para las distintas poblaciones migrantes estudiadas. Mi propuesta es considerar cada uno de estos conjuntos como un *dispositivo de urbanismo migrante*. El objetivo de este capítulo es tanto ilustrar este concepto con datos etnográficos como proponer un modelo para su análisis. Para ello, nos detendremos en la descripción de prácticas como la *vaquita* y la minga de los latinoamericanos residentes en Sevilla, el *djunta-mon* de los caboverdianos en la Cova da Moura y la pollada de los peruanos que viven en el Abasto.

La noción de *dispositivo* nos sugiere, en seguida, una cierta conexión con lo mecánico. Y en efecto, el interés de estos dispositivos de urbanismo migrante tiene que ver con su eficacia para activar acciones colectivas que se encuentran, en gran medida, automatizadas. La complejidad de los conflictos urbanos, así como la desigualdad estructural y la precariedad que suelen afrontar las poblaciones migrantes, plantean un obstáculo importante para la experimentación organizativa. En unas condiciones difíciles, marcadas por la inserción en segmentos laborales precarizados, ingresos relativamente bajos e inconstantes, dificultades para acceder a un régimen de ciudadanía plena y obstáculos para obtener una presencia normalizada en la ciudad, los migrantes no suelen tener ni el tiempo, ni el espacio ni los recursos necesarios para explorar constantemente formas organizativas nuevas. En este contexto, los dispositivos de urbanismo migrante deben buena parte de su importancia a la capacidad que demuestran para canalizar estratégicamente acciones estandarizadas que se articulan en sistemas mecánicos. Su existencia se explica porque permiten a los migrantes maximizar su capacidad de intervenir en el espacio urbano mediante formas de acción colectiva con las que ya están familiarizados.

Ahora bien, no todas las prácticas colectivas que los migrantes ejecutan en el espacio urbano constituyen *per se* dispositivos de este tipo. Para acotar el concepto y *operativizar* sus posibilidades de aplicación, propongo considerar como dispositivos de urbanismo migrante aquellos conjuntos de prácticas que reúnen simultáneamente cuatro condiciones: a) interpelan a una población migrante claramente identificada tanto por los miembros del grupo como desde el exterior; b) operan de manera estandarizada y repetitiva; c) tienen un valor estratégico en su contexto sociohistórico; y d) generan un efecto en el espacio urbano. El análisis de dispositivos de urbanismo migrante exige por tanto una atención sistemática a cada una de estas cuatro condiciones.

En primer lugar, los dispositivos de urbanismo migrante se caracterizan por interpelar de manera directa a los miembros de un grupo migrante acotado. Nos referimos por tanto a prácticas que solo pueden ser participadas por los miembros de estos grupos o, más comúnmente, que reservan a estas personas una forma cualitativamente distinta de participación. Esta vinculación directa entre la práctica y la pertenencia al grupo debe tenerse en cuenta a dos niveles: por una parte, como práctica que prioriza la participación de los miembros del grupo y los recompensa con un plus de visibilidad; por otra, como práctica que ejerce una presión sobre los miembros del grupo en la medida en que instaura una expectativa de comportamiento. Esto significa, en definitiva, que los dispositivos de urbanismo migrante no existen porque provoquen en los inmigrantes una adscripción mecánica y desde el puro voluntarismo individual: funcionan en gran medida porque motivan y, hasta cierto punto, obligan a los migrantes a actuar de una forma considerada moralmente correcta por su grupo de referencia.

Es por este motivo que los dispositivos de urbanismo migrante presentan por lo general una fuerte conexión con la etnicidad como criterio de adscripción identitaria. Autores como Verkuyten (2005) han enfatizado que una de las principales manifestaciones de la etnicidad es precisamente la participación activa de los individuos en prácticas culturales con respecto a su propio grupo étnico. Participar de una identidad étnica no se reduce, por tanto, a sentirse miembro del grupo o conocer sus códigos culturales: implica, además, relacionarse con otros miembros y actuar de un determinado modo. Los dispositivos de urbanismo migrante funcionan sobre la base de un sentimiento de pertenencia que clasifica a los individuos, pero también los involucra en una red de relaciones guiadas por obligaciones y expectativas de carácter moral. En este sentido, los dispositivos de urbanismo migrante pueden ser pensados como una expresión de *comportamiento étnico* en el contexto migratorio, según la propuesta teórica de James C. Mitchell (1974).

El comportamiento étnico provee al migrante de un conjunto amplio de normas, creencias y costumbres que regulan las formas de conducta consideradas correctas para los individuos de su categoría. La etnicidad dota así a los migrantes de un código compartido que recoge, informalmente, las expectativas sobre el proceder de los miembros del grupo. Un código que orienta a cada individuo sobre el comportamiento deseable, pero también habilita la construcción de formas pautadas de comportamiento colectivo. En la incorporación al medio urbano, la etnicidad provee así de un código que, a través de prácticas pautadas, promueve la solidaridad y el deber moral entre los miembros del grupo (Hannerz 1974, 39). En esta concepción del comportamiento étnico, lo importante no son las prácticas concretas que se asocian a la etnicidad en cada caso, sino la red de expectativas que se genera entre los miembros del grupo y la presión moral que la comunidad ejerce sobre el comportamiento de cada uno. En este sentido, el enfoque teórico de este trabajo se aleja sensiblemente de otros estudios que han interpretado la identidad étnica como una marca cultural, que se expresaría en formas diferenciadas de comportamiento individual en ámbitos específicos de la vida urbana. Es el caso de trabajos que han intentado explicar el comportamiento de individuos de distintos grupos étnicos en aspectos tan variados como el consumo de bienes en el mercado (Webber 2010) o la gestión doméstica del agua (Yan, McManus y Duncan 2018). La noción de *comportamiento étnico* de Mitchell, que aquí asumo, no se manifiesta como una reiteración fija de prácticas, sino más bien como un proceso de etiquetaje que define expectativas de comportamiento (Mitchell 1974, 19). El comportamiento étnico, por tanto, no es algo que pueda detraerse automáticamente de una supuesta cultura étnica compartida por todos los miembros de un grupo ni tampoco algo que pueda observarse fácilmente en el actuar individual de cada miembro del grupo étnico en su vida privada. El comportamiento étnico me interesa en cuanto código capaz de interpelar e involucrar eficazmente a los miembros del grupo en prácticas colectivas. Las formas y funciones concretas que asume ese código son variables y, según la hipótesis de partida propuesta, se ajustan a la singularidad del contexto migratorio.

Ahora bien, para que un conjunto de prácticas se articule en un dispositivo de urbanismo migrante no basta con que obedezca a pautas de comportamiento étnico. Paralelamente, es preciso que opere de una manera estandarizada, es decir: con un alto grado de codificación y una tendencia a la repetición periódica en el tiempo. En este sentido, la noción de *urbanismo migrante* puede abarcar potencialmente prácticas que los miembros de los grupos desarrollan por separado, de manera individual, variable y no planificada; pero cuando hablamos de *dispositivos* de urbanismo migrante nos referimos a sistemas organizados que convocan colectivamente a los miembros del grupo para involucrarlos en acciones prescritas y explícitamente ligadas a su identidad. Esto tiene una proyección en forma de acotación espaciotemporal: la *vaquita*, la minga, el *djunta-mon* o la pollada se desarrollan en momentos y en lugares concretos. Cuando una de estas iniciativas es organizada, los migrantes conocen —de manera exacta o bastante aproximada— el momento en que dará inicio y en que terminará la iniciativa, así como el ámbito espacial en que se desarrollará. Existen al menos cinco aspectos que alcanzan una concreción explícita en cada uno de estos eventos: las personas responsables de la convocatoria; el lugar y el tiempo de su ejecución; el grupo étnico interpelado cuya participación se espera; el motivo específico que justifica la convocatoria; las acciones que cada individuo debe llevar a cabo para participar correctamente.

Una definición estricta de cada uno de estos aspectos sería difícil de conseguir si en cada convocatoria hubiera que explicar a los migrantes la lógica del evento, su justificación y su estructura de funcionamiento. La estandarización es clave en este punto, pues la familiaridad de los migrantes con estos dispositivos permite que la simple alusión a su nombre evoque de manera mecánica un conjunto amplio y cohesionado de valores, expectativas y comportamientos. Así, la movilización necesaria para limpiar de maleza unas canchas de fútbol, instalar tuberías de saneamiento en una calle o pintar un conventillo sería difícil de conseguir si hubiera que explicar a cada participante cuál es el objetivo de la acción, cómo va a ser financiada, quiénes son los responsables de coordinar los trabajos o qué tareas concretas le corresponde asumir. Sin embargo, basta con que se diga «vamos a hacer una minga», «la asociación convoca *djunta-mon*» o «la vecina organiza una pollada» para que toda una categoría de individuos entienda que el evento responde a una causa moralmente justificada por los miembros de su grupo; que existen formas reguladas y controladas de recabar los fondos para cubrir su coste; que hay una o varias personas legitimadas y cualificadas para dirigir las tareas; y que existe además una expectativa específica sobre la forma en que cada uno debe intervenir.

Es importante apuntar que los dispositivos de urbanismo migrante poseen, por su propia condición, un sentido estratégico. Esto significa que no pueden ser activados en cualquier momento ni por cualquier motivo, sino que están justificados exclusivamente en cuanto responden a una necesidad o a un interés considerado legítimo por los miembros del grupo. Como tendremos ocasión de comprobar, estos dispositivos son flexibles y pueden ser ejecutados por distintos actores en diferentes momentos y bajo circunstancias diversas. Pero la aplicación de estos dispositivos exige siempre, de manera necesaria e innegociable, una sanción positiva dentro de los códigos que prescriben el comportamiento étnico para un grupo. Organizar una *vaquita,* o cualquier otro de los dispositivos que repasaremos a continuación, implica poner en circulación unas cantidades de dinero, trabajo y capital social que son consideradas valiosas y que no pueden ser, por tanto, instrumentalizadas con objetivos moralmente ilegítimos.

El sentido estratégico del dispositivo migrante descansa siempre, en última instancia, en el bien común del grupo étnico de referencia. Sin embargo, ese bien común no siempre se presenta de una forma evidente e inmediata. Los dispositivos de urbanismo migrante pueden ser usados, por ejemplo, en beneficio de un particular o de un grupo pequeño de particulares que solo abarque una parte muy minoritaria del grupo. Pero, en este caso, la aplicación del dispositivo no se justifica por la identidad particular del individuo beneficiario, sino por su condición étnica. Es decir, se inscribe dentro de una lógica de reciprocidad que presupone que el grupo debe aplicar ese dispositivo siempre en beneficio de cualquier miembro particular, y que los particulares beneficiarios de esa aplicación concreta quedan en deuda moral con el grupo y están éticamente obligados a devolver el favor recibido de forma análoga cuando otros miembros del grupo lo necesiten (Polanyi [1944] 2001).

Por último, si hablamos de *dispositivos de urbanismo migrante* es porque estos sistemas estandarizados de acción colectiva tienen un impacto sobre el espacio urbano. Su organización, su diseño y su concreción material están orientados a generar un efecto benéfico sobre las pautas de territorialización del grupo migrante que lo organiza. Dicho de otra forma: la minga, el *djunta-mon* o la pollada se tornan dispositivos de urbanismo migrante en la medida en que habilitan a los migrantes para ejecutar formas eficaces de apropiación, delimitación o significación del espacio urbano. De hecho, recurrir a estos dispositivos se justifica normalmente cuando el grupo identifica una posibilidad especialmente ventajosa de intervenir sobre un espacio urbano en beneficio de sus integrantes; o bien cuando el grupo percibe que existe una amenaza especialmente grave a sus posibilidades de intervenir en el espacio urbano. La convocatoria de estas prácticas, generalmente, surge cuando el grupo étnico reconoce que aplicarla en un espacio urbano concreto puede tener un efecto inmediata y evidentemente beneficioso para sus intereses; o, por el contrario, cuando el grupo o algunos de sus miembros se ven expuestos a un peligro especialmente acentuado para sus posibilidades de vivir dignamente en la ciudad.

Ahora bien, los efectos que estos dispositivos tienen en el espacio urbano son altamente variables en cuanto a sus formas, su alcance geográfico, su concreción en el espacio y su duración en el tiempo. A veces, la organización de estas prácticas tiene como objetivo lograr el control exclusivo y permanente de un espacio amplio y plurifuncional por parte del grupo étnico. Otras veces, se trata de mejorar o reparar ciertos aspectos materiales del paisaje físico que habita una parte del grupo. Incluso se pueden emplear estos dispositivos con el modesto objetivo de frenar el deterioro de un espacio particular de uno de los miembros del grupo —como una vivienda—. Los dispositivos del urbanismo migrante pueden aplicarse, por tanto, a distintos fines, que abarcan desde la instalación de estructuras físicas estables en el espacio urbano hasta su mera conservación, pasando por la promoción de formas de movilidad o la reproducción de formas ritualizadas de ocupación temporal de ese espacio.

A continuación, presento una descripción detallada de varios dispositivos de urbanismo migrante, que describo en sus respectivos contextos. Concretamente, nos detendremos en las prácticas de la *vaquita* y la minga, recurrentes entre los latinoamericanos residentes en el distrito Macarena (Sevilla); el *djunta-mon,* que ha sido clave en las formas de territorialización de los caboverdianos en la Cova da Moura (Lisboa); y la pollada, que ha llegado a ser importante en las estrategias de los peruanos radicados en el Abasto (Buenos Aires). Como tendremos ocasión de comprobar, todos estos dispositivos pueden ser pensados como sistemas informales de circulación de recursos —fundamentalmente dinero, trabajo y bienes—, similares a los que puede encontrarse en muchas otras sociedades a lo largo y ancho del mundo. En este sentido, Alena Ledeneva (2008) ha estudiado de manera comparada la evolución histórica de dos de estos sistemas, el *blat* ruso[19] y el *guanxi* chino,[20] mientras que Moraga (2015) ha interpretado las mutaciones del *guanxi* en su adaptación a nuevos contextos entre comunidades migrantes chinas. Dentro de la misma ciudad de Buenos Aires, autores como Sassone (2014) han observado la persistencia de prácticas como el *ayni*[21] y el anticrético[22] en el seno de minorías inmigrantes de

---

[19]   El término *blat* aparece en el antiguo Imperio ruso y en la Unión Soviética para designar las redes de contactos personales y acuerdos informales que permiten conseguir en el mercado negro productos escasos en el mercado formal o no disponibles para el público general.

[20]   La noción de *guanxi* refiere a las conexiones personales o redes de contactos entre particulares —de igual o diferente estatus— que posibilitan la obtención de bienes, la realización de acciones o la influencia sobre terceros.

[21]   El *ayni* es un sistema de reciprocidad típicamente andino. Organiza la prestación solidaria de trabajo entre los miembros de la comunidad, donde el receptor de la ayuda queda moralmente obligado a devolver el trabajo en futuras ocasiones.

[22]   El anticrético es un tipo de contrato —generalmente informal— ampliamente extendido en el sector inmobiliario en países como Bolivia. A diferencia del modelo de alquiler, en el anticrético el

origen andino. La incorporación de este tipo de tradiciones a la experiencia migratoria aparece por tanto como una pauta recurrente en una pluralidad de colectivos, contextos y situaciones.

El trasplante de estas prácticas a la sociedad receptora nos invita a preguntarnos por las funciones que asumen en el contexto migratorio. Debe tenerse en cuenta que no todos los grupos incorporan este tipo de costumbres, y que grupos con un mismo origen parecen darle una importancia desigual en función de las distintas sociedades receptoras en que se insertan. En este sentido, parece razonable descartar de antemano una explicación de estas prácticas como mera continuidad de la costumbre en la distancia. Como alternativa, Ledeneva (2008) apuesta por interpretar estos sistemas informales de intercambio como respuestas a las limitaciones estructurales del modelo económico en que funcionan. Prácticas como la *vaquita*, la minga, el *djunta-mon* y la pollada serían en cada caso indicadores de las carencias que el sistema económico formalmente establecido no consigue satisfacer. Esta lectura nos permite entender que una misma práctica puede asumir funciones diferentes en distintos contextos. Así, Ledeneva explica cómo las prácticas informales que cubrían carencias en la economía socialista en Rusia o en China, se reorganizan posteriormente para cubrir otro tipo de insuficiencias bajo las nuevas condiciones impuestas por la economía de mercado. La experiencia migratoria, desde esta perspectiva, plantea un nuevo escenario en el que estos sistemas informales de intercambio pueden asumir nuevas funciones. En todo caso, sería un error reducir estas prácticas informales a meras respuestas mecánicas a carencias materiales, y no hay duda de que son, al mismo tiempo, la expresión de una continuidad histórica y cultural con el pasado. Es probable que, en cada contexto, estos sistemas de ayuda mutua actualicen sus funciones de manera coherente con las necesidades de los inmigrantes que los aplican y los obstáculos que encuentran. Para desarrollar esta hipótesis es preciso aportar una descripción detallada de los casos de estudio abordados.

6.1. LA MINGA Y LA *VAQUITA* LLEGAN A SEVILLA

Tal y como pudimos discutir en el capítulo cuatro, las iniciativas que los migrantes acometen en su vida cotidiana en la ciudad adquieren su sentido al ser enmarcadas dentro de imaginarios urbanos que son funcionales a sus necesidades y a sus iden-

---

deudor es el propietario del inmueble, que cede su uso al prestamista cambio de una cuantía monetaria fijada y durante un plazo de tiempo acotado. Una vez transcurrido ese plazo, y si no se prorroga el contrato, el deudor debe devolver la cuantía recibida en préstamo a cambio de que el prestamista le devuelva el uso de su inmueble.

tidades. Esto se aprecia con especial claridad en contextos de conflicto: las disputas por el espacio urbano son momentos privilegiados para el análisis de los distintos universos simbólicos que conviven en la ciudad y las moralidades en pugna por su control (Perelman 2019, 42). Esto explica que, en las canchas de San Jerónimo, la agudización de los enfrentamientos entre los dirigentes de los campeonatos latinoamericanos y una ONG autóctona propiciasen que los primeros elaborasen densos discursos sobre su vinculación con este espacio. En general, esos discursos tendían a subrayar dos ideas: que los inmigrantes habían sido los primeros en dar uso a las canchas y que habían ejercido una importante labor como cuidadores de este espacio. Este imaginario urbano se construía, por tanto, mediante el contraste entre una institucionalidad autóctona representada como fría, distante e ineficaz y una comunidad étnica —o más bien un conjunto de comunidades articuladas en una identidad panétnica latina (Cuberos Gallardo 2014c)— caracterizada por su calidez, su sensibilidad y su compromiso con el cuidado del entorno. En el marco de estos discursos, aparecía con frecuencia la idea de que las canchas de San Jerónimo habían sido rescatadas del abandono por los inmigrantes mediante el trabajo colectivo organizado en mingas.

Sabemos con certeza que, durante los años en que los inmigrantes celebraron informalmente sus ligas en este entorno, organizaron puntualmente jornadas de trabajo colectivo para aplicar medidas de cuidado básico de las instalaciones. Estas jornadas involucraban a un número variable de individuos, que podía alcanzar varias decenas de personas, en un trabajo coordinado que generalmente consistía en tareas sencillas de limpieza, despeje de maleza y reparación de pequeños desperfectos. Este tipo de trabajos coordinados podían ser organizados eventualmente por una asociación de inmigrantes formalmente constituida, pero con más frecuencia respondían a la convocatoria informal de un grupo de individuos reconocido por su implicación directa en la organización de los campeonatos deportivos. El objetivo de este tipo de iniciativa apuntaba a la necesidad y la conveniencia estratégica de que los inmigrantes —frecuentemente interpelados por su identidad nacional— pudieran contar con un lugar propio de reunión en condiciones adecuadas.

El hecho de que estas convocatorias fuesen identificadas como *mingas* es importante y nos permite clasificarlas como dispositivos de urbanismo migrante. El Diccionario de la Real Academia Española de la lengua define la minga como «una reunión de amigos y vecinos para hacer algún trabajo gratuito en común», y añade que en Ecuador y Perú el término designa un «trabajo agrícola colectivo y gratuito con fines de utilidad social». En todo caso, la minga es un sistema pautado de prácticas reconocible por tres características principales: refiere a un trabajo comunitario de tipo voluntario y con fines de utilidad social o de beneficio recíproco; está ligado espacialmente al conjunto de países integrados en el área andina; y tiene un origen temporal precolombino, es decir, anterior a la conquista castellana de ese territorio. La concatenación de estas implicaciones imprime una fuerte carga simbólica al hecho de aplicar la minga para construir un lugar latino en la ciudad de Sevilla.

De hecho, es difícil saber con exactitud cuántas mingas fueron realizadas por los inmigrantes en San Jerónimo, cuándo comenzó la organización de estas iniciativas, cuánta gente participó de cada una de ellas y cuál fue su nivel de incidencia real en la recuperación de este espacio. Sabemos que las canchas de San Jerónimo ya eran una infraestructura deportiva de titularidad municipal antes de que llegaran los inmigrantes, y que las iniciativas del Ayuntamiento para rehabilitar este espacio y dotarlo de mejor infraestructura comenzaron antes de lo que uno intuye en el discurso de muchos inmigrantes. El presidente de la Asociación de Ecuatorianos de Andalucía (ADEA), una de las principales y más antiguas asociaciones de inmigrantes en la ciudad, estuvo directamente involucrado en la práctica deportiva en este espacio desde un momento temprano. En su discurso, da a entender que la llegada de los inmigrantes a este espacio fue desde el principio una decisión parcialmente acordada con las instituciones municipales, tras haberse producido tensiones con los vecinos en las más céntricas canchas de La Barzola. Sin embargo, la mayoría de los inmigrantes maneja un relato distinto, que desliga por completo el origen de estas canchas de las instituciones municipales, y que enfatiza tanto el grado de abandono que supuestamente sufrían como la intensidad y el éxito del trabajo comunitario de recuperación, que los inmigrantes realizaron mediante la ejecución de mingas.

En la práctica concreta, y según se detrae de las declaraciones recogidas, esas mingas solían ser organizadas durante los fines de semana y su objetivo era básicamente llevar a cabo trabajos básicos, en los que participaban tanto hombres como mujeres, mayoritariamente ecuatorianos, peruanos y colombianos. Normalmente, el grupo organizador de la minga se encargaba de proveer a los individuos de las herramientas necesarias para la ejecución de las tareas. En este sentido, es llamativo que los relatos sobre estas iniciativas tienden a visibilizar imágenes de trabajos manuales y, por lo general, aluden a herramientas rudimentarias asociadas al esfuerzo físico de las personas sin asistencia de máquinas. Suele hablarse de azadas, rastrillos, palas, cubos y carretillas, normalmente enfatizando tanto la idea de una exigencia de esfuerzo físico como una vinculación simbólica con formas de trabajo propias de etapas históricas anteriores.

Esa idea de continuidad histórica no solo se transmite a través de la representación simbólica del trabajo en formas tradicionales y no mecanizadas. También la propia identidad de los individuos protagonistas de estos trabajos refuerza esta idea. Esto se aprecia, especialmente, cuando los discursos sobre las mingas de San Jerónimo remiten a la iniciativa original de indígenas otavaleños. Para entender la lógica y la fuerza argumental de esta imagen conviene detenerse a explicar sus bases históricas.

La población indígena procedente de la ciudad de Otavalo y su entorno mantiene una fuerte vinculación con la comercialización de artesanía, que desde hace décadas se ha extendido a escala internacional a través de las cadenas migratorias de esta población. Los otavaleños, que contaban desde los años sesenta con una larga trayectoria de migración a los Estados Unidos (Ruiz Balzola 2012, 2014), fueron, probablemente los primeros ecuatorianos en alcanzar una presencia notable en Sevilla y en el conjunto del Estado español, en el marco de la extensión de sus redes comerciales a través de su incorporación a mercados ambulantes. En este sentido, los discursos sobre los migrantes otavaleños les atribuyen con frecuencia una doble condición pionera: como habitantes originales del país de origen —por ser indígenas y, por tanto, anteriores a la conquista castellana—; y como integrantes de la primera fase de migración a Europa en época reciente. Es partiendo de esta idea que podemos entender la fuerza simbólica que tienen las mingas de los otavaleños en el imaginario que muchos inmigrantes latinoamericanos manejan sobre las canchas de San Jerónimo. Atribuir su recuperación física y su acondicionamiento a esas mingas no solo permite remitir la ocupación del espacio por parte de los migrantes al momento histórico más antiguo reconocible —por cuanto se identifica a los otavaleños como los primeros en llegar a Sevilla—, sino que impregna simbólicamente este espacio de las dinámicas comunitarias asociadas a las culturas del país de origen, por oposición a las formas de gestión jerárquica del espacio que asocian a la Administración pública española.

El abordaje de esta experiencia en diferido solo nos permite conocerla a través del discurso de los informantes, sin que hayamos podido observar sobre el terreno la ejecución práctica de estas mingas. No obstante, los datos recabados las representan como jornadas de entre tres y cinco horas de duración, caracterizadas por un trabajo de baja intensidad que era desarrollado con una alta flexibilidad hacia la disponibilidad y las capacidades desiguales de los participantes. Las tareas se desarrollaban en un ambiente de convivialidad en el que primaban las relaciones personales. La caracterización de estos trabajos refleja, a menudo, un contraste con la modalidad asalariada: frente a la idea de un trabajo intensivo orientado a la máxima productividad, aquí encontramos formas de trabajo más relajadas, en las que tanto el ritmo de las tareas como las relaciones entre los trabajadores tendían a enfatizar unos vínculos de reciprocidad que iban más allá del interés pragmático del trabajo y que unían a los integrantes de la minga en una misma identidad étnica —o panétnica— compartida.

Las mingas de San Jerónimo constituyen un tipo particular de dispositivo de urbanismo migrante, orientado a la producción de un lugar propio sometido a un control permanente y más o menos exclusivo por parte de los migrantes. Por esta misma razón, la tendencia de los migrantes latinoamericanos residentes en Sevilla a desenvolverse en contextos de copresencia con la población autóctona, así como las dificultades encontradas para producir lugares propios estables en el tiempo, han provocado que las mingas sean prácticas excepcionales. Otras prácticas son más habituales, por cuanto articulan formas discontinuas de cooperación que hacen posibles intervenciones más superficiales en el espacio urbano. Una de ellas es la *vaquita*.

Hacer una vaca es la forma en que se designa la práctica de reunir las contribuciones económicas voluntarias de varias personas para la cobertura de un fin común. Más habitualmente hemos recogido la expresión *hacer una vaquita*, en la que el uso del diminutivo parece aludir indirectamente a lo modesto de las cantidades que son recabadas. En principio, la *vaquita* es un sistema muy sencillo, que comienza con la identificación de un objetivo que motiva positivamente a un conjunto de personas y cuya satisfacción exige unos recursos financieros superiores a los que cualquiera de ellas puede reunir por separado. Es entonces cuando se decide cooperar mediante la contribución de todos los participantes con una cantidad equitativa, que normalmente es alcanzada mediante la suma de aportaciones sucesivas y periódicas en el tiempo. Existe una persona o un conjunto pequeño de personas que ejercen como recaudadoras, y que ostentan esa responsabilidad por el respeto y la confianza que el grupo les confiere. Las contribuciones son entregadas a estas personas, que generalmente llevan un sistema de contabilidad riguroso en el que aparecen reflejados los pagos satisfechos, así como los retrasos y anticipos si los hubiera. Cada participante en la *vaquita* se hace acreedor del beneficio derivado del fin común que se alcance. Ahora bien, ese beneficio no tiene por qué ser material, personal e inmediato. Con frecuencia, las *vaquitas* sirven para sufragar rituales colectivos o eventos asociados a la comunidad étnica de referencia. En estos casos, el beneficio asociado a la participación es la propia sanción positiva del comportamiento del individuo por parte de su grupo étnico de referencia, con la consiguiente dosis de respetabilidad o prestigio. Otras veces la *vaquita* puede orientarse a ayudar puntualmente a una persona o una familia afectada por un problema especialmente grave. En este caso, la práctica de ahorro colectivo ayuda materialmente a un grupo reducido de personas, pero sirve indirectamente para reforzar los vínculos entre todos los miembros de la comunidad.

Este tipo de prácticas están muy extendidas entre diferentes grupos de inmigrantes y no es exclusiva de los colectivos latinoamericanos. Dentro del Estado español, varios estudios han documentado la importancia de la *tontina* como sistema tradicional de ahorro colectivo que es practicado por distintos colectivos de inmigrantes africanos (Sow 2005; Diop 2022). Entre los latinoamericanos, el recurso de la *vaquita* puede orientarse a muchos fines distintos: desde la cobertura de un gasto excepcional hasta sufragar una inversión periódica; a financiar una iniciativa colectiva o a ayudar a un particular; a satisfacer un gasto previsto con antelación o a cubrir con un fondo de garantía una necesidad sobrevenida. En todo caso, la finalidad del ahorro está muy condicionada por su cuantía y esto, a su vez, depende del número de personas que contribuyen. Resulta de gran interés, por ejemplo, cómo el dinero que la Liga Sudamericana de San Jerónimo cobraba a los inmigrantes por su inscripción se justificaba a menudo, al menos parcialmente, como una forma de *vaquita*. Y, de hecho, conocemos al menos un caso de un inmigrante, deportista habitual en las canchas, que fue auxiliado económicamente con estos fondos tras quedar temporalmente inhabilitado para trabajar por una lesión sufrida en el transcurso de un partido disputado en las canchas. La importancia de esta ayuda y la dimensión relativamente elevada del importe da cuenta del alcance de estas ligas en número de participantes y de la cantidad de recursos que conseguían movilizar.

La organización de *vaquitas* fue una constante en torno a las canchas de San Jerónimo, donde los inmigrantes las desarrollaban a una pluralidad de niveles: desde pequeñas *vaquitas* recaudadas entre las pocas integrantes de un equipo de baloncesto femenino hasta grandes *vaquitas* impulsadas por los organizadores de los campeonatos para cubrir gastos de material deportivo o para financiar eventos excepcionales como celebraciones y convivencias. Lo más interesante, en el marco de este trabajo, es entender que este patrón de circulación informal de recursos tenía también efectos en el paisaje físico. En la medida en que los migrantes lograban ejecutar con éxito una *vaquita*, amplificaban su capacidad para invertir en la limpieza de los terrenos; en la reposición de las redes de las porterías; o en la compra de herramientas para desbrozar de maleza el entorno, con el fin de crear un espacio en el que los niños pudieran jugar mientras sus padres hacían deporte.

Recurrir a la organización de *vaquitas* también ha sido frecuente en el contexto de las prácticas religiosas que los inmigrantes latinoamericanos sostienen en Sevilla. Esas prácticas son impulsadas por grupos de creyentes que se organizan en torno a la devoción por una imagen concreta, normalmente vinculada al país de origen. Estas redes pueden alcanzar niveles variables de institucionalización y abarcan desde grupos informales de creyentes hasta hermandades legalmente instituidas. Probablemente la más consolidada de estas organizaciones es la Asociación religiosa de devotos Señor de los Milagros de Sevilla, de fuerte arraigo en la comunidad peruana, que sostiene una actividad continuada a lo largo de todo el año que incluye la celebración litúrgica de misas, homenajes y otros eventos, entre los cuales destaca sin duda la salida procesional del Cristo titular de la asociación cada mes de octubre. Este intenso régimen de actividad exige una movilización continua de recursos, de la que es responsable principalmente la junta directiva de la asociación. En otros colectivos menos formalizados, encontramos que esa función la cubre un núcleo central de personas que asumen la iniciativa y se encargan de recaudar los fondos necesarios para la ejecución de actividades. En todos estos grupos las *vaquitas* aparecen como un recurso sistemático para la recaudación de aportaciones voluntarias entre los feligreses.

Existe una modalidad particular de *vaquita* que se repite, especialmente en las primeras fases de configuración de estos grupos religiosos, y que va aparejada al alojamiento por turnos de la imagen venerada en las propias viviendas de los participantes. La imagen de la Virgen del Quinche, Copabana o Caacupé puede circular por las casas de ecuatorianos, bolivianos o paraguayos respectivamente, que al recibirlas y cuidarlas durante un tiempo establecido —normalmente entre veinticuatro horas y una semana— demuestran su devoción hacia la imagen, pero también su compromiso con la tradición de su grupo de referencia. A cambio de disfrutar de la compañía de la imagen, y por tanto de acumular el prestigio de monopolizarla durante un tiempo, el hospedante realiza una contribución monetaria, que puede materializarse en el depósito físico de la cantidad en una pequeña hucha adherida a la hornacina que contiene a la imagen, o bien entregarse previa o posteriormente a los responsables de la iniciativa.

Las prácticas que integran esta modalidad de *vaquita* se articulan en sistemas pautados que eventualmente pueden ser aplicados como dispositivos de urbanismo migrante. Esto se aprecia si tenemos en cuenta que las *vaquitas* en estas asociaciones suelen tener como finalidad prioritaria sufragar la salida procesional de la imagen venerada. Desde una perspectiva socioespacial, el objetivo último es articular redes amplias que doten de respaldo a la celebración, así como posibilitar un ejercicio de ocupación intensiva del territorio durante las horas que dura la procesión, tiempo en el que, generalmente, se condensa un repertorio variado de intervenciones sobre el espacio urbano, incluyendo la propia ocupación de la calzada, la decoración de balcones, el arrojo de flores o la concentración de cánticos en lugares concretos. Nos referimos a intervenciones sobre el espacio urbano que tienen una duración temporal muy corta, pero que al concentrarse en momentos y lugares muy específicos consiguen visibilizar eficazmente las identidades de los migrantes y proyectarlas en formas de presencia legítima en la ciudad.

Además, y más allá de la finalidad concreta que se atribuya a cada celebración de una *vaquita*, la concatenación de *vaquitas* tiene el objetivo evidente de consolidar unas redes que, en la medida en que llegan a crecer lo suficiente, en seguida se proyectan en intervenciones más profundas sobre el paisaje urbano. De hecho, uno de los objetivos principales de todas estas agrupaciones religiosas es crecer lo suficiente como para dotarse de una imagen del Cristo o de la Virgen que, por su alto valor, merezca un espacio propio en alguna parroquia de la ciudad. Así, la Asociación religiosa de devotos Señor de los Milagros de Sevilla ha logrado inscribirse en la iglesia jesuita del Sagrado Corazón, ubicada en el número cuarenta de la céntrica calle sevillana de Jesús del Gran Poder. Dentro de este importante centro de culto católico existe ya un altar dedicado al Cristo de los Milagros peruano, presidido por una gran imagen de Jesucristo crucificado acompañado por la Virgen de la Nube, en una pintura que reproduce fielmente la original radicada en el Santuario de Las Nazarenas de Lima. Más allá de las características técnicas de este altar, el hecho de que el Señor de los Milagros de Lima presida un altar en una iglesia importante y ubicada en pleno casco histórico de la ciudad genera un efecto significativo en el paisaje urbano, que se deriva de dos evidencias: la voluntad de los peruanos por seguir reproduciendo su identidad diferenciada en Sevilla y su capacidad para ocupar espacios que son centrales en el imaginario urbano del conjunto de la población local.

Cabe mencionar, por último, que la construcción de lugares propios en enclaves centrales es una conquista cuya consecución exige del grupo estrategias socioespaciales complejas, en las que se combina el tejido de redes con actores autóctonos —la comunidad jesuita en este caso—, con la acumulación de apoyos dentro del grupo étnico mediante la promoción de formas estables de sociabilidad en zonas de la ciudad que pueden ser periféricas e incluso invisibles. En el caso concreto de los peruanos, así como en el de otros colectivos latinoamericanos, el éxito de sus asociaciones —incluyendo las vinculadas a devociones religiosas— sería mucho más difícil si no contasen con el apoyo logístico de las discotecas latinas. Estos negocios, dispersos en polígonos industriales del extrarradio, son tan periféricos que de hecho resultan desconocidos para la mayor parte de la población local. Sin embargo, las asociaciones de inmigrantes latinoamericanos, los grupos folclóricos, los equipos deportivos y hasta las hermandades religiosas encuentran con frecuencia en estos emplazamientos lugares estratégicos en los que reunirse, y en los que organizar eventos que permiten la acumulación de recursos —financieros, pero también humanos y simbólicos—, que posteriormente refuerzan la lucha por la conquista de espacios geográfica y simbólicamente más centrales.

6.2. El *djunta-mon* y su impacto en la Cova da Moura

De los tres casos que estamos comparando, probablemente es en la Cova da Moura donde encontramos las intervenciones más profundas y permanentes de los migrantes en la configuración de su espacio urbano de referencia. Tal y como pudimos ilustrar en los capítulos anteriores, aquí el abandono de los terrenos durante un largo período permitió a los inmigrantes, caboverdianos en su mayoría, producir un fragmento de ciudad con un nivel de autonomía relativamente alto. El resultado final ha sido un enclave nítidamente diferenciado del resto de la ciudad y fuertemente asociado a la identidad caboverdiana de sus residentes, tanto por sí mismos como desde el exterior. Merece la pena detenernos en la descripción del proceso de urbanización que ha hecho esto posible. Y para eso es crucial analizar una institución que ha sido clave en la implementación de las tareas físicas, pero también en la significación del barrio como espacio caboverdiano. Se trata del *djunta-mon*.

El *djunta-mon* es un sistema tradicional de ayuda mutua muy popular entre los campesinos caboverdianos. En su forma original, supone la aportación voluntaria de mano de obra por parte de un grupo de vecinos en beneficio de un particular, que se compromete a proporcionar a cambio una cantidad equivalente de trabajo en el futuro. La expresión *djunta-mon* procede del criollo caboverdiano y puede traducirse como 'juntar las manos', una imagen que enfatiza la idea de un esfuerzo colectivo para realizar un trabajo específico. El organizador de una jornada de *djunta-mon* asume una doble responsabilidad hacia los vecinos que le ayudan. La primera obligación, inmediata, es proporcionar comida y bebida a los ayudantes mientras dure la tarea. La segunda, diferida, es proporcionar a cambio un tipo y una cantidad de ayuda similar cuando sea necesario. El modelo organizativo de esta práctica se ajusta así a la lógica de la *reciprocidad equilibrada,* en los términos definidos por Sahlins (1965).

Los orígenes del *djunta-mon* están directamente vinculados a las características únicas del modelo agrícola tradicional caboverdiano. Basado predominantemente en el cultivo de maíz y leguminosas (Weeks 2013), este sistema está fuertemente influenciado por los regímenes pluviométricos del archipiélago. La marcada concentración de las precipitaciones en un corto período de tiempo hace que determinadas tareas agrícolas deban llevarse a cabo durante unas pocas semanas. En ese momento, las unidades familiares necesitan movilizar mucha más mano de obra de la que cada una puede reunir por sí sola. El *djunta-mon* permite a cada propietario particular recabar mano de obra adicional para sus tierras, principalmente para la siembra, el deshierbe y la cosecha. De este modo, el propietario obtiene la ayuda de una red de familiares y amigos, que aportan su fuerza de trabajo durante uno o varios días. El receptor de la ayuda asume la obligación moral de corresponder a este esfuerzo, en un plazo razonablemente acotado y mediante las mismas o similares tareas en las tierras de sus colaboradores.

Esta forma ritualizada de prestación de ayuda entre particulares trascendió hace tiempo sus orígenes campesinos para pasar a formar parte del repertorio de estrategias colectivas de la población urbana de Cabo Verde. Solomon (1992) documentó la importancia del sistema *djunta-mon* en los suburbios de Praia, donde se ha utilizado para organizar el trabajo doméstico. Las mujeres parecen haber adquirido un papel protagonista en la transferencia de esta práctica al medio urbano, que se observa tanto en la organización como en la prestación efectiva del trabajo, y que tiende a adoptar la forma de cocinado o cuidado de niños. La estructura normativa del *djunta-mon* también se ha aplicado a otras formas de asistencia, como el préstamo de artículos de primera necesidad —frigoríficos, utensilios de lavado, etc.— o la provisión temporal de alimentos, agua o refugio a amigos, vecinos o conocidos. El sistema de *djunta-mon* se caracteriza, por tanto, por una notable variabilidad de formas y funciones dentro del propio archipiélago caboverdiano, como resultado de las nuevas experiencias de los residentes locales de clase trabajadora a medida que se adaptan a su nueva vida urbana.

La incorporación del *djunta-mon* a la Cova da Moura tuvo lugar a mediados de los años setenta, cuando los inmigrantes caboverdianos encontraban serias dificultades para acceder al mercado formal de la vivienda en Lisboa debido a la escasez de viviendas, los elevados precios del alquiler y un parque insignificante de vivienda pública (McGarrigle y Fonseca 2019; Cuberos Gallardo 2019). Muchos se instalaron en chabolas informales autoconstruidas en terrenos semirrurales de la periferia del área metropolitana de Lisboa (Fonseca 2009b; Ascensão 2015), donde una incipiente industria generaba una gran demanda de mano de obra. La existencia de terrenos baldíos en la zona permitió a los caboverdianos instalarse con una mínima inversión de capital. En estas circunstancias, la práctica del *djunta-mon* fue recuperada y actualizada por los migrantes para movilizar los recursos —bienes, mano de obra y capital— que necesitaban para asentarse en la ciudad. Weeks (2013) ha documentado la aplicación del *djunta-mon* en comunidades de la periferia de Lisboa para la construcción de viviendas colectivas, el cuidado de niños, la búsqueda de empleo y la obtención de créditos. Lejos de aparecer como un fenómeno anecdótico, el *djunta-mon* operó como parte estructural de la organización de la vida urbana (Simone 2004).

En estas condiciones, el sistema de *djunta-mon* adquirió un gran significado material y simbólico para los residentes. La práctica se reivindicaba como expresión conjunta de un sentimiento de solidaridad comunitaria que contrastaba con la relación conflictiva del barrio con las autoridades portuguesas. En su discurso, los residentes subrayaban con frecuencia el origen rural del *djunta-mon*, enmarcando la práctica en una visión idealizada del mundo rural como un lugar de relaciones armónicas e igualitarias:

> *Djunta-mon* es… si tengo un huerto y tengo que trabajar en él, tú y tú que sois mis vecinos venís a ayudar. Sin remuneración: no se paga nada. Solo a ayudar. No es un trabajo muy grande, porque os doy mucha comida y bebida. Al final no es tanto trabajo, es más… como vivir juntos (Joaquim. Caboverdiano, 72 años). [Traducción del autor]

Tal y como pudimos ver en el capítulo tres, el primer reto a asumir por los caboverdianos en la Cova da Moura fue la construcción de barracas para alojarse. Para ello la fuerza de trabajo disponible en cada familia se complementaba gracias a la ayuda de vecinos. Aquí encontramos las primeras referencias a la práctica del *djunta-mon* en este barrio. Tanto la construcción física de las chabolas como la demarcación y distribución de la tierra requerían un estrecho contacto entre los residentes y una actitud de cooperación. No es casualidad que los nuevos residentes tendieran a agrupar físicamente sus viviendas en función de la afinidad y que las familias de una misma localidad de Cabo Verde o de una misma isla se concentraran a lo largo de determinadas calles del barrio. En este contexto, el *djunta-mon* se convirtió en un método fundamental para compartir el trabajo entre individuos.

Las primeras barracas se construyeron con bloques de cemento, chapa ondulada, restos de madera, planchas de hierro galvanizado y láminas de plástico (Weeks 2013). Los materiales eran pesados, lo que explica por qué, a la hora de organizar esta variedad específica de *djunta-mon,* los varones adultos físicamente fuertes se encargaban de transportarlos. Al igual que en Cabo Verde, el beneficiario del *djunta-mon* se encargaba de proporcionar abundantes cantidades de comida y bebida a quienes le asistían. Pero estas provisiones no eran concebidas como un pago por el trabajo, sino como parte de una jornada de convivencia con familiares y amigos. La concentración de este tipo de eventos en los fines de semana se puede atribuir a que los vecinos tenían más tiempo libre en esos días. También era en los fines de semana cuando quienes se empleaban en el sector de la construcción podían pedir prestado equipo pesado, como una hormigonera de una obra en la que trabajaran (Weeks 2013). Según observa Lobo (2014, 22), este tipo de *djunta-mon* estaba menos organizado que su equivalente *rural* en Cabo Verde y requería menos gente, menos tiempo y menos inversión de capital.

Como ya se mencionó, pronto los caboverdianos de este barrio vivieron un conflicto dentro de la primera junta vecinal conformada, al sentir que sus demandas eran desatendidas en comparación con las mejoras urbanísticas que el Estado sí acometía en la parte baja del barrio, habitada mayoritariamente por portugueses. Este malestar se tradujo, a la postre, en la formalización de la Asociación Moinho da Juventude en 1987, que se definía como un *proyecto comunitario* y que, pese a estar liderada por un portugués y una belga, tomaba la identidad cultural caboverdiana como eje de su acción en el barrio. La creación del Moinho da Juventude marcó un punto de inflexión en las estrategias organizativas de los inmigrantes residentes en el barrio, que se proyectó a su vez en una serie de cambios en las formas y funciones del *djunta-mon*. En primer lugar, la asociación empezó a organizar eventos colectivos de *djunta-mon*. Se trataba de jornadas de trabajo voluntario en las que el beneficiario ya no era un individuo o un grupo, sino *la comunidad* e incluía a todos los residentes de las zonas altas del barrio. En segundo lugar, estos eventos ya no interpelaban a individuos o grupos de particulares, sino al conjunto de una población definida en términos étnicos. Esta nueva centralidad de la etnicidad debe ser interpretada, además, como una reacción a la discriminación percibida en la estrategia de la junta vecinal del barrio.

Este tipo de *djunta-mon* proyectaba una forma distinta de apropiación del espacio urbano. Por un lado, la asociación tenía una capacidad de movilización de recursos muy superior a la de cualquier particular. Tanto las aportaciones colectivas de los vecinos como la obtención de recursos a través de subvenciones públicas permitían a la asociación realizar intervenciones más ambiciosas en el espacio urbano. Por otro lado, estas intervenciones se concentraban en espacios públicos o semipúblicos, y las mejoras no beneficiaban a individuos particulares sino al conjunto de la comunidad.

A través de su participación en los actos del *djunta-mon,* los vecinos se comprometieron a dotar a la asociación de un espacio de trabajo. La construcción de la primera sede del Moinho da Juventude se ejecutó mediante jornadas de trabajo voluntario en *djunta-mon,* durante las cuales la asociación proporcionó comida y bebida a quienes colaboraron como peones. Para dirigir las obras, el Moinho da Juventude contó con personal técnico voluntario proporcionado por la ONG Compañeros Constructores. Desde su inauguración, el edificio ha sido mejorado y ampliado en varias ocasiones. Hoy es con diferencia el edificio más grande del barrio, pero también es un nodo espacial fundamental para la vida social de los vecinos. Dado que la asociación está legalmente constituida como institución privada de solidaridad social —Instituição Particular de Solidariedade Social (IPSS)—, ha establecido varios acuerdos con la Administración portuguesa para prestar diversos servicios a los residentes, como promoción de la salud, educación, formación profesional y asistencia con problemas residenciales. Esto ha permitido al Moinho da Juventude obtener fondos y ampliar fuertemente sus actividades. Hoy, la asociación cuenta con otros cuatro edificios en distintas calles de la Cova da Moura. Estos edificios albergan la Oficina de Ayuda a la Búsqueda de Empleo, una pequeña biblioteca y un centro polivalente para actividades lúdicas y culturales. Así pues, el paisaje físico del barrio ha incorporado como referencias centrales un conjunto de edificios que canalizan las actividades de la asociación principal. Estos edificios fueron levantados y son equipados y mantenidos gracias al común esfuerzo periódico de los vecinos a través de actividades de *djunta-mon* organizadas por la asociación (figura 5).

El *djunta-mon* también se utiliza en la Cova da Moura para recuperar los espacios públicos de las amenazas que algunos de sus residentes suponen para la comunidad. En concreto, la mayoría de los residentes de la zona están muy preocupados por los problemas de seguridad, especialmente por los pequeños robos en las calles y el tráfico de drogas. Para hacer frente a estas preocupaciones, los miembros del grupo folclórico Kola San Jon —que forma parte de Moinho da Juventude— organizaron un *Djunta-mon por la Paz* en enero de 2014. A través de este acto festivo, el grupo pretendía concienciar sobre la importancia de erradicar la presencia de armas de fuego en el barrio. En este caso, el uso de la expresión *djunta-mon* englobaba un llamamiento a los vecinos para que trabajasen por la cohesión del barrio y por un sentimiento de comunidad vinculado a sus raíces caboverdianas frente a las prácticas delictivas de algunos residentes, que son vistos como una amenaza aislada pero no

Figura 5. Patio de la guardería de la Asociación Moinho da Juventude y edificio central de oficinas al fondo (2014). Fuente: autor.

por ello menos significativa. Esta forma particular de apropiación del espacio se ejecutó mediante la ocupación física de esquinas y callejones especialmente peligrosos con los cuerpos de los residentes, para liberar a la zona de la amenazadora presencia de delincuentes. Esta forma de *djunta-mon* apelaba ya a un sentido genérico de la comunidad, y su implementación solo era posible por la amplia legitimidad alcanzada por la Asociación Moinho da Juventude entre los residentes:

> Todo el mundo en el barrio respeta mucho a la asociación. Porque si tú no participas, participa tu hermano, o tu hijo va a la guardería, o tu vecino trabaja en la cocina, o tu abuelo va a clases de alfabetización (Jorge Carlos. Caboverdiano nacido en Cova da Moura, 25 años). [Traducción del autor]

A través del sistema de *djunta-mon,* esta asociación ha podido convocar a amplios sectores del barrio para uno o varios días de trabajo solidario. Esta llamada a la acción se justifica en cada ocasión por necesidades que afectan a un grupo suficientemente numeroso de residentes o que afectan, de forma grave, al barrio en su conjunto. El tipo de colaboración solicitada varía y depende de la necesidad a abordar. Por ejemplo, la primera actividad lanzada por los promotores de la asociación fue aparentemente la organización de un servicio bibliotecario, a comienzos de los ochenta.

Teniendo en cuenta que muchos residentes eran total o parcialmente analfabetos, la función principal de la biblioteca no era tanto proporcionar libros a los residentes como ofrecer un servicio de guardería para los niños pequeños. Esto permitió a las madres dejar a sus hijos en la biblioteca mientras trabajaban, principalmente en el servicio doméstico o vendiendo pescado en la calle, las principales fuentes de empleo para las mujeres del vecindario hasta los años noventa.

Una vez puesto en marcha el nuevo espacio, este pronto asumió una segunda función importante: ser un punto de información y autoorganización para las trabajadoras domésticas. La asociación había detectado la necesidad de ofrecer un espacio donde las numerosas mujeres empleadas en este sector pudieran compartir información sobre las condiciones legales de su profesión y los derechos que les asistían. Las jornadas informativas que la asociación organizó sobre este tema pronto adquirieron una importancia considerable. El gran número de mujeres que participaron en ellas indicaba claramente la necesidad de espacios de encuentro comunitarios:

> Empezamos con esa biblioteca, y a la biblioteca acudieron rápidamente setecientos niños, y así es como empezó. Y a nivel económico, fue más con las trabajadoras domésticas, las que no conocían sus derechos y deberes. Entonces empezamos a trabajar con el sindicato de trabajadoras domésticas. Fue un gran avance para la asociación (Adele. Belga, 70 años). [Traducción del autor]

Resulta muy interesante que este tipo de iniciativas, como formas organizadas de prestación de ayuda, también eran denominadas *djunta-mon* para subrayar tanto su naturaleza cooperativa como la comunidad caboverdiana a la que interpelaban. Esta dinámica permitía a la asociación identificar y atender constantemente las necesidades de distintos subgrupos, incluidos los niños, pero también necesidades como programas de alfabetización, orientación para la búsqueda de empleo, formación profesional y actividades recreativas para los ancianos. La organización de estas actividades se fue albergando en varios edificios construidos, adaptados o mantenidos colectivamente por los residentes. En la actualidad, todos los residentes pueden identificar la ubicación física de la sala de ocio, la Oficina de Ayuda a la Búsqueda de Empleo o la sala taller donde ensaya el grupo folclórico.

El perfil de los participantes en este modelo de *djunta-mon* variaba considerablemente en función de la finalidad de cada convocatoria concreta y del lugar donde se celebrase. Si el objetivo del *djunta-mon* era la reparación física de una calle, los participantes más habituales eran los residentes de esa calle y sus amigos más cercanos. Si el objetivo del *djunta-mon* era colaborar en una actividad en el comedor infantil, eran mayoría las madres y padres de los niños que comían allí a diario. En el caso de los preparativos de una fiesta, destacaban en número aquellos residentes que estaban más implicados sentimentalmente con la celebración. Solo algunos vecinos participaban de forma regular e incondicional en los actos del *djunta-mon*, normalmente por su alto grado de implicación en la vida asociativa del barrio y su fuerte vinculación con Moinho da Juventude.

La institucionalización y el crecimiento de esta asociación han llevado a la profesionalización de gran parte de su labor. Esta tendencia ha tenido implicaciones para la participación en el *djunta-mon*. Ahora las personas contratadas por la asociación suelen ser de las que más se implican en las convocatorias de *djunta-mon*, aunque estas tengan lugar fuera de su horario laboral e impliquen tareas claramente diferenciadas de sus responsabilidades profesionales. De este modo, los empleados demuestran que su compromiso con la asociación va más allá de una relación profesional. Su participación en el *djunta-mon* les permite así legitimar simbólicamente su contratación en la asociación y competir por un cierto nivel de prestigio como residentes comprometidos con la comunidad. Además, la asociación prioriza estratégicamente la contratación de residentes del barrio como trabajadores para establecer un fuerte vínculo con estas personas, pero también con sus familias y amigos, animándolos así a participar regularmente en la vida de la comunidad y en los eventos del *djunta-mon*.

Por otra parte, la asociación complementa los servicios que ofrece a través de personal profesional con trabajo voluntario. Los servicios regulares de guardería que se ofrece en los locales de la asociación y que llegan a unos doscientos cincuenta niños implican tanto a personal contratado como a voluntarios. Paralelamente, el ya citado servicio de guardería familiar es prestado por mujeres que cuidan en sus propios domicilios a niños de hasta cinco años. Las casas de estas trabajadoras están repartidas por todo el barrio. Actualmente hay veinte niñeras, cada una de las cuales cuida de cuatro niños para atender a un total de ochenta. Esta red de cuidados ha tenido un fuerte impacto en el paisaje arquitectónico de la zona. En primer lugar, estas veinte casas, habilitadas total o parcialmente para el cuidado de los menores, se han convertido en puntos de referencia para la sociabilidad y el apoyo mutuo en el barrio. Los recursos y cuidados que prestan estos espacios corren a cargo de las niñeras, pero reciben ayuda de la comunidad en forma de *djunta-mon* si es necesaria una intervención excepcional que beneficie al servicio que prestan.

En la Cova da Moura, también son habituales las jornadas de *djunta-mon* para realizar sencillos trabajos de reparación y mantenimiento de infraestructuras públicas. En las mañanas de los días festivos, los participantes pueden dedicar su tiempo a tapar baches en un tramo especialmente dañado de una carretera, sustituir señales y carteles indicativos o reparar una tubería o desagüe reventados. Estas actividades suelen incluir un refrigerio después del trabajo, lo que ofrece oportunidades para la convivencia. El refrigerio puede correr a cargo de la asociación que organiza la actividad o del grupo de residentes de la calle afectada, pero se supone que el destinatario simbólico de estas contribuciones voluntarias es la comunidad en su conjunto. A este trabajo se le concede un valor especial, ya que permite a los residentes compensar el abandono material que perciben por parte de la administración portuguesa. En este sentido, cada evento de *djunta-mon* satisface una necesidad específica, pero el recurso continuo a esta práctica vecinal es una respuesta basada en su función general como herramienta de resistencia contra el abandono institucional. Así, más allá de su utilidad práctica, el *djunta-mon* tiene un fuerte valor simbólico como recurso de la comunidad vecinal frente a la exclusión.

Por último, conviene volver a la importancia del grafiti como una práctica creativa en la Cova da Moura, que plasma la identidad cultural de los vecinos en el paisaje físico del barrio. Muchas de las pintadas son valiosas por su tamaño y su calidad técnica, y algunas han sido ejecutadas por artistas especializados, como el mencionado grafitero Sergio Odeith. En cualquier caso, es frecuente que un grupo de residentes se movilice en *djunta-mon* para ayudar a limpiar la zona, reparar la pared si es necesario, proporcionar pintura y asistir a los artistas. La importancia de esta fórmula de autoorganización entre vecinos, por tanto, también se manifiesta en la ejecución de esos grafitis, que contribuyen al embellecimiento general del entorno físico. E igualmente se aplica en otras tareas de mejora estética del barrio, como la limpieza de aceras y la reparación de caminos comunitarios. Más allá de sus beneficios materiales, estas modalidades de *djunta-mon* permiten a los vecinos construir un paisaje físico que contribuye a superar el estigma y reivindicar su vecindario con orgullo:

> El barrio está mucho mejor ahora. Algunas personas vienen a vivir aquí desde Lisboa y también desde Francia porque sabemos cómo vivir aquí: tenemos mucha convivencia. Aquí los amigos dan mucha ayuda: para buscar trabajo, etc. En Cova da Moura todo es igual que en Cabo Verde (Cesarea. Caboverdiana, 56 años). [Traducción del autor]

Esta estrategia se ha manifestado con claridad en la consolidación del Kola San Jon, un festival ya descrito, que se celebra todos los años en junio, que ocupa un lugar central en la vida social del barrio y que ha llegado a ser reconocido como expresión protegida del patrimonio cultural inmaterial de Portugal. El *djunta-mon* juega un papel decisivo en la financiación de los costes de esta fiesta y en su gestión logística. Aquí es importante destacar el protagonismo de las niñeras de la guardería familiar. Estas veinte mujeres, que viven repartidas por todo el barrio, desempeñan un rol clave en la organización de jornadas de voluntariado descentralizadas. Cada una de ellas organiza uno o más *djunta-mon* para involucrar a los vecinos de su propia zona en la decoración de las calles para la procesión:

> Colocamos franjas con banderas de colores. Pero no banderas de países, solo colores. Nos distribuimos en diferentes zonas, y cada una ocupa su propia zona. Los del servicio regular de guardería cuidan la calle del Moinho, y luego cada niñera de la guardería

familiar decora su calle, y yo, como coordinadora, las apoyo con un grupo de dos o tres voluntarias (Carinda. Caboverdiana nacida en Cova da Moura, 25 años). [Traducción del autor]

El recurso al *djunta-mon* habilita, en este caso, un conjunto coordinado de intervenciones sobre las calles del barrio para adornarlas profusamente con motivo de la festividad. El resultado es un eficaz ejercicio de apropiación simbólica del espacio urbano, que durante un día adopta formas, funciones y significados explícita y espectacularmente vinculados a la tradición del archipiélago caboverdiano y, por extensión, a la identidad cultural de los vecinos de la Cova da Moura.

6.3. LA POLLADA PERUANA COMO EJE DE RESISTENCIA VECINAL EN EL ABASTO

La experiencia de los migrantes peruanos en el Abasto ha estado marcada por el estigma que les ha construido como usurpadores del espacio urbano que habitan. En los capítulos anteriores se describió el proceso de *patrimonialización* del Abasto, que conectó directamente con una tendencia a la gentrificación de esta área urbana y que se ha proyectado hacia los migrantes en forma de presión expulsora. No obstante, se ha señalado que los peruanos no son víctimas pasivas de este proceso, sino que han pugnado por impulsar su propio proyecto de configuración espacial en el barrio. Dicho proyecto estuvo asentado en un imaginario urbano compartido en gran medida por los migrantes, y se articuló mediante una pluralidad de prácticas de *fronterización,* creación de lugares propios, tejido de redes y alianzas *multiescalares*. Me interesa ahora centrarme en la descripción de una práctica específica, la pollada, cuya importancia en el Abasto he podido documentar para su interpretación como dispositivo de urbanismo migrante.

La *pollada* es un plato popular en la gastronomía peruana, que se prepara como una fritura de pollo macerado en un aliño de ají amarillo, ají panca y especias, y que es servido con papas, choclos cocidos, ensalada de col con zanahoria y diversas salsas de ají. Pero más allá de su receta, el interés de esta comida radica en las pautas que codifican su preparación y su consumo. La organización de polladas es importante entre los peruanos como actividad para la recaudación de fondos, generalmente destinada a financiar solidariamente una necesidad particular. La estructura de la pollada es relativamente sencilla. Los patrocinadores del evento elaboran una gran cantidad de esta comida y también bebida, para un número variable de comensales que son previamente invitados. En la invitación que se les extiende la palabra *pollada* aparece de forma explícita, así como el motivo del evento, generalmente descrito por la finalidad que se pretende dar al dinero recabado. Así, son frecuentes en Perú las polladas pro-salud, para cubrir los gastos derivados de la enfermedad de una persona, o las polladas pro-viaje, para colaborar con los estudiantes que finalizan sus carreras universitarias. A cambio de su invitación, el comensal paga un precio fijo que expresa su derecho a participar de la comida, pero también su solidaridad personal con la causa que se pretende apoyar. La pollada puede ser aplicada a cualquier gasto que movilice el apoyo solidario de la comunidad interpelada y representa una forma eficaz y muy extendida de obtención de apoyo económico en el Perú. De hecho, un estudio desarrollado por el Banco Mundial en 2014-2015 señalaba la importancia de esta práctica como estrategia predilecta entre la población peruana para la recaudación de fondos (Klapper 2015).

Si nos centramos en su aplicación a la configuración del paisaje urbano, estos eventos demostraron ser importantes ya entre los migrantes procedentes del medio rural peruano que se iban instalando masivamente en la ciudad de Lima a partir de los años sesenta. Estas personas encontraban, frecuentemente, dificultades en su proceso de incorporación al medio urbano, que exigían de ellas la movilización solidaria de recursos. Organizados en *clubes de provincianos,* estos migrantes se valían de la radio y de avisos en el periódico para convocar a amigos y conocidos a comidas colectivas organizadas con este fin. Estas actividades solían ser celebradas en un formato de convivialidad festiva durante los días de descanso, generalmente el sábado. Ahora bien, normalmente estos eventos se basaban en platos fuertemente ligados al origen andino de estos migrantes, como el anticucho —corazón de res cocido— o el picante de cuy (Béjar y Álvarez 2010, 265). A fines de los sesenta, cuando la fuerte subida del precio de la carne de res va tornando este artículo prohibitivo, las familias peruanas incrementan exponencialmente su consumo de carne de pollo, que había sido introducida a gran escala en el país a mediados del siglo XX, y bajo el control de grandes capitales transnacionales (Álvarez 2018, 14). Es en este contexto que las cuyadas y anticuchadas van deviniendo en las polladas tal y como hoy las conocemos.

La organización de polladas se consolida como una estrategia económica de primer orden entre las familias migrantes, pero pronto se extiende hacia otros sectores de la sociedad peruana, que la asimilan y le imprimen nuevos usos y nuevas formas. Surgen así variantes como la minipollada, que designa un tipo específico de pollada que se celebra a pequeña escala y en el que solo son invitadas las personas más cercanas al organizador; y la juntapollada, en la que, primero, un número variable de personas se coordina para vender una misma cantidad de tarjetas de invitación y, posteriormente, se realiza entre ellas un sorteo para elegir a la única que organizará finalmente la pollada y se quedará con el total de los beneficios. Igualmente aparecen nuevos usuarios, cuando esta práctica sea adaptada por sectores urbanos de clase media y alta. Curiosamente, estos grupos rebautizan la pollada como *chicken party* o *chicken brunch* (Álvarez 2018), aparentemente, para invisibilizar su vinculación original con el mundo rural andino. Entre estos sectores de clase media y alta, el costo de la organización de una pollada suele ser considerablemente más elevado, así como el precio de la invitación, mientras que el destino de los fondos recabados se orienta a gastos propios de estos estratos, como por ejemplo sufragar la pensión universitaria o comprar un coche a un hijo que se incorpora a la vida adulta.

La popularización de la pollada ha propiciado su instrumentalización para usos muy específicos en el marco de estrategias particulares o sectoriales. Es así como han surgido los *artistas de polladas,* músicos de géneros bailables que basan buena parte de su carrera en la contratación para ambientar estos eventos. Las polladas bailables han posibilitado a algunos artistas conseguir fama y prestigio, como en el caso de la famosa Lucila Campos, intérprete de música criolla, afroperuana y tropical conocida popularmente como *la reina de las polladas.* También es interesante que los partidos políticos peruanos han aplicado la pollada como mecanismo de financiación de sus campañas electorales. El Partido Aprista Peruano (PAP), de tendencia izquierdista y fuerte arraigo popular, se ha destacado en la organización de polladas a través de sus comités distritales y para la cobertura de una multiplicidad de gastos. No obstante, otros partidos políticos también han hecho uso de la pollada, y la propia Keiko Fujimori declaró públicamente haber financiado el grueso de sus campañas con «rifas y polladas» (*La República* 2011). Entre los peruanos residentes en el Abasto, el recurso a las polladas ha sido común a la hora de mantener el estado de conservación de los edificios que habitan. Esta práctica es relativamente frecuente entre grupos de vecinos residentes en un mismo conventillo, precisamente por el estado de deterioro que suelen presentar estos edificios, tanto por su antigüedad como por el abandono que sufren de parte de sus propietarios legales. La identificación de la necesidad de un arreglo es con frecuencia el primer paso para que un grupo de vecinas —casi siempre mujeres— tome una iniciativa de este tipo.

Organizar una pollada implica una serie de decisiones que podemos aglutinar en tres tipos: sobre el lugar y el momento de celebración del evento, sobre la obtención de los recursos necesarios para sufragar su organización y sobre la difusión eficaz de las invitaciones para garantizar su éxito y su rentabilidad económica. Normalmente primará un criterio de accesibilidad física, apostando por el propio conventillo o lugares públicos de libre acceso, así como una preferencia por el sábado por la tarde o el domingo, para facilitar la asistencia de los invitados durante sus jornadas de descanso.

Los responsables de la pollada aportan equitativamente los fondos necesarios para su preparación y, al hacerlo, se convierten en legítimos beneficiarios del importe recabado en el evento. Entre las personas que financian la pollada puede haber algunas que no sean peruanas, pero sí lo son generalmente quienes recolectan los fondos, compran los ingredientes y preparan la comida. Esto se justifica normalmente en base al criterio de la experiencia. Organizar la pollada exige calcular de forma certera la cantidad de pollo a cocinar en función del número de comensales previsto y seleccionar con exactitud los ingredientes necesarios y las técnicas de preparación —elaboración de las salsas, troceado, macerado, etc.—. Por lo demás, el éxito económico de la pollada depende por completo de la capacidad de sus organizadores para lograr la participación del número de personas necesario.

En el país de origen, la pollada involucra normalmente al círculo íntimo de amigos, familiares y vecinos de los organizadores. Ahora bien, en el contexto migratorio que representa el Abasto es común que las polladas interpelen al conjunto de los peruanos en cuanto comunidad étnica. Incluso cuando no se da una relación personal estrecha que justifique la invitación, la condición compartida de la peruanidad genera aquí una expectativa moral sobre el invitado, sobre todo cuando el gasto a cubrir —la finalidad última de la pollada— lo justifica. Así, si unos peruanos organizan una pollada porque han sufrido un robo en su vivienda, o porque necesitan arreglar el edificio que habitan, la apelación a la solidaridad entre connacionales puede bastar para motivar a otros peruanos a asistir y colaborar. Esto incluye a los vecinos peruanos del barrio, pero también, si la importancia del evento lo amerita, a miembros destacados de la colectividad peruana en Buenos Aires: dirigentes de las asociaciones de peruanos, representantes consulares o incluso figuras públicas —artistas, etc.— pueden ser interpeladas no por su relación personal con los organizadores de la pollada ni con el barrio, sino en cuanto representantes de la comunidad peruana. Ahora bien, este tipo de invitación solo se practica en situaciones excepcionales, generalmente reforzadas por una presión moral superior: para garantizar necesidades de subsistencia de familias peruanas, protegerlas ante una desgracia sobrevenida, etc. En estas ocasiones, el hecho de que la invitación apele a la colectividad peruana como comunidad étnica favorece que en la pollada se enfaticen las alusiones a la peruanidad de la celebración. Algo que se materializa mediante intervenciones en el paisaje físico, como el adorno del lugar del evento con banderas del Perú, el recurso a los colores patrios o la ambientación con música folclórica del país.

Curiosamente, la identidad peruana también puede servir para estimular la participación de vecinos argentinos. Pero en este caso la visibilización del carácter peruano del evento no persigue extender al invitado no peruano las expectativas morales que estos eventos implican entre connacionales. Más bien se tiende a asignar a estos argentinos el papel de espectadores, activando la pollada como una ocasión para presenciar una manifestación de la cultura peruana considerada valiosa por su singularidad. Así, la visibilidad de la identidad peruana admite una modulación en función de las redes que se pretende involucrar en el evento. La peruanidad es más remarcada cuanto más abierto es el evento, y llega a funcionar como eje de la convocatoria cuando la finalidad de la pollada exige movilizar una cantidad especialmente alta o urgente de recursos.

En cuanto a sus aplicaciones concretas, estas conectan parcialmente con la tradición peruana, pero tienden a ajustarse a las necesidades específicas de los inmigrantes peruanos residentes en este barrio argentino. Concretamente, y al igual que sus vecinos argentinos, los peruanos que viven el Abasto poseen una conciencia clara de la amenaza gentrificadora. La gentrificación aparece percibida, principalmente, como una estrategia de clase, que un grupo de capitalistas ejecuta con el objetivo de obtener beneficios económicos mediante la especulación inmobiliaria. Sin embargo, existe paralelamente una clara conciencia de que este problema afecta especialmente a los peruanos. En primer lugar, porque la ubicación central del barrio representa, en la percepción de estas personas, la única posibilidad disponible de acceder a servicios públicos de una calidad superior a los que existen en la periferia. Y, en segundo lugar, por el ambiente que les ofrece el Abasto, percibido como tranquilo y seguro por contraste con la alternativa habitacional de la *villa miseria*. Por esta razón, y porque la principal amenaza a esa ventaja es la dificultad del acceso a la vivienda, es lógico que el recurso a la pollada haya ido orientándose crecientemente a resistir el efecto expulsor de la gentrificación del barrio. De este modo, resulta frecuente la organización de polladas para la recaudación de fondos para el mantenimiento de las casas y áreas residenciales comunes:

> Para organizarnos hacemos una pollada entre los vecinos y recaudamos dinero con eso. Porque esa comida solamente la hacemos para hacer una actividad y para recaudar fondos. Pro-salud, pro-casa, pro-esto o pro-cualquier cosa, pero es apoyar, es una comida especial. [...] Si había que arreglar la casa, todos juntos. Esa reja, por ejemplo, la pusimos todos juntos, la reja de la puerta. Recaudábamos cada vecino, cuánto toca, entre todos poníamos (Ángela. Peruana, 37 años).

Las aplicaciones de la pollada en el Abasto se centran, principalmente, en recaudar fondos para frenar el deterioro las viviendas que habitan. Muchas de estas viviendas sufren el abandono sistemático e intencionado de sus propietarios, que no están interesados en arreglarlas y sí en desalojarlas para revalorizarlas en el mercado inmobiliario. En este contexto, mantener la vivienda en buen estado de conservación aparece como una necesidad de primer orden para los peruanos. La cooperación entre los vecinos resulta necesaria para llevar a cabo pequeños arreglos funcionales, así como para evitar el deterioro estético de los inmuebles. Los vecinos que cohabitan en un mismo conventillo o, incluso, los que residen en una misma calle, pueden recurrir a la pollada para juntar el dinero necesario para mantener los edificios en un estado aceptable.

> Hacíamos la pollada. Hacíamos actividades, invitábamos a otras amistades a poder comer una pollada, comida peruana, entre todos colaborábamos y comíamos. Comprá-

bamos entre todos los vecinos, salíamos a un presupuesto de hacer pollada, comida peruana, ceviche, y comíamos entre todos. Y las personas que vienen hacen una aportación, viste, para poder arreglar la casa. Para hacer los cambios de luz, arreglos, que era mucho y algunos no tenían. Tratábamos de ayudar en eso, ayudarnos como sea, de lo poco que podíamos. Darnos la mano entre todos (Violeta. Peruana, 43 años).

Al igual que en los barrios de la periferia de Lima desde hace décadas, el destino final de los fondos de las polladas es con frecuencia la inversión en mejoras materiales del edificio. Estas intervenciones pueden abarcar desde la colocación de una reja hasta el arreglo de la instalación eléctrica. Ahora bien, las polladas también pueden ser organizadas con el objetivo de afrontar gastos cotidianos propios de la vida doméstica, y sus aplicaciones se han ido adecuando a la evolución de las circunstancias. Así, en un conventillo habitado mayoritariamente por familias peruanas se organizó una pollada para hacer frente a una factura de luz extraordinariamente alta:

Estamos haciendo una demanda a Edesur [empresa eléctrica encargada del suministro en la zona]. Porque nosotros pagamos la luz. Y pagábamos con el *tarifazo* y todo: nos ha venido ahora último 11 000 de luz. Y una vez nos vino de 23 000. Supuestamente porque el medidor no había medido bien: ocho meses creo que no había medido bien. Y se dieron cuenta de que el medidor no había medido bien [...]. Y nos vino 23 000 de un porrazo de luz. Y lo pagamos, haciendo la pollada lo pagamos (Ángela. Peruana, 37 años).

Se trata este un uso muy singular de la pollada, que tiene como objetivo mitigar los efectos de una medida política muy concreta del gobierno argentino: el conocido *tarifazo* de 2016. En el invierno de aquel año, el gobierno de Mauricio Macri decretó una subida en las tarifas de servicios como la energía y el transporte público, en el marco de los ajustes recomendados por el Fondo Monetario Internacional. Resulta interesante notar cómo la aplicación de la pollada frente al *tarifazo* obedece a una novedad sobrevenida en la experiencia migratoria: ninguno de los peruanos entrevistados había habitado una vivienda colectiva en Perú, pero la familiaridad de todos con el dispositivo de la pollada permitió articular una respuesta colectiva de manera rápida, ordenada y eficaz. Además, es importante tomar en cuenta que esta respuesta organizada de los vecinos partía de la clara conciencia que todos tenían sobre la necesidad de pagar la factura inmediatamente para evitar ser estigmatizados como usurpadores o habitantes ilegítimos del barrio:

Nos vino 23 000 de un porrazo de luz. Y lo pagamos, haciendo la pollada lo pagamos. O sea, que nunca hemos dejado de pagar. Y los periodistas, los que vinieron, en el reportaje dijeron que nosotros no habíamos pagado la luz y que era por eso que nos alumbrábamos con velas. Mintieron, fue un corte en toda la cuadra, en las dos, esta y esta (Ángela. Peruana, 37 años).

Estas declaraciones precisan ser enmarcadas en una experiencia especialmente traumática, que coincidió con la ejecución de mi trabajo de campo durante ese invierno de 2016. Ángela se refiere aquí a los periodistas que cubrieron el desahucio que sufrió junto con sus vecinos, ya relatado, a raíz de un incendio parcial provocado por una vela. Lo que explica esta vecina peruana es que el uso de velas respondía a un corte de luz sobrevenido en toda la zona y no a un impago en su comunidad, ya que las facturas de luz en su conventillo habían sido satisfechas puntualmente, recurriendo incluso a polladas en momentos de necesidad. Los habitantes más humildes del barrio, peruanos en su mayoría, estaban sufriendo los efectos del *tarifazo* en plena ola de frío, y encontraban problemas serios para cubrir el coste creciente de vivir en el Abasto. El 28 de julio, Día Nacional del Perú, estos vecinos del conventillo de la calle Zelaya, se encontraban acampados en plena calle para reivindicar su derecho a vivir en el barrio.

> Nosotros estamos haciendo historia acá. Porque es la primera vez que una gente se queda así en la calle acá, por estos lados. Es la primera vez que la gente se queda luchando en la calle. Siempre, cuando pasaba un incendio, clausuraban y la gente se iba cada uno adonde podía. Es la primera vez que la gente se está quedando a luchar por su casa, por un techo seguro, por lo que tenía. No quieren ir a galpones, porque galpones es para gente que está realmente... viste, gente que no trabaja, vagos... Están llenos de eso los galpones: de fumones... En la vida vamos a ir ahí: ¡Si nosotros todos trabajamos! (Ángela. Peruana, 37 años).

En torno a esta acampada, pronto se había logrado activar toda una red de apoyo integrada por familias de otros conventillos, peruanas en su práctica totalidad. En los días que siguieron al desalojo las polladas se sucedieron a un ritmo acelerado, celebradas bajo banderas de Perú, y en un ambiente fuertemente cargado de alusiones a la identidad nacional y al necesario apoyo entre compatriotas. Una vez más observamos en este caso un uso creativo de la pollada en el contexto específico de la migración en El Abasto. En este caso la dura experiencia del desahucio colectivo, que respondía a la situación de presión gentrificadora que afectaba al Abasto, era contestada por los peruanos mediante la unión entre connacionales a través de la organización de polladas. La pollada se construía en este contexto como un dispositivo que permitía activar la peruanidad en torno a un conjunto acotado de prácticas, y sujetar a los miembros del grupo étnico a unas expectativas morales de comportamiento.

El refuerzo de los marcadores peruanos en el discurso de los vecinos afectados por el desahucio persiguió —y hasta cierto punto propició— la participación activa en las polladas de organizaciones formalmente ligadas a la comunidad peruana como sector poblacional diferenciado. Por la acampada fueron apareciendo diferentes organizaciones de peruanos que se ofrecían a prestar ayuda tras haber conocido el problema de las familias desahuciadas por conocidos, comercios de la zona o medios de comunicación.

Este fue el caso, por ejemplo, de la Asociación de Mujeres Unidas, Migrantes y Refugiadas en Argentina (AMUMRA), una entidad fuertemente asociada a la comunidad peruana por ser de este país la mayoría de sus miembros y la totalidad de sus dirigentes. Igualmente fueron invitados a participar en las polladas los trabajadores y propietarios de los restaurantes peruanos del entorno. Muchos de estos negocios colaboraron activamente donando comida a los vecinos acampados. Incluso hubo grupos musicales peruanos que colaboraron actuando gratuitamente en las polladas, mientras que un conjunto de mariachis mexicanos tomó parte en una de ellas cantando rancheras, en un acto de solidaridad construido estéticamente como mexicano-peruano.

La organización de polladas en el contexto migratorio del Abasto ha permitido la activación de redes solidarias mediante la apelación a una identidad nacional compartida, y a través de una fórmula organizativa conocida que fue actualizada en el contexto migratorio. La pollada opera, así, como un dispositivo de urbanismo migrante, que permite a los vecinos mantener las casas frente al abandono que sufren de parte de sus propietarios legales, hacer frente a facturas desorbitadas o recabar ayuda de otras personas en casos de necesidad extrema como el de un desahucio. El éxito de esta práctica radica en su capacidad para movilizar el apoyo entre peruanos interpelando a unas reglas morales y unas normas de funcionamiento que son conocidas y percibidas como propias. Los fondos recabados en las polladas permiten satisfacer el arreglo de averías puntuales en los edificios, pero también mantener el cuidado estético de un barrio patrimonial. Hay que recordar en este punto que la transformación urbanística del barrio está movilizando un discurso que criminaliza a los peruanos como usurpadores de un espacio patrimonial argentino. En la medida en que posibilita el adecentamiento de las viviendas, la pollada también permite rehabilitar moralmente a los peruanos como habitantes legítimos del Abasto. Y esta rehabilitación moral contribuye, a su vez, a reforzar el imaginario urbano que los migrantes han construido sobre este barrio, representando a los inmigrantes como auténticos conservadores del patrimonio del Abasto. Así, frente al discurso gentrificador que los construye como usurpadores del patrimonio, la pollada permite confrontar con un discurso que reivindica a los peruanos como garantes del cuidado de un patrimonio abandonado. En este discurso se subraya que el barrio ha estado habitado por inmigrantes desde sus orígenes, y que han sido estos quienes han mantenido vivos sus edificios y sus calles. Una experiencia que se remite a la propia historia de Argentina, que es reconstruida como una nación de inmigrantes. Las tesis uruguayistas y francesistas sobre el nacimiento de Gardel son rescatadas para presentar al vecino más famoso y más castizo del Abasto como un inmigrante más. Así, los peruanos se afirman como continuadores de una tradición migratoria que está en la raíz misma del Abasto y que debe ser protegida frente a la agresión gentrificadora (figura 6).

Figura 6. Vecinas peruanas preparan la comida para una pollada solidaria con familias desahuciadas en el Abasto (2016). Fuente: autor.

6.4. LOS DISPOSITIVOS DEL URBANISMO MIGRANTE Y SUS EFECTOS EN EL PAISAJE URBANO

Los casos descritos en este capítulo dan cuenta de una pluralidad de prácticas, que involucran a colectivos de orígenes muy diversos a la hora de afrontar problemas variados en sus respectivos contextos de inserción. Algunas de estas prácticas son ejecutadas por conjuntos acotados de individuos, como la *vaquita;* mientras que la minga, el *djunta-mon* o la pollada admiten con más facilidad la participación de grandes cantidades de personas. A veces, la participación en ellas incluye la prestación directa de trabajo, como en la minga o el *djunta-mon;* mientras que en la *vaquita* o la pollada la cooperación se materializa en forma de aportación económica. En ocasiones, esa cooperación persigue la consecución de un objetivo que beneficia de manera directa y evidente a uno o varios grupos étnicos, mientras que en otros casos se busca ayudar de manera específica a un conjunto pequeño de miembros del grupo. Sin embargo, existen patrones generales que nos permiten valorar la funcionalidad de todas estas prácticas en cuanto dispositivos de urbanismo migrante.

Esto se pone de manifiesto, en primer lugar, en el hecho de que todas ellas interpelan de manera prioritaria o exclusiva a una población reconocible por su condición de migrante. Las mingas que los migrantes latinoamericanos ejecutaron para limpiar las canchas de San Jerónimo convocaban a una población que, precisamente por compartir un origen común, al ser de países de la cordillera andina, estaba familiarizada con este sistema de trabajo y tenía una comprensión profunda del tipo de comportamiento que prescribe. Esto último es crucial, y se refleja con la misma claridad en la *vaquita,* pero también en el *djunta-mon* caboverdiano y en las polladas que los peruanos organizan en el Abasto. Todas estas iniciativas funcionan en la medida en que los participantes se sienten convocados por *algo más* que un beneficio coyuntural: en todos los casos organizar la interacción a través de códigos simbólicamente asociados a la cultura de origen permite actualizar patrones de comportamiento étnico, que ejercen una presión para que los migrantes respondan positivamente en cuanto *buenos miembros* del grupo. Ayudar en un trabajo concreto, al igual que prestar una pequeña cantidad de dinero, es algo que cualquier individuo puede hacer en distintas situaciones en el desarrollo normal de su vida cotidiana; pero cuando se participa en una minga en Sevilla el trabajo se presta *en cuanto* ecuatoriano; del mismo modo que cuando un caboverdiano contribuye con su esfuerzo a un *djunta-mon* en Lisboa la ayuda implica una afirmación de su pertenencia al grupo nacional; y cuando un particular compra una invitación a una pollada en Buenos Aires todos entienden que, más allá del consumo de una comida, exhibe una forma de comportamiento que le habilita como un buen peruano.

Ciertamente, el compromiso de un inmigrante con su grupo de referencia puede ser renovado de muchas formas y todas ellas pueden revertir en un beneficio para los intereses colectivos de ese grupo. Sin embargo, los dispositivos descritos en este capítulo presentan la enorme ventaja de encontrarse altamente estandarizados, por lo que pueden ser ejecutados de manera rápida y eficaz. Los cuatro sistemas descritos involucran una serie de comportamientos prescritos, cuya ejecución debe ajustarse de forma más o menos rigurosa a unas formas, un orden, unos ritmos y unos espacios que son conocidos y al mismo tiempo vigilados por los miembros del grupo. La convocatoria de una minga entre los latinoamericanos de Sevilla, o de un *djunta-mon* entre los caboverdianos de la periferia de Lisboa, presupone un objetivo moralmente justificado, ya sea porque responda a un fin importante para todo el grupo étnico o porque pretenda auxiliar a alguno de sus miembros ante un problema especialmente grave. Quienes responden a este llamado saben que se comprometen a trabajar sin cobrar por ello, aunque sí esperan una retribución simbólica, que generalmente se concreta en un acto de comensalidad comunal que visibiliza y refuerza los vínculos que ligan a los miembros del grupo étnico. Igualmente, esperan que los convocantes del evento se responsabilicen de la provisión de las herramientas necesarias, y que organicen el trabajo de una forma que no implique una carga excesiva para ningún individuo. Por su parte, las *vaquitas* y polladas canalizan una aportación de recursos económicos que también debe estar justificada por una causa moralmente legítima para el grupo en su conjunto. Quienes toman parte de estas iniciativas entienden que

existen personas concretas que se responsabilizan de custodiar los recursos recabados, asumen que existe un plazo delimitado para culminar la recolecta y que pueden
existir pequeñas variaciones en los ritmos —atrasos en los pagos, incorporación
de nuevos participantes, etc.— que siempre deben ajustarse escrupulosamente al
objetivo superior del beneficio colectivo. Todos estos conocimientos no se adquieren
mediante el estudio reglado ni por el aprendizaje iniciático de nuevos patrones organizativos, sino que responden a la mera observancia de pautas de comportamiento
que ya son familiares a los participantes. La eficacia de estos sistemas deriva de la
facilidad de activar todo un conjunto articulado de prácticas complejas mediante la
simple referencia a un concepto identificado como *pauta de comportamiento étnico*.

Por otra parte, cada una de las aplicaciones de estos sistemas debe ser interpretada en su contexto concreto. Las mingas de San Jerónimo respondían a la necesidad
de los inmigrantes latinoamericanos de dotarse de un espacio propio, en el que
relacionarse de manera estable. Mientras que, dentro de esta misma población, una
hermandad podía organizar una *vaquita* para cubrir los costes de una procesión
religiosa con la que visibilizar ante el conjunto de la sociedad local una diferencia
cultural construida como compatible. Es en este sentido que todos estos dispositivos se definen por su alto valor estratégico. La convocatoria de un *djunta-mon*
en la Cova da Moura difícilmente tiene un carácter improvisado: tanto los valores
éticos que activa como el trabajo organizativo que involucra hacen que un evento
de este tipo solo tenga lugar cuando un grupo de personas socialmente legitimado
identifica una causa que conecta con las prioridades del grupo interpelado. No por
casualidad los *djunta-mon* de la Cova da Moura se han orientado con frecuencia al
levantamiento de edificios de titularidad colectiva, que además de generar espacios
de encuentro para los vecinos del barrio constituyen en sí mismos una reivindicación
comunitaria del derecho a usar unos terrenos cuya posesión legítima se les discute
desde el exterior. Del mismo modo que las polladas del Abasto cobran su sentido
como un dispositivo que, al orientarse principalmente a implementar mejoras de los
edificios de viviendas, evitan su deterioro físico frente al abandono de propietarios y
especuladores, y legitiman simultáneamente la presencia de los peruanos en cuanto
vecinos comprometidos con el patrimonio del barrio.

Finalmente, el interés de estas prácticas para un estudio como el que integra este
libro se justifica por el efecto que generan en la materialidad física del paisaje urbano. Las canchas de San Jerónimo presentan hoy un excelente estado que sin duda
obedece principalmente a las obras de mejora que recientemente ha implementado
el Ayuntamiento de Sevilla, pero probablemente la recuperación de este espacio no
se habría concretado como lo ha hecho si los inmigrantes no la hubieran estimulado
con su apropiación mediante jornadas de trabajo cooperativo a través de mingas. Del
mismo modo que la iglesia del Sagrado Corazón de Sevilla no albergaría hoy un altar

en honor del Cristo de los Milagros si una larga concatenación de *vaquitas* no hubiera posibilitado la acumulación de una cantidad creciente de recursos mediante la organización de redes cada vez más amplias de peruanos en torno a una hermandad. El caso de la Cova da Moura resulta excepcional por la amplitud y la profundidad del impacto que el *djunta-mon* ha generado en el paisaje urbano. Un buen número de edificios del barrio han sido levantados mediante el recurso a este sistema caboverdiano de cooperación, que también se ha proyectado en la instalación de infraestructura de luz y agua, en la limpieza de calles y en la decoración con grafitis de las paredes del barrio. Por su parte, las polladas del Abasto han generado un efecto en el paisaje físico que, curiosamente, más que visibilizar la identidad cultural de los migrantes se plasma en la reposición y el cuidado estético de formas de arquitectura asociadas al patrimonio nacional argentino.

Los cuatro casos de estudio abordados presentan, por tanto, ejemplos muy variados de dispositivos de urbanismo migrante, que permiten proyectar la presencia inmigrante en formas diferenciadas de construcción del paisaje urbano. La constatación de la existencia de estos dispositivos y de la eficacia de su funcionamiento nos invita a repensar la relación entre los migrantes y los entornos que habitan, asumiendo que, lejos de ser meros usuarios de un espacio urbano terminado, los migrantes son también urbanistas que participan junto con otros actores del proceso cotidiano de producción de la ciudad. Una idea que podría y debería tener implicaciones en nuestra forma de pensar, diseñar, organizar y habitar la ciudad. Y una idea que, por lo demás, nos invita a incorporar el urbanismo migrante a una escala superior de análisis sobre la ciudad como producto del ensamblaje entre realidades vivas.

7. El urbanismo migrante en la ciudad de cristal

El abordaje comparado de tres estudios de caso me ha permitido discutir en este libro el papel que actualmente están jugando los migrantes en la configuración del paisaje físico de las ciudades. Partiendo de la consideración del migrante como un urbanista, mi objetivo ha sido discutir sus estrategias de territorialización, atendiendo simultáneamente a los factores estructurales que enmarcan la propia migración, las dinámicas de ocupación del espacio urbano, los imaginarios que nutren la producción social de la ciudad y los complejos entramados de actores, redes y prácticas que pugnan por proyectar esos imaginarios y hacerlos efectivos. Para ello, he repasado los muy diversos contextos legales, económicos y residenciales que han enmarcado en cada caso la incorporación de los inmigrantes a la ciudad; los niveles de centralidad, concentración, frecuencia, duración y contraste que se dan en las formas de ocupación del espacio urbano por cada grupo; los referentes identitarios y los criterios de legitimidad que sustentan los distintos imaginarios; y los diferentes territorios, lugares, escalas y redes que articulan las estrategias de producción del espacio urbano en las que participan los migrantes. Finalmente, he aportado ejemplos de dispositivos específicos que asumen funciones estratégicas en la implementación del urbanismo migrante, como son la minga y la *vaquita,* entre los latinoamericanos residentes en la Macarena, el *djunta-mon,* de los caboverdianos que habitan la Cova da Moura, y la pollada que practican los peruanos radicados en el Abasto. A partir de estos datos, es posible proponer algunas ideas que plantean nuevas preguntas de cara al futuro.

En primer lugar, y más allá de las diferencias advertidas, se constata que los migrantes no son meros usuarios de un espacio urbano acabado, sino que operan como agentes activos en su configuración. Esta evidencia tiene un doble potencial que conviene poner de manifiesto. Por un lado, como ya advirtieron Castles (2010) y Hall (2015), concebir al migrante como uno más de los muchos agentes que configuran la ciudad en un contexto de movilidad estructural, permite confrontar la base del discurso xenófobo que presupone el espacio como una realidad preexistente —normalmente construido como *espacio nacional*— y al migrante como un asaltante que la violenta desde el exterior. Entender que los edificios que habitamos, las calles que transitamos y las plazas y parques en que nos reunimos son producto de un *devenir* nos permite romper con el marco conceptual de las esencias y adentrarnos en otro campo, más rico ética e intelectualmente, que interpela a los procesos, a lo cambiante y, en definitiva, a lo complejo.

En este sentido, el concepto del *urbanismo migrante* nos remite necesariamente a un paradigma más amplio de lo urbano en cuanto producto cristalizado. Más allá de los procesos migratorios, la ciudad de cristal invita a ser pensada como un mapa desde el que rastrear los procesos que le dieron forma, a partir de la identificación de territorios, lugares, escalas y redes; que proyectan identidades y legitimidades articuladas en imaginarios urbanos; que expresan dinámicas diferenciadas de ocupación, delimitación y significación del espacio urbano; que están condicionadas por la experiencia de cada grupo humano en un contexto sociohistórico específico.

Esta concepción de la ciudad nos plantea todo un abanico de preguntas sobre el proceso de cristalización que subyace a cada elemento del paisaje urbano. Cada calle, cada edificio, cada barrio puede ser interrogado desde esta perspectiva. ¿Qué actores impulsaron su configuración actual? ¿Qué prácticas concretas ejecutaron tales actores para hacerla realidad? ¿En qué redes se apoyaron, a qué escalas operaron? ¿Qué imaginarios movilizaron para dotar de legitimidad su intervención? ¿Qué factores políticos, económicos y jurídicos dotaron de respaldo esos imaginarios y posibilitaron su devenir hegemónico o minoritario? La respuesta a estas preguntas requiere, simultáneamente, de una mirada holística sobre lo urbano, capaz de poner en conexión distintas dimensiones de la experiencia humana, y de una sensibilidad con la percepción *emic* de los sujetos involucrados. El método etnográfico ofrece ventajas incuestionables en este punto, siempre y cuando tengamos la prudencia y la valentía de romper con los esquemas clásicos que encierran las unidades de observación en regímenes espaciotemporales estancos, y seamos capaces de explorar paisajes culturales que son poliédricos, cambiantes y multisituados.

Para el investigador de lo urbano la noción de *urbanismo migrante* puede ser útil, por tanto, si se integra dentro de un enfoque amplio del paisaje urbano como un producto cristalizado de interacciones múltiples y cambiantes entre distintos actores. Por ello, resulta interesante conectar el concepto de *urbanismo migrante* con la propuesta que hacen autores como Kim Dovey (2010) o McFarlane (2011) de pensar la ciudad como un ensamblaje. Se trata, en resumidas cuentas, de abandonar la concepción de la ciudad como un sistema organizado para interpretarla como un estado de cosas «cuyas propiedades surgen de las interacciones entre las partes» (De Landa 2006, 5).

Desde esta perspectiva, la producción de un lugar nunca responde totalmente a la proyección unívoca y armónica de la identidad de un grupo, sino que más bien deviene de procesos sintéticos que permiten la formación de enteros a partir de la articulación entre distintas partes (Dovey 2010, 24). Esta tesis parece avalada por los datos expuestos en este trabajo, que no permiten inferir la existencia en nuestras ciudades de espacios enteramente producidos por los migrantes dentro de sus códigos culturales exclusivos; pero sí exigen tomar en cuenta la presencia de estos grupos como agentes que intervienen en la configuración de la ciudad a dos niveles: en cuanto sujetos que implementan estrategias y en cuanto objetos que legitiman y dotan de sentido las estrategias de otros grupos —como chivos expiatorios, por ejemplo—.

El pensamiento de ensamblaje invita a pensar el urbanismo como el resultado de la acumulación y el alineamiento de múltiples prácticas fragmentarias que se imponen circunstancialmente a otras prácticas alternativas, y que pueden estar sujetas a desmontaje y reensamblaje a través de relaciones desiguales de poder (McFarlane 2011). Esto nos permite pensar la ciudad en su conjunto como una realidad relacional y co-constituida (Amin y Thrift 2002; Massey 2005, 2007, 2011), y el urbanismo actual como una práctica de ensamblaje que involucra una pluralidad de sitios, personas, objetos y procesos (McCann *et al.* 2011). El pensamiento de ensamblaje, en definitiva, nos invita a pensar la ciudad a través de las relaciones rizomáticas entre formas materiales y prácticas socioespaciales (Dovey y Recio 2024).

Dovey y Recio (2024) sugieren que pensar lo urbano como ensamblaje es particularmente adecuado para abordar escenarios de informalidad urbana, precisamente porque este planteamiento teórico rompe con las categorías binarias que han tendido a separar de forma excesivamente rígida la ordenación de los espacios urbanos. La dimensión procesual del ensamblaje es la que nos permite analizar en cada caso la articulación co-constitutiva entre la sociabilidad y la espacialidad, lo local y lo global, lo formal y lo informal (Dovey y Recio 2024, 6). Esto se torna evidente cuando exploramos los estudios de caso presentados en este libro deteniéndonos en las expresiones más informales de lo urbano. Es así como llegamos a entender que la percepción del semiabandono de las canchas de San Jerónimo Puente animase a los inmigrantes latinoamericanos a intervenir en el paisaje de un modo que, al proyectar localmente prácticas urbanizadoras de sus culturas de origen, legitimaba moralmente su control sobre este espacio. O que los caboverdianos hayan llegado a pensar la Cova da Moura como una isla que, a diferencia del (resto del) territorio nacional portugués, debe más a la implosión colonial que a la ordenación urbanística regulada por el Estado. O que los peruanos lleguen a sentirse no solo ocupantes legítimos de los conventillos que habitan, sino herederos de unos edificios cristalizados desde su origen como expresión del país de inmigración que siempre fue Argentina.

Sin embargo, no existen motivos en principio para pensar que el ensamblaje sea una condición exclusiva de las prácticas del urbanismo informal. Las prácticas urbanísticas más formalizadas, e incluso aquellas dotadas del respaldo institucional de entidades como el Estado, pueden ser igualmente abordadas desde la premisa de que responden a esa combinación creativa de elementos que es el ensamblaje. Esto se aprecia con claridad, por ejemplo, cuando autoras como Teresa Caldeira se interesan por entender los nuevos enclaves residenciales fortificados que las clases medias construyen en América Latina a partir de una combinación de elementos constructivos, técnicas de vigilancia y discursos sobre la otredad que se nutren de raíces tan variadas como la herencia de segmentación racista de la sociedad, la acentuación de la desigualdad y una deslegitimación del sistema judicial que refuerza una tendencia a la privatización de procesos de venganza (Caldeira 2007).

Nuestras ciudades, en fin, requieren ser pensadas como lugares porosos y abiertos a lo relacional (Massey 2001). En todo tiempo y lugar lo urbano emerge a través de relaciones entre personas, materiales, imágenes y capitales que se combinan en formas conflictivas y cambiantes. Y en el actual contexto de la globalización, en el que los avances técnicos disponibles posibilitan la circulación de todas esas realidades a escala global y en tiempo real, las ciudades reúnen mundos diferentes de maneras diversas y, a menudo, sorprendentes (Allen 1999a, 95). Pensar la ciudad de este modo nos invita a preguntarnos quiénes tienen la capacidad efectiva de impulsar los ensamblajes convenientes a sus intereses. Y, sobre todo, nos invita a pensar juntos qué ensamblajes necesitamos articular para crear ciudades más justas para todos.

Referencias bibliográficas

AIXELÀ-CABRÉ, Yolanda. 2019. *La gestión de la diversidad religiosa, étnica y cultural en Europa en el siglo XXI*. Barcelona: Bellaterra.

ALI, Nasreen. 2006. «Imperial Implosions: Postcoloniality and the Orbits of Migration». En *A Postcolonial People. South Asians in Britain*, editado por Nasreen Ali, Virinder S. Kalra y Salman Sayyid, 158-167. London: Hurst.

ALLEN, John. 1999a. «Worlds within Cities». En *City Worlds*, editado por Doreen Massey, John Allen y Steve Pile, 53-97. London: Routledge.

ALLEN, John. 1999b. «Cities of Power and Influence: Settled Formations». En *Unsettling cities*, editado por John Allen, Doreen Massey y Michael Pryke, 181-228. London: Routledge.

ÁLVAREZ, Magno Antenor. 2018. «La pollada. Una forma de autoorganización para afrontar la crisis. Lima, 1980-2001. Una visión sociohistórica». Tesis de licenciatura, Universidad Nacional Mayor de San Marcos.

AMIN, Ash y Nigel THRIFT. 2002. *Cities: Reimagining the Urban*. Oxford: Polity Press.

ANDERSEN, Kaj Blegvad. 1977. *African Traditional Architecture*. Nairobi: Oxford University Press.

ANDERSON, Elijah. 1999. *Code of the Street. Decency, Violence, and the Moral Life of the Inner City*. New York: W. W. Norton & Company.

ANDERSON, Nels. 1923. *The Hobo. The Sociology of the Homeless Man*. Chicago: University of Chicago Press.

APPADURAI, Arjun. 1996. *Modernity at Large. Cultural Dimensions of Globalization*. Minneapolis: University of Minnesota Press.

ARBACI, Sonia. 2008. «Hacia la construcción de un discurso sobre la inmigración en las ciudades del sur de Europa. La política urbanística y de vivienda como mecanismos estructurales de marginación étnica residencial». *ACE. Arquitectura, Ciudad y Entorno* 8, n.º 3: 11-38. https://doi.org/10.5821/ace.v3i8.2455.

ARDELAN, Nader y Laleh BAKHTIAR. 1973. *A Sense of Unity. Persian Architecture*. Chicago: University of Chicago Press.

ARENALES, Alba. 2016. «Identidad, espacio y formas de acción: Un análisis del movimiento de Gamonal, Burgos». En *Barrios corsarios. Memoria histórica, luchas urbanas y cambio social en los márgenes de la ciudad neoliberal*, editado por Giuseppe Aricó, José A. Mansilla y Marco Luca Stanchieri, 117-134. Barcelona: Pol-len edicions.

ARICÓ, Giuseppe, José A. MANSILLA y Marco Luca STANCHIERI. 2016. «Desentrañando la periferia urbana. Espacio, tiempo y rasgos de los espacios corsarios». En *Barrios corsarios. Memoria histórica, luchas urbanas y cambio social en los márgenes de la ciudad neoliberal*, editado por Giuseppe Aricó, José A. Mansilla y Marco Luca Stanchieri, 17-36. Barcelona: Pol-len edicions.

ARIS ESCARCENA, Juan Pablo. 2024. «Paisajes globales: nuevas perspectivas para la investigación en el campo de las migraciones». En *De Andalucía a los paisajes globales. Homenaje a la obra de Emma Martín Díaz*, editado por Juan Pablo Aris Escarcena, 215-232. Madrid: Catarata.

ASCENSÃO, Eduardo. 2015. «The Slum Multiple: a Cyborg Micro-history of an Informal Settlement in Lisbon». *International Journal of Urban and Regional Research* 39, n.º 5: 948-64. https://doi.org/10.1111/1468-2427.12301.

AYUSO, Anna y Gemma PINYOL. 2010. *Inmigración Latinoamericana en España. El estado de la investigación*. Barcelona: Fundació CIDOB.

BACHELARD, Gaston. 1957. *La Poétique de l'espace*. Paris: Les Presses universitaires de France.

BADE, Klaus J. 2003. *Migration in European History*. Oxford: Blackwell.

BARTH, Fredrik. 1969. *Ethnic Groups and Boundaries. The Social Organization of Culture Difference*. Oslo: Universitetsforlaget.

BASCOM, William R. 1955. «Urbanization among the Yoruba». *American Journal of Sociology* 60: 446-454. https://doi.org/10.1086/221604.

BATALHA, Luís. 2008. «Cabo-verdianos em Portugal: "comunidade" e "identidade"». En *Comunidade(s) cabo-verdiana(s): as múltiplas faces da imigração cabo-verdiana*, editado por Pedro Góis, 25-36. Lisboa: ACIDI.

BAUER, Luis. 2010. «Transformaciones urbanas y de la estructura social de un barrio de la ciudad de Buenos Aires». *Economía, Sociedad y Territorio* X, n.º 33: 283-325. https://doi.org/10.22136/est002010140.

BEAVERSTOCK, Jonathan V. 2005. «Transnational Elites in the City: British Highly-Skilled Inter-Company Transferees in New York City's Financial District». *Journal of Ethnic and Migration Studies* 31, n.º 2: 245-268. https://doi.org/10.1080/1369183042000339918.

BÉJAR, Héctor y Magno Antenor ÁLVAREZ. 2010. «Las polladas: una estrategia de sobrevivencia en época de crisis económica y política. Lima, 1980-2003». *Investigaciones Sociales* 14, n.º 24: 259-283. https://doi.org/10.15381/is.v14i24.7301

BELLET SANFELIU, Carmen. 2013. «¿De lo glocal a lo globanal? Las ciudades intermedias en los tiempos de la globalización». En *Metamorfosis urbanas. Ciudades españolas en la dinámica global*, editado por Josepa Cucó i Giner, 23-50. Barcelona: Icaria, Institut Català d'Antropologia.

BERG, Mette Louise y Nando SIGONA. 2013. «Ethnography, Diversity and Urban Space». *Identities: Global Studies in Culture and Power* 20, n.º 4: 347-360. https://doi.org/10.1080/1070289X.2013.822382.

BERMAN, Marshall. 1982. *All That Is Solid Melts into Air: the Experience of Modernity*. New York: Penguin Books.

BESTOR, Theodore C. 1989. *Neighborhood Tokyo, Studies of the East Asian Institute, Columbia University*. Stanford: Stanford University Press.

BESTOR, Theodore C. 2004. *Tsukiji: The Fish Market at the Center of The World. California Studies in Food and Culture*. Berkeley: University of California Press.

BLAIR, Katherine D. 1983. *4 Villages: Architecture in Nepal*. Los Angeles: Craft and Folk Art Museum.

BLUNT, Alison y Robyn DOWLING. 2006. *Home*. Oxon: Routledge.

BLUNT, Alison y Olivia SHERINGHAM. 2019. «Home-City Geographies: Urban Dwelling and Mobility». *Progress in Human Geography* 43, n.º 5: 815-834. https://doi.org/10.1177/0309132518786590.

BORJA, Jordi. 2013. «Barcelona y su relación con otras ciudades. Bilbao, Monterrey, Río de Janeiro y Buenos Aires». En *Metamorfosis urbanas. Ciudades españolas en la dinámica global*, editado por Josepa Cucó i Giner, 51-79. Barcelona: Icaria, Institut Català d'Antropologia.

BOURDIEU, Pierre. 1970. «The Berber house or the world reversed». *Social Science Information* 9, n.º 2: 151-170. https://doi.org/10.1177/053901847000900213.

BOURDIEU, Pierre. 1972. *Esquisse d'une theorie de la pratique*. Genève: Droz.

BOURDIEU, Pierre. 1981. «La représéntation politique. Élements pour une théorie du champ politique». *Actes de la recherche en sciences sociales* 36-37: 3-24.

Bourgois, Philippe I. 1995. *In Search of Respect: Selling Crack in El Barrio. Structural Analysis in the Social Sciences*. Cambridge and New York: Cambridge University Press.

Boy, Martín, Juliana Marcús y Mariano D. Perelman. 2015. «La ciudad y el encuentro de la diferencia. Adultos que viven en la calle y mujeres que habitan en hoteles-pensión. Ciudad de Buenos Aires, 2007-2011». *Estudios demográficos y urbanos* 30, n.º 2: 369-404.https://doi. org/10.24201/edu.v30i2.1478.

Boyd, Michelle R. 2008. *Jim Crow Nostalgia: Reconstructing Race in Bronzeville*. Minneapolis: University of Minnesota Press.

Brenner, Neil y Nik Theodore. 2002. «Cities and the Geographies of "Actually Existing Neoliberalism"». En*Spaces of Neoliberalism: Urban Restructuring in North America and Western Europe*, editado por Neil Brenner y Nik Theodore, 2-32. Oxford: Blackwell.

Burawoy, Michael, ed. 2000. *Global Ethnography: Forces, Connections, and Imaginations in a Postmodern World*. Berkeley: University of California Press.

Burgess, Jacquelin y John R. Gold. 1982. «On the Significance of Valued Environments». En *Valued Environments*, editado por John R. Gold y Jacquelin Burgess, 1-9. Boston: Allen and Unwin.

Butler, Judith. 2009. *Frames of War: When Is Life Grievable?* London and New York: Verso.

Buttimer, Anne y David Seamon, eds. 1980.*The Human Experience of Space and Place*. London: Croom Helm.

Caldeira, Teresa. (2000) 2007.*Ciudad de muros*. Barcelona: Gedisa.

Câmara Municipal da Amadora. 2002. *Plano de Pormenor do Bairro do Alto da Cova da Moura. Estudo prévio*. Policopiado.

Canales, Alejandro y Christian Zlolniski. 2001. «Comunidades transnacionales y migración en la era de la globalización». Comunicación presentada en *La migración internacional y el desarrollo en las Américas. Simposio sobre migración internacional en las Américas*, CEPAL-ECLAC, San José.

Canevaro, Santiago. 2008. «Migración, crisis y permanencia de la migración peruana en Buenos Aires. Trayectorias laborales e identidades sociales de mujeres en el servicio doméstico». Comunicación presentada en el IX *Congreso Argentino de Antropología Social, Facultad de Humanidades y Ciencias Sociales, Universidad Nacional de Misiones*, Posadas.

Capel, Horacio. 1997. «Los inmigrantes en la ciudad. Crecimiento económico, innovación y conflicto social». *Scripta Nova. Revista Electrónica de Geografía y Ciencias Sociales* 3.

Capel, Horacio. 2002. «Las políticas de atención a las necesidades de los inmigrantes extranjeros de escasos recursos». *Scripta Nova. Revista Electrónica de Geografía y Ciencias Sociales* 117.

Carita, Cristina y Vasco Nuno Rosendo. 1993. «Associativismo cabo-verdiano em Portugal. Estudo de caso da Associação Cabo-verdiana em Lisboa». *Sociologia. Problemas e práticas* 13: 135-152.

Carman, María. 2005. «El barrio del Abasto, o la invención de un lugar noble». *Runa* xxv: 79-96. https://doi.org/10.34096/runa.v25i1.1256.

Carman, María. 2006. *Las trampas de la cultura. Los intrusos y los nuevos usos del barrio de Gardel*. Buenos Aires: Paidós.

Carr, Stephen, Mark Francis, Leanne G. Rivlin y Andrew M. Stone. 1993. *Public Space*. New York: Cambridge University Press.

Casgrain, Antoine y Michael Janoschka. 2013. «Gentrificación y resistencia en las ciudades latinoamericanas. El ejemplo de Santiago de Chile». *Andamios. Revista de Investigación Social* 10, n.º 22: 19-44. https://doi.org/10.29092/uacm.v10i22.265.

Castellani, Simone.2024. «El papel de la naturalización en la inserción sociocultural de las y los descendientes de inmigrantes ecuatorianos en España e Italia». En *De Andalucía a los paisajes globales. Homenaje a la obra de Emma Martín Díaz*, editado por Juan Pablo Aris Escarcena, 185-213. Madrid: Catarata.

CASTELLS, Manuel. 1974. *Movimientos sociales urbanos*. Madrid: Siglo XXI.

CASTELLS, Manuel. 1977. *The Urban Question: A Marxist Approach*. London: Edgard Arnold.

CASTELLS, Manuel. 1981. *Capital multinacional, estados nacionales, comunidades locales*. Ciudad de México: Siglo XXI.

CASTELLS, Manuel. 1996. *La sociedad red. La era de la información*, vol. 1. Madrid: Alianza Editorial.

CASTELLS, Manuel. 2003. *El poder de la identidad. La era de la información*, vol. 2. Madrid: Alianza Editorial.

CASTLES, Steven. 2010. «Understanding Global Migration: a Social Transformation Perspective». *Journal of Ethnic and Migration Studies* 36, n.º 10: 1565-1586. https://doi.org/10.1080/1369183X.2010.489381.

Centro Social do Bairro 6 de Maio. 2003. *Do Outro Lado da Linha*. Amadora: Tipografia Peres.

CERRUTTI, Marcela. 2005. «La migración peruana a la Ciudad de Buenos Aires: su evolución y características». *Población de Buenos Aires* 2, n.º 2: 7-28.

CERRUTTI, Marcela. 2012. «Derechos Sociales, Mercado de Trabajo y Migración Internacional en Argentina». Informe elaborado para el *Informe Nacional sobre Desarrollo Humano 2013 del PNUD Argentina*, Buenos Aires.

CERRUTTI, Marcela y Alicia MAGUID. 2007. «Inserción laboral e ingresos de los migrantes de países limítrofes y peruanos en el gran Buenos Aires». *Notas de población* 83: 75-98.

CLARK, Eric. 2005. «The Order and Simplicity of Gentrification: a Political Challenge». En *Gentrification in a Global Context: The New Urban Colonialism*, editado por Rowland Atkinson y Gary Bridge, 256-264. Londres: Routledge.

CLARKE, Nick. 2005. «Detailing Transnational Lives of the Middle: British Working Holiday Makers in Australia». *Journal of Ethnic and Migration Studies* 31, n.º 2: 307-322. https://doi.org/10.1080/1369183042000339945.

CLIFFORD, James. 1997. *Routes: Travel and Translation in the Late Twentieth Century*. Cambridge: Harvard University Press.

Colectivo Ioé. 1987. «Los inmigrantes en España». *Documentación social: Revista de estudios sociales y de sociología aplicada* 66.

Colectivo Ioé. 2006. *Inmigración y vivienda en España*. Madrid: Ministerio de Trabajo y Asuntos Sociales.

COLLINS, Francis L. 2019. «Transnational Urbanism». *The Wiley Blackwell Encyclopedia of Urban and Regional Studies* 1-5. https://doi.org/10.1002/9781118568446.eurs0346.

COLSON, Elizabeth. 1960. *Social Organization of the Gwembe Tonga*. Manchester: Manchester University Press.

Comissão de Bairro Alto da Cova da Moura. 2006. *Proposta de critérios para a qualificação do espaço urbano do bairro do Alto Cova da Moura*. Amadora: Comissão de Bairro Alto da Cova da Moura.

CONRADSON, David y Alan LATHAM. 2005. «Friendship, Networks and Transnationality in a World City: Antipodean Transmigrants in London». *Journal of Ethnic and Migration Studies* 31, n.º 2: 287-305. https://doi.org/10.1080/1369183042000339936.

COX, Kevin, ed. 1997. *Spaces of Globalization: Reasserting the Power of the Local*. Nueva York: Guildford Press.

CRESSEY, Paul G. 1932. *Taxi-Dance Hall*. Chicago: University of Chicago Press.

CRUCES, Francisco. 2003. «Etnografías sin final feliz. Sobre las condiciones de posibilidad del trabajo de campo urbano en contextos globalizados». *Disparidades. Revista de Antropología* 58, n.º 2, 161-178. https://doi.org/10.3989/rdtp.2003.v58.i2.154.

CRUCES, Francisco. 2007. *Símbolos en la ciudad. Lecturas de antropología urbana*. Madrid: UNED.

CUBEROS GALLARDO, Francisco José. 2011. «Diversidad cultural y legitimidad en el uso de los espacios públicos. El caso de las ligas latinas de San Jerónimo». En *Lugares, tiempos, memorias:*

la Antropología Ibérica en el siglo XXI, editado por Luis Díaz Viana, Óscar Fernández Álvarez y Pedro Tomé Martín, 607-615. León: Universidad de León.

CUBEROS GALLARDO, Francisco José. 2014a. «La identidad en juego: las ligas de fútbol como espacio-tiempo para la reproducción cultural entre inmigrantes». *Scripta Nova. Revista Electrónica de Geografía y Ciencias Sociales* XVIII, n.º 468.

CUBEROS GALLARDO, Francisco José. 2014b. «El Cerezo: inmigración y relaciones interétnicas en un barrio de Sevilla (España)». *Párrafos Geográficos* 13, n.º 2: 127-152.

CUBEROS GALLARDO, Francisco José. 2014c. «Ser latinos en Sevilla. La articulación de una identidad panétnica en el contexto migratorio». *Imagonautas: Revista Interdisciplinaria sobre Imaginarios Sociales* 4, n.º 1: 13-32.

CUBEROS GALLARDO, Francisco José. 2015. «Algo más que fútbol: sobre las ligas de inmigrantes en España». *GeocritiQ* 127.

CUBEROS GALLARDO, Francisco José. 2019. «El *djunta-mon* en la periferia de Lisboa: migración caboverdiana y comportamiento moral en un contexto de conflicto urbano». *Revista de Antropología Social* 28, n.º 1: 51-69. https://doi.org/10.5209/RASO.63766.

CUBEROS GALLARDO, Francisco José. 2020. «Ciudadanía, vecindad y derecho a la ciudad. Cova da Moura, Lisboa». *Bitácora Urbano Territorial* 30, n.º 3: 137-148. https://doi.org/10.15446/bitacora.v30n3.8248.

CUBEROS GALLARDO, Francisco José e Ibán DÍAZ PARRA. 2018. «Justicia socioespacial y disputa por los espacios centrales en el barrio del Abasto (Buenos Aires)». *Contexto: revista de la Facultad de Arquitectura Universidad Autónoma de Nuevo León* 12, n.º 16: 13-31.

CUBEROS GALLARDO, Francisco José y Emma MARTÍN DÍAZ. 2012. «Conflictos identitarios en los espacios públicos: las ligas deportivas latinas en la ciudad de Sevilla». *Revista de Ciencias Sociales UNAP* 28: 40-61.

CUCÓ I GINER, Josepa. 2013. «Poniendo a Valencia en el mapa global. Políticas, desarrollos urbanos y narrativas sobre la ciudad». En *Metamorfosis urbanas. Ciudades españolas en la dinámica global*, editado por Josepa Cucó i Giner, 157-179. Barcelona: Icaria, Institut Català d'Antropologia.

DALMAU I TORVÀ, Marc. 2016. «La pulverización de una colonia obrera: un barrio bajo atrapado en una zona alta». En *Barrios corsarios. Memoria histórica, luchas urbanas y cambio social en los márgenes de la ciudad neoliberal*, editado por Giuseppe Aricó, José A. Mansilla y Marco Luca Stanchieri, 77-100. Barcelona: Pol-len edicions.

DAVIS, Mike. 2006. *Planet of Slums*. London and New York: Verso.

DE CERTAU, Michel. 1988. *The Practice of Everyday Life*. Berkeley: University of California Press.

DE LANDA, Manuel. 2006. *A New Philosophy of Society*. London: Continuum.

DELGADO, Manuel. 1998. *Diversitat i integració. Lògica i dinàmica de les identitats a Catalunya*. Barcelona: Empuréis.

DELGADO, Manuel. 2011. *El espacio público como ideología*. Madrid: Catarata.

DENYER, Susan. 1978. *African Traditional Architecture*. London: Heinemann.

DÍAZ, Ibán y Beltrán ROCA. 2021. *El espacio en la teoría social. Una mirada multidisciplinar*. Valencia: Tirant lo Blanch.

DÍAZ Orueta, Fernando. 2013. «Sociedad, espacio y crisis en la ciudad neoliberal». En *Metamorfosis urbanas. Ciudades españolas en la dinámica global*, editado por Josepa Cucó i Giner, 81-107. Barcelona: Icaria, Institut Català d'Antropologia.

DIOP, Modou. 2022. «Acceso a la atención sanitaria mediante seguros de salud comunitarios entre migrantes de Senegal». *Gaceta Sanitaria* 36, n.º 5: 409-415. https://dx.doi.org/10.1016/j.gaceta.2021.11.007.

Dirección Nacional de Migraciones. 2010. «Patria Grande. Programa Nacional de Normalización Documentaria Migratoria». Informe estadístico, agosto 2010.

Dovey, Kim. 2010. *Becoming Places. Urbanism/Architecture/Identity/Power*. London and New York: Routledge.

Dovey, Kim y Redento B. Recio. 2024. «Inventraset Assemblages: The Spatial Logic of Informal Street Vending, Transport and Settlement». *Urban Studies 61*, n.º 12 : 2265-2289. https://doi.org/10.1177/00420980231223060.

Duminy, James. 2014. «Street Renaming, Symbolic Capital, and Resistance in Durban, South Africa». *Environment and Planning D: Society and Space*32, n.º 2: 310-328. https://doi.org/10.1068/d2112.

Duncan, James S. 1981. «From Container of Women to Status Symbol: The Impact of Social Structure on the Meaning of the House». En *Housing and identity: Cross-cultural Perspectives*, editado por James S. Duncan, 36-59. London: Croom Helm.

Duneier, Mitchell. 1982. *Slim's table: Race, Respectability and Masculinity*. Chicago: The University of Chicago Press.

Duneier, Mitchell. 1999. *Sidewalk*. New York: Farrar, Straus and Giroux.

Duneier, Mitchell. 2016. *Ghetto: The Invention of a Place, the History of an Idea*. New York: Farrar, Straus and Giroux.

Ehrkamp, Patricia. 2005. «Placing Identities: Transnational Practices and Local Attachments of Turkish Immigrants in Germany». *Journal of Ethnic and Migration Studies* 31, n.º 2: 345-364. https://doi.org/10.1080/1369183042000339963.

Epstein, Arnold L. 1992. *Scenes from African Urban Life: Collected Copperbelt Papers*. Edinburgh: Edinburgh University Press.

Faegre, Torvald. 1979. *Tents: Architecture of the Nomads*. Garden City, New York: Anchor Press.

Fava, Ricardo. 2014. «La clase media, entre la historia y la cultura. Representaciones sociales sobre los "vecinos" en el conflicto con los "ocupantes" durante la toma del Paque Indoamericano». En *Derecho a la ciudad y conflictos urbanos. La ocupación del Parque Indoamericano*, editado por María Cristina Cravino, 87-111. Buenos Aires: Universidad de Nacional General Sarmiento.

Fenster, Tovi. 1996. «Ethnicity and Identity in Planning and Development for Minority Groups». *Political Geography* 15, n.º 5: 405-418. https://doi.org/10.1016/0962-6298(95)00067-4.

Fenster, Tovi. 1998. «Ethnicity, Citizenship, Planning and Gender: the Case of Ethiopian Immigrant Women in Israel». *Gender, Place and Culture* 5, n.º 2: 177-189. https://doi.org/10.1080/09663699825278.

Foner, Nancy, Jan Rath, Jan W. Duyvendaky y Rogier van Reekum. 2014. *New York and Amsterdam: Immigration and the New Urban Landscape*. New York: New York University Press.

Fonseca, Maria Lucinda. 2009a. «Imigração, diversidade e novas paisagens étnicas e culturais». En *Portugal: percursos de interculturalidade*, editado por Mario Ferreira Lages y Artur Teodoro de Matos, 49-96. Lisboa: ACIDI.

Fonseca, Maria Lucinda. 2009b. «Housing conditions and immigrants' integration in Portugal: challenges and policies». En *Migrations: opportunity or threat? Housing and health in the integration of immigrants*, editado por António Vitorino. Lisboa: Fundação Calouste Gulbenkian, Principia.

Foucault, Michel. 1970. *The Order of Things: An Archaeology of the Human Sciences*. New York: Random House.

Foucault, Michel. 1975. *Discipline and Punish: The Birth of the Prison*. New York: Vintage Books.

Foucault, Michel. 1984. «Des espace autres». *Architecture, Mouvement, Continuite* 5: 46-49.

Freeman, Derek. 1958. «The Family System of the Iban of Borneo». En *The Developmental Cycle in Domestic Groups*, editado por Jack Goody, 15-52. Cambridge: Cambridge University Press.

Friesen, Wardlow, Laurence Murphy y Robin Kearns. 2005. «Spiced-up Sandringham: Indian Transnationalism and New Suburban Spaces in Auckland, New Zealand». *Journal of Ethnic and Migration Studies* 31, n.º 2: 385-401. https://doi.org/10.1080/1369183042000339981.

FURLONG, Andy, Andy BIGGART y Fred CARTMEL. 1996. «Neighborhoods, Opportunity Structures and Occupational Aspiration». *Sociology* 30, n.º 3: 551-65. https://doi.org/10.1177/003803 8596030003008.

GANS, Herbert J. 1962. *The Urban Villagers*. Nueva York: Free Press.

GARBIN, David. 2013. «The Visibility and Invisibility of Migrant Faith in the City: Diaspora Religion and the Politics of Emplacement of Afro-Christian Churches». *Journal of Ethnic and Migration Studies* 39, n.º 5: 677-96. https://doi.org/10.1080/1369183X.2013.756658.

GARCÉS, Alejandro. 2006. «Configuraciones espaciales de lo inmigrante: usos y apropiaciones de la ciudad». *Papeles del CEIC* 20: 1-34. https://doi.org/10.1387/pceic.12145.

GARCÍA, Eva y Jorge SEQUERA. 2013. «Gentrificación en centros urbanos: Aproximación comparada a las dinámicas de Madrid y Buenos Aires». *Quid 16*(3): 49-66.

GARCÍA Canclini, Néstor. 2001. *Culturas híbridas: Estrategias para entrar y salir de la modernidad*. Barcelona: Paidós.

GARCÍA, Sergio. 2013. «El privilegio del miedo (o cómo la estetización urbana y la seguridad ciudadana producen diferencias jerarquizadas)». En *Metamorfosis urbanas. Ciudades españolas en la dinámica global*, editado por Josepa Cucó i Giner, 331-351. Barcelona: Icaria, Institut Català d'Antropologia.

GIL, Javier y Jorge SEQUERA. 2022. «The Professionalization of Airbnb in Madrid: Far from a Collaborative Economy». *Current Issues in Tourism* 25, n.º 20: 3343-3362. https://doi.org/10 .1080/13683500.2020.1757628.

GLAZER, Nathan y Daniel Patrick MOYNIHAN. 1963. *Beyond the Melting Pot: the Negroes, Puerto Ricans, Jews, Italians and Irish of New York City*. Cambridge, Massachusetts: MIT Press.

GLICK-SCHILLER, Nina y Ayşe ÇAĞLAR. 2011. *Locating Migration: Rescaling Cities and Migrants*. Ithaca: Cornell University Press.

GÓIS, Pedro. 2008. «Entre Janus e Hydra de Lerna: as múltiplas faces dos cabo-verdianos em Portugal». En *Comunidade(s) cabo-verdiana(s): as múltiplas faces da imigração cabo-verdiana*, editado por Pedro Góis, 9-24. Lisboa: ACIDI.

GONICK, Sophie. 2024. «Migrants, Markets, Movements: Immigrants and Housing as Commodity and Right in Madrid». En *Research Handbook on Urban Sociology*, editado por Miguel A. Martínez, 428-443. Cheltenham: Elgar.

GONZÁLEZ, Sara. 2006. «Scalar Narratives in Bilbao: A Cultural Politics of Scales Approach to the Study of Urban Policy». *International Journal of Urban and Regional Research* 30, n.º 4: 836-857. https://doi.org/10.1111/j.1468-2427.2006.00693.x.

GOODY, Jack. 1958. «The Fission of Domestic Groups among the LoDagaba». En *The Developmental Cycle in Domestic Groups*, editado por Jack Goody, 53-91. Cambridge: Cambridge University Press.

GUERRA, François-Xavier. 1999. «El soberano y su reino: Reflexiones sobre la génesis del ciudadano en América Latina». En *Ciudadanía política y formación de las naciones: Perspectivas históricas de América Latina*, editado por Hilda Sábato, 33-61. Ciudad de México: El Colegio de México, Fondo de Cultura Económica.

GUIDONI, Enrico. 1978. *Primitive Architecture*. Milan: Electa Editore, Harry Abrams.

GUPTA, Akhil y James FERGUSON. 1997. *Culture, Power, Place: Explorations in Critical Anthropology*. Durham: Duke University Press.

GUPTA, Akhil y James FERGUSON. 2002. «Beyond "Culture": Space, Identity, and the Politics of Difference». En *The Anthropology of Globalization: A Reader*, editado por Jonathan Xavier Inda y Renato Rosaldo, 65-80. Oxford: Blackwell.

GURAK, Douglas y Fe CACES. 1998. «Redes migratorias y la formación de sistemas de migración». En *Cruzando fronteras. Migraciones en el sistema mundial*, editado por Graciela Malgesini, 75-110. Madrid: FUHEM-Icaria.

HALL, Suzanne M. 2015. «Migrant Urbanisms: Ordinary Cities and Everyday Resistance». *Sociology* 49, n.º 5: 853-869. https://doi.org/10.1177/0038038515586680.

HAMMEL, Eugene A. y Peter LASLETT. 1974. «Comparing Household Structure over Time and between Cultures». *Comparative Studies in Society and History* 16, n.º 1: 73-109. https://doi.org/10.1017/S0010417500007362.

HANNERZ, Ulf. 1974. «Ethnicity and Opportunity in Urban America». En *Urban Ethnicity*, editado por Abner Cohen, 37-76. London: Tavistock Publications.

HANNERZ, Ulf. (1980) 1986. *Exploración de la ciudad*. Ciudad de México: Fondo de Cultura Económica.

HARVEY, David. 1973. *Social Justice and the City*. Baltimore: John Hopkins University.

HARVEY, David. 1977. *Urbanismo y desigualdad social*. Madrid: Siglo XXI.

HARVEY, David. 1985. *The Urbanization of Capital: Studies in the History and Theory of Capitalist Urbanization*. Baltimore: Johns Hopkins University Press.

HARVEY, David. 1990. *La condición de la posmodernidad. Investigación sobre los orígenes del cambio cultural*. Buenos Aires: Amorrortu.

HARVEY, David. 2005. *A Brief History of Neoliberalism*. Oxford: Oxford University Press.

HARVEY, David. 2006. «The Political Economy of Public Space». En *The Politics of Public Space*, editado por Setha Low y Neil Smith, 17-34. New York and London: Routledge.

HARVEY, David. 2014. *Diecisiete contradicciones y el fin del capitalismo*. Madrid: Traficantes de Sueños.

HERNÁNDEZ, Perla I. y Ramos MONTALVO. 2022. «Simbolismo y nostalgia: ¿nueva casa o vida nueva? Arquitectura de remesas de Jackson Hall, EUA, a San Simeón, México». *Arquitextos* 25, n.º 33: 109-118. https://doi.org/10.31381/arquitextos33.1864.

HERZFELD, Michael. 2009. *Evicted from Eternity. The Restructuring of Modern Rome*. Chicago: University of Chicago Press.

HEUSE, Gisela. 2004. «La "recuperación" del barrio del abasto. Más allá del shopping y del negocio inmobiliario». *Revista Kairos* 11.

HIERNAUX, Daniel. 2007. «Los imaginarios urbanos: de la teoría y los aterrizajes en los estudios urbanos». *Revista EURE* XXXIII, n.º 99: 17-30. http://doi.org/10.4067/S0250-71612007000200003.

HUGH-JONES, Christine. 1979. *From the Milk River: Spatial and Temporal Processes in Northwest Amazonia*. Cambridge: Cambridge University Press.

INGOLD, Tim. 1995. «Building, Dwelling, Living: how Animals and People Make themselves at Home in the World». En *Shifting Contexts. Transformations in Anthropological Knowledge*, editado por Marilyn Strathern, 57-80. London: Routledge.

ISIN, Engin. 2000. «Introduction: Democracy, Citizenship and the City». En *Democracy, Citizenship and the Global City*, editado por Engin F. Isin, 1-21. Nueva York: Routledge.

IZQUIERDO ESCRIBANO, Antonio, Diego LÓPEZ DE LERA y Raquel MARTÍNEZ BUJÁN. 2002. «Los preferidos del siglo XXI: la inmigración latinoamericana en España». En *La inmigración en España: contextos y alternativas,* vol.2, editado por Francisco Javier García Castaño y Carolina Muriel López, 237-249. Granada: Universidad de Granada, Laboratorio de Estudios Interculturales.

IZQUIERDO ESCRIBANO, Antonio y Raquel MARTÍNEZ BUJÁN. 2003. «La inmigración en España en 2001». En *Inmigración, mercado de trabajo y protección social en España*, editado por Antonio Izquierdo, 99-182. Madrid: CES.

JACOBS, Jean. (1961) 1992. *The Death and Life of Great American Cities*. New York: Vintage.

JARRÍN MORÁN, Adriana, Dan RODRÍGUEZ GARCÍA y Javier DE LUCAS. 2012. «Los centros de internamiento para extranjeros en España: una evaluación crítica». *Revista CIDOB d'afers internacionals* 99: 201-220. http://dx.doi.org/10.2307/41762448.

JESSOP, Bob, Neil BRENNERL y MartinJONES. 2008. «Theorizing Sociospatial Relations». *Environment and Planning D: Society and Space* 26, n.º 3: 389-401. https://doi.org/10.1068/d9107.

JETT, Stephen C. y Virginia E. SPENCER. 1981. *Navajo Architecture*. Tucson: University of Arizona Press.

JOLY, Daniele. 1987. «Associations amongst the Pakistani Population in Britain». En *Immigrant Associations in Europe*, editado por John Rex, Daniele Joly y Czarina Wilpert, 62-85. Gower: Aldershot.

KING, Anthony D. 1980. «A Time for Space and a Space for Time: the Social Production of the Vacation House». En *Buildings and Society: Essays on the Social Development of the Built Environment*, editado por Anthony King, 193-227. London: Routledge & Kegan Paul.

KING, Anthony D. 1984.*The Bungalow*. London: Routledge.

KING, Anthony D. 1990. «Architecture, Capital and the Globalization of Culture». *Theory, Culture & Society* 7, n.º 2-3: 397-411. https://doi.org/10.1177/026327690007002023.

KING, Anthony D. 1997. «Excavating the Multicultural Suburb: Hidden Histories of the Bungalow». En *Visions of Suburbia*, editado por Roger Silverstone, 55-85. London: Routledge.

KING, Russell. 2000. «Southern Europe in the Changing Global Map of Migration». En*Eldorado or Forstress? Migration in Southern Europe*, editado por Russell King, 3-26. London: Palgrave Macmillan.

KLAPPER, Leora. 2015. «Chicken Parties and Other Ways the World's Poorest People Raise Money». *The Guardian*, 29 de enero de 2015.

KNAPP, Ronald G. 1989. *China's Vernacular Architecture: House Form and Culture*. Honolulu: University of Hawaii Press.

KOBI, Madlen. 2019. «Contours of an Urban Architectural Anthropology: Built Environment, Climate Control and Sociomaterial Practices in Winter in Chongqing (South-west China)». *Social Anthropology* 27, n.º 4: 689-704. https://doi.org/10.1111/1469-8676.12718.

KONG, Lily y Brenda S.A. YEOH. 2003. *The Politics of Landscapes in Singapore: Constructions of «Nation»*. Syracuse: Syracuse University Press.

KUPER, Hilda. 1972. «The Language ofSites in the Politics of Space». *American Anthropologist* 74, n.º 3:411-425. https://doi.org/10.1525/aa.1972.74.3.02a00130.

LAPENDA, Marina L. 2009. «Migrantes peruanos en la ciudad de Buenos Aires. configuración de espacio de vida y espacios vividos». Tesis de licenciatura, Universidad Nacional del Centro de la Provincia de Buenos Aires, Tandil.

LASLETT, Peter. 1972. «Introduction: the History of the Family». En *Household and Family in Past Time*, editado por Peter Laslett y Richard Wall, 1-89. Cambridge: Cambridge University Press.

LAW, Lisa. 2002. «Defying Disappearance: Cosmopolitan Public Spaces in Hong Kong». *Urban Studies* 39, n.º 9: 1625-1645. https://doi.org/10.1080/00420980220151691.

LAWRENCE, Denise L. y Setha M. LOW. 1990. «The Built Environment and Spatial Form». *Annual Review of Anthropology* 19, n.º 1: 453-505. https://doi.org/10.1146/annurev.an.19.100190.002321.

LAZAR, Sian. 2008. *El Alto, Rebel City. Self and Citizenship in Andean Bolivia*. Durham and London: Duke University Press.

LEDENEVA, Alena. 2008. «"Blat" and "Guanxi": Informal Practices in Russia and China». *Comparative Studies in Society and History* 50, n.º 1: 118-144.https://doi.org/10.1017/S0010417508000078.

LEES, Loretta.2016. «Gentrification, Race, and Ethnicity: Towards a Global Research Agenda? ». *City & Community*, 15, n.º 3: 208-214.https://doi.org/10.1111/cico.12185.

LEES, Loretta, Hyun Bang SHIN y Ernesto LÓPEZ-MORALES. 2016. *Planetary Gentrification*. Cambridge: Polity.

LEFEBVRE, Henri. (1970) 1972.*La revolución urbana*. Madrid: Alianza Editorial.

LEFEBVRE, Henri. (1974) 1991. *The Production of Space*. Oxford: Blackwell.

LEVI-STRAUSS, Claude. 1958. *Anthropologie Structurale*. Paris: Librairie Plon.

LEVITT, Peggy. 2001. *The Transnational Villagers*. Berkeley: University of California Press.

LEWIS, Oscar. 1965. «Further Observations on the Folk-urban Continuum and Urbanization with SpecialReference to Mexico City». En *The Study of Urbanization*, editado por Philip M. Hauser, y Leo F. Schnore, 491-503. Nueva York: John Willey & Sons.

LIEBOW, Elliot. 1967. *Tally's Corner: A Study of Negro Streetcorner Men*. Boston: Little, Brown & Company.

LOBO, Andréa de Souza. 2014. *Tão longe, tãoperto: famílias e «movimentos» na Ilha da Boa Vista de Cabo Verde*. Brasília: ABA Publicações.

LOJKINE, Jean. 1981. *El marxismo, el Estado y la cuestión urbana*. Ciudad de México: Siglo XXI.

LÓPEZ, Sarah Lynn. 2015. *The Remittance Landscape: Spaces of Migration in Rural Mexico and Urban USA*. Chicago: University of Chicago Press.

LOW, Setha M. 1999. «Introduction. Theorizing the City». En *Theorizing the city: the New Urban Anthropology Reader*, editado por Setha M. Low, 1-33. Piscataway: Rutgers University Press.

LOW, Setha M. 2000.*On the Plaza: The Politics of Public Space and Culture*. Austin: University of Texas Press.

LOW, Setha M. 2003. *Behind the Gates. Life, Security, and the Pursuit of Happiness in Fortress America*. New York: Routledge.

LOW, Setha M. 2019. «Introduction: Engaging the City and the Future». En *The Routledge Handbook of Anthropology and the City*, editado por Setha M. Low, 1-24. New York: Routledge.

LLOPIS, Ramón y Albert MONCUSÍ. 2005. «"El deporte une bastantísimo aquí": las ligas de fútbol de la Asociación de Latinoamericanos y Ecuatorianos Rumiñahui en Valencia». En *La migración ecuatoriana. Transnacionalismo, redes e identidades*, editado por Gioconda Herrera, María Cristina Carrillo y Alicia Torres, 494-512. Quito: FLACSO.

MA MUNG, Emmanuel. 1992. «L'expansion du commerce Éthnique: Asiatiques et Maghrébins dans la region parisienne». *Revue Européenne des Migrations Internationales*8, n.º 1: 39-60. https://doi.org/10.3406/remi.1992.1593.

MACHADO, Fernando Luís. 1994. «Luso-africanos em Portugal: nas margens da etnicidade». *Sociologia. Problemas e práticas* 16: 111-134.

MACHADO, Fernando Luís. 1999. «Imigrantes e estrutura social». *Sociologia. Problemas e práticas* 29: 51-76.

MALHEIROS, Jorge Macaísta e Maria Manuela FERREIRA MENDES. 2007. *Espaços e expressões de conflito e tensão entre autóctones, minorias migrantes e não migrantes na área metropolitana de Lisboa*. Lisboa: Alto Comissariado para a Imigração e Diálogo Intercultural.

MARCUS, George E. 1995. «Ethnography in/of the World Systems: the Emergence of Multi-sited Ethnography». *Annual Review of Anthropology* 24: 95-117. https://doi.org/10.1146/annurev.an.24.100195.000523.

MARCUS, George E. 2008. «El o los fines de la etnografía: del desorden de lo experimental al desorden de lo barroco». *Revista de Antropología Social* 17: 27-47. https://doi.org/10.5209/rev_RASO.2008.v17.9790.

MARLIÈRE, Éric. 2008. «Les "jeunes de cité": territoires et pratiques culturelles». *Ethnologie française* 38, n.º 4: 711-21.

MARQUES, Maria Margarida y Rui SANTOS. 2008.«Política, Estado social e participação dos imigrantes em contexto suburbano: Oeiras durante a década de 1990». En *Migrações e participação social. As associações e a construção da cidadania em contexto de diversidade. O caso de Oeiras*, editado por Maria Margarida Marques, Rui Santos y José Leitão, 47-83. Lisboa: Fim de século.

MARTÍN DÍAZ, Emma y Sebastián DE LA OBRA. 1998.*Repensando la ciudadanía*. Sevilla: Fundación El Monte.

MARTÍN DÍAZ, Emma, Ángeles CASTAÑO MADROÑAL, Assumpta SABUCO I CANTÓ y Francisco José CUBEROS GALLARDO. 2008. *El papel de las mujeres inmigrantes en el desarrollo de sus localidades de origen: el caso de las marroquíes y las ecuatorianas*. Madrid: Ministerio de Igualdad.

MARTÍN DÍAZ, Emma, Jorge BENÍTEZ MARTÍNEZ, Simone CASTELLANI y Francisco José CUBEROS GALLARDO. 2012a. *Vidas de ida y vuelta: inmigrantes latinoamericanos en Sevilla*. Sevilla: Universidad de Sevilla.

MARTÍN DÍAZ, Emma, Francisco José CUBEROS GALLARDO y Simone CASTELLANI. 2012b. «Latin American Immigration to Spain». *Cultural Studies* 26, n.º 2: 814-841. https://doi.org/10.10 80/09502386.2012.669774.

MARTÍNEZ, Miguel A. 2024a. «Introduction to the Research Handbook on Urban Sociology». En *Research Handbook on Urban Sociology*, editado por Miguel A. Martínez, 1-24. Cheltenham: Elgar.

MARTÍNEZ, Miguel A. 2024b. «Social and Critical Features of Urban Sociology». En *Research Handbook on Urban Sociology*, editado por Miguel A. Martínez, 26-49. Cheltenham: Elgar.

MARTINIELLO, Marco. 1998. *Salir de los guetos culturales*. Barcelona: Bellaterra.

MASSEY, Doreen. 1999. «On Space and the City». En*City Worlds*, editado por Doreen Massey, John Allen y Steve Pile, 157-175. London: Routledge.

MASSEY, Doreen. 2001. *Space, Place and Gender*. Minneapolis: University of Minneapolis Press.

MASSEY, Doreen. 2005. *For Space*. London: Sage.

MASSEY, Doreen. 2007. *World City*. Cambridge: Polity Press.

MASSEY, Doreen. 2011. «A Counterhegemonic Relationality of Place». En *Mobile Urbanism: City Policymaking in the Global Age*, editado por Eugene McCann, Kevin Ward, Alla Cochrane y Doreen Massey, 1-14. Minneapolis, MN: University of Minnesota Press.

MASSEY, Douglas S., Joaquin ARANGO, Graeme HUGO, Ali KOUAOUCI, Adela PELLEGRINO y J. Edward TAYLOR. 1993. «Theories of International Migration: A Review and Appaisal». *Population and Development Review* 19, n.º 3: 431-466.

MASSEY, Douglas S., Joaquin ARANGO, Graeme HUGO, Ali KOUAOUCI, Adela PELLEGRINO y J. Edward TAYLOR. 1998. *Worlds in Motion: Understanding International Migration at the End of the Millennium*. Oxford: Clarendon Press.

MAUSS, Marcel. (1904-1905) 1979. *Seasonal Variations of the Eskimo*. London: Routledge & Kegan Paul.

McCANN, Eugene, Kevin WARD, Alla COCHRANE y Doreen MASSEY, eds. 2011. *Mobile Urbanism: City Policymaking in the Global Age*. Minneapoli: University of Minnesota Press.

McFARLANE, Colin. 2011. «The City as Assemblage: Dwelling and Urban Space». *Environment and Planning D: Society and Space* 29, n.º 4: 649-671. https://doi.org/10.1068/d4710.

McGARRIGLE, Jennifer y Maria Lucinda FONSECA. 2019. «Urban Diversity, Inequality and Residential Processes: the Role of Immigration in the Sociospatial Organisation of the Lisbon Metropolitan Area». En *The Routledge Handbook on the Governance of Migration and Diversity in Cities*, editado por Tiziana Caponio, Peter Scholten y Ricard Zapata- Barrero, 313-328. New York: Routledge.

MEIER, Lars y Sybille FRANK. 2016. «Dwelling in Mobile Times: Places, Practices and Contestations». *Cultural Studies* 30, n.º 3: 362-375. https://doi.org/10.1080/09502386.2015.1113630.

MITCHELL, James C. 1956. *The Kalela Dance: Aspects of Social Relationships among Urban Africans in Northern Rhodesia*. Manchester: Manchester University Press.

MITCHELL, James C. 1974. «Perceptions of Ethnicity and Ethnic Behaviour: An Empirical Exploration». En *Urban Ethnicity*, editado por Abner Cohen, 1-35. London: Tavistock Publications.

MINER, Horace. 1953. *The Primitive City of Timbuctoo*. Princeton: Princeton University Press.

MOLINERO-GERBEAU, Yoan y Gennaro AVALLONE. 2020. «El trabajo ambulante: entre derecho a la ciudad y represión. El caso de la resistencia de los trabajadores senegaleses en la ciudad de Salerno». *Migraciones*, n.º 48: 21-50. https://doi.org/10.14422/mig.i48y2020.002

MOLLENKOPF, John HULL y ManuelCASTELLS. 1991. *Dual City: Restructuring New York*. New York: Russell Sage Foundation.

MONCUSÍ, Albert. 2007. «Segundas generaciones. ¿La inmigración como condición hereditaria?». *AIBR. Revista de Antropología Iberoamericana* 2, n.º 3: 459-487.

MONCUSÍ, Albert y Ramon LLOPIS. 2008. «"Más que todo, entre nosotros": Las ligas de integración de inmigrantes en Valencia». En *Actualidad en el deporte: investigación y aplicación*, editado por Luis Cantarero, Francisco Xavier Medina y Ricardo Sánchez, 91-106. Donostia: Ankulegi Antropologia Elkartea.

MORA, Miguel. 2007. «Cova da Moura: retratos del último gueto africano». *El País*, 23 de marzo de 2007.

MORAGA, Jorge. 2015. «La inmigración China en España. Capital social y estructuras de reciprocidad: "Jia" (familias), "Guanxi" (relaciones) y "Mianzi" (cara)». Tesis de doctorado, Universidad Complutense de Madrid.

MORGAN, Lewis H. (1881) 1965. *Houses and House-Life of the American Aborigines*. Chicago: University Chicago Press.

MOSER, Caroline. 1993. *Gender, Planning and Development: theory, practice and training*. London: Routledge.

MOULAERT, Frank, Arantxa RODRIGUEZy Erik SWYNGEDOUW, eds. 2003. *The Globalized City. Economic Restructuring and Social Polarization in European Cities*. Oxford: Oxford University Press.

MÜLLER, Juliane. 2008. «Las ligas ecuatorianas y bolivianas de fútbol en Madrid y Sevilla: ¿El surgimiento de un nicho económico y de un nuevo agente social?». Actas del XI Congreso de Antropología, Spain.

MÜLLER, Juliane. 2011. «La práctica del fútbol entre mujeres bolivianas en Sevilla. Redes sociales, trayectorias migratorias y relaciones de género». *ICONOS Revista de Ciencias Sociales* 41: 153-169. https://doi.org/10.17141/iconos.41.2011.408.

MUMFORD, Lewis. (1938) 1996. *The Culture of Cities*. San Diego, New York and London: Harcourt Brace.

OIM. 2008. *Perú: Estadísticas de la migración internacional de peruanos, 1990-2007*. Lima: Organización Internacional para las Migraciones.

OLIVER, Paul. 1987. *Dwellings: The House Across the World*. Austin: University of Texas Press.

ONG, Aihwa. 2011. «Worlding Cities, orthe Art of Being Global». En *Worlding Cities: Asian Experiments and the Art of Being Global*, editado por Ananya Roy y Aihwa Ong, 1-26. Oxford: Blackwell Publishing.

PALAZÓN FERRANDO, Salvador. 1993. «La emigración española a Latinoamérica (1946-1990). Reanudación y crisis de un flujo secular». *Estudios Geográficos* 54, n.º 210: 97-128. https://doi.org/10.3989/egeogr.1993.i210.97.

PARELLA, Sonia y Leonardo CAVALCANTI. 2006. «Una aproximación cualitativa a las remesas de los inmigrantes peruanos y ecuatorianos en España y su impacto en los hogares transnacionales». *Revista Española de Investigaciones Sociológicas* 116: 241-257. https://doi.org/10.5477/cis/reis.116.241.

PARK, Robert E. (1925) 1999. «La ciudad: sugerencias para la investigación del comportamiento humano en el medio urbano». En *La ciudad y otros ensayos de ecología urbana*, editado por Robert E. Park, 49-83. Barcelona: Ediciones del Serbal.

PEDONE, Claudia. 2000. «Globalización y migraciones internacionales. Trayectorias y estrategias migratorias de ecuatorianos en Murcia, España». *Scripta Nova. Revista Electrónica de Geografía y Ciencias Sociales* 69 (49).

PEIXOTO, João. 2009. «A demografia da população imigrante em Portugal». En *Portugal: Percursos de Interculturalidade*, editado por Mário Ferreira Lages e Artur Teodoro de Matos, 1-47. Lisboa: Alto Comissariado para a Imigração e Diálogo Intercultural e Centro de Estudos dos Povos e Culturas.

PERELMAN, Mariano. 2019. «Precarious Labor, Inequality and Public Space. Trash Pickers and Ambulant Vendors in Buenos Aires, Argentina». En *The Routledge Handbook of Anthropology and the City*, editado por Setha Low, 41-54. New York: Routledge.

PÉREZ CARAMÉS, Antía. 2004. «Los residentes latinoamericanos en España: de la presencia diluida a la mayoritaria». *Papeles de Población* 10, n.º 41:259-295.

PIEDRASANTA, Ruth, coord. 2010. *Arquitectura de las Remesas. Proyecto de la red de centros culturales de la AECID*. Guatemala: Centro Cultural de España.

PILE, Steve. 1999. «What is a City?». En *City Worlds*, editado por Doreen Massey, John Allen y Steve Pile, 3-52. London: Routledge.

PIORE, Michael J. 1979. *Birds of Passage. Migrant Labor and Industrial Societies*. Cambridge: Cambridge University Press.

PIORE, Michael J. 1983. «El dualismo como respuesta al cambio y a la incertidumbre». En *El mercado de trabajo: Teorías y aplicaciones*, editado por Luis Toharia, 223-254. Madrid: Alianza Editorial.

PIRES, Rui Pena, M. José MARANHÃO, João P. QUINTELA, Fernando MONIZ y Manuel PISCO. 1987. *Os Retornados. Um Estudo Sociográfico*. Lisboa: Instituto de Estudos para o Desenvolvimento.

POLANYI, Karl. (1944) 2001. *The Great Transformation*. Boston: Beacon Press.

PORTES, Alejandro y Joseph DE WIND. 2006. *Repensando las migraciones: nuevas perspectivas teóricas y empíricas*. México: Secretaría de Gobernación, Instituto Nacional de Migraciones.

PRIOR, Lindsay. 1988. «The Architecture of the Hospital: A Study of Social Organisation and Medical Knowledge». *British Journal of Sociology* 39, n.º 1: 86-113. https://doi.org/10.2307/590995.

PUJADAS, Joan Josep. 1990. «Identidad étnica y asociacionismo en los barrios periféricos de Tarragona». En *Identidades colectivas. Etnicidad y sociabilidad en la Península Ibérica*, editado por Josepa Cucó y Joan Josep Pujadas, 307-323. Valencia: Generalitat Valenciana.

QUEIROLO Palmas, Luca y Andrea T. TORRE, eds. 2005. *Il fantasma delle bande. Genova e i latinos*. Genova: Frilli.

QUEIROZ DA COSTA, Carla Sofia. 2018. «Património Cultural Imaterial: Políticas patrimoniais, agentes e organizações. O processo de patrimonialização do Kola San Jon em Portugal». Tesis doctoral, FCSH, ISCTE-IUL.

RALPH, Laurence. 2014. *Renegade Dreams: Living Through Injury in Gangland Chicago*. Chicago: University of Chicago Press.

RAO, Ursula. 2019. «Incremental Gentrification. Upgrading and the Predicaments of Making (Indian) Cities Slum-free». En *The Routledge Handbook of Anthropology and the City*, editado por Setha Low, 214-227. New York: Routledge.

RECIO, Carolina y Mauro CERBINO. 2006. «Jóvenes "latinos" y medios de comunicación». En *Jóvenes latinos en Barcelona. Espacio público y cultura urbana*, editado por Carles Freixa, Laura Porzio y Carolina Recio, 165-184. Barcelona: Anthropos.

Redacción RPP. 2011. «Keiko Fujimori asegura que rifas y polladas financian su campaña». *La República*, 6 de enero de 2011.

RELPH, Edward. 1976. *Place and Placelessness*. London: Pion.

ROBINSON, Jennifer. 2002. «Global and World Cities: A View from off the Map». *International Journal of Urban and Regional Research* 26, n.º 3: 531-554. https://doi.org/10.1111/1468-2427.00397.

ROBINSON, Jennifer. 2006. *Ordinary Cities: Between Modernity and Development*. London: Routledge.

ROCHA-TRINDADE, Maria Beatriz. 1995. *Sociologia das Migrações*. Lisboa: Universidade Aberta.

RODRÍGUEZ, Arantxa.2013. «Regeneración urbana en Bilbao: ¿Una metamorfosis ejemplar?». En *Metamorfosis urbanas. Ciudades españolas en la dinámica global*, editado por Josepa Cucó i Giner, 229-257. Barcelona: Icaria, Institut Català d'Antropologia.

RODRÍGUEZ, Estela y Mariel ARAYA. 2003. «Buscando habitar la ciudad. El reto de la vivienda para las mujeres inmigradas en Madrid y Barcelona». *Scripta Nova. Revista Electrónica de Geografía y Ciencias Sociales* 146, n.º 62.

RODRÍGUEZ-CRUZ, Marta y Anastasia BERMÚDEZ TORRES. 2023. «Paisajes mediáticos». En *Migrascapes: paisajes étnicos, mediáticos y de ideas*, editado por Juan Pablo Aris Escarcena, Anastasia Bermúdez Torres, Simone Castellani, Francisco J. Cuberos Gallardo, Emma Martín Díaz y Marta Rodríguez-Cruz, 101-168. Madrid: Catarata.

RUIZ BALZOLA, Andrea. 2012. «La migración otavala: un caso de transnacionalismo precoz». *Cuadernos* n.º 4. Bilbao: Ikuspegi.

RUIZ BALZOLA, Andrea. 2014. «Entre la lógica transnacional y la lógica estatal: la migración de los kichwa otavalo». *Migraciones* 36: 343-367. https://doi.org/10.14422/mig.i36.y2014.004.

SAHLINS, Marshall. 1965.«On the Sociology of Primitive Exchange». En *The Relevance of Models for Social Anthropology*, editado por Michael Banton, 139-236. New York: Tavistock.

SALZBRUNN, Monika. 2011. «Rescaling Processes in Two "Global" Cities: Festive Events as Pathways of Migrant Incorporation». En *Locating Migration: Rescaling Cities and Migrants*, editado por Nina Glick Schiller y Ayşe Çağlar, 166-189. Ithaca and London: Cornell University Press.

SANDERCOCK, Leonie y Ann FORSYTH. 1996. «Feminist theory and planning theory». En*Readings in Planning Theory*, editado por Scott Campbell y Susan Fainstein, 471-474. Oxford: Blackwell.

SARDINHA, João. 2004. «O associativismo caboverdiano na Área Metropolitana de Lisboa e a inserção da comunidade caboverdiana na sociedade portuguesa». Comunicación presentada en VIII Congresso Luso-Afro-Brasileiro de Ciências Sociais. Coimbra, 16 al 18 de Septiembre.

SARDINHA, João. 2009. *Immigrant Associations, Integration and Identity: Angolan, Brazilian and Eastern European Communities in Portugal*. Amsterdam: Amsterdam University Press.

SARDO, Susana. 2013. «Etnomusicologia, música e ecologia dos saberes». *Música e cultura: revista da ABET* 8, n.º 1: 66-77.

SASSEN, Saskia.1991. *The Global City. New York, London, Tokyo*. Princeton: Princeton University Press.

SASSEN, Saskia. 2000. «The Global City: Strategic Site/New Frontier». En *Democracy, citizenship and the global city*, editado por Engin F. Isin, 48-61. Nueva York: Routledge.

SASSEN, Saskia. 2003. *Contrageografías de la globalización: género y ciudadanía en los circuitos transfonterizos*. Madrid: Traficantes de Sueños.

SASSONE, Susana. 2014. «Paisajes étnicos en las periferias urbanas latinoamericanas: sobre la construcción y mutación de espacios residenciales en Buenos Aires». En *Periferias, fronteras y diálogos. Actas del XIII Congreso de Antropología de la FAAEE*, editado por Universitat Rovira i Virgili, 1298-1321.Tarragona: Universitat Rovira i Virgili.

SCIORRA, Joseph. 1996. «Return to the Future: Puerto Rican Vernacular Architecture in New York City». En *Re-presenting the City: Ethnicity, Capital and Culture in the 21st Century Metropolis*, editado por Anthony D. King, 60-90. London: Macmillan.

SEAMON, David. 1979.*A Geography of the Lifeworld*. New York: St. Martin's.

SEAMON, David. 1989. «Humanistic and Phenomenological Advances in Environmental Design». *The Humanistic Psychologist* 17, n.º 3: 281-93. https://doi.org/10.1080/08873267.1989.997 6860.

SEAMON, David y Robert MUGERAUER. 1985. *Dwelling, Place and Environment: Towards a Phenomenology of Person and World*. Dordrecht: Martinus Nijhoff.

Serviço de Estrangeiros e Fronteiras.2013. *Relatório de Imigração, Fronteiras e Asilo, 2012*. Oeiras: Serviço de Estrangeiros e Fronteras.

SEGALEN, Martine. 1984. «Nuclear is not Independent: Organization of the Household in the Pays Bigouden Sud in the Nineteenth and Twentieth centuries». En *Households: Comparative and Historical Studies of the Domestic Group*, editado por Robert McC. Netting, Richard R. Wilk y Eric J. Amould, 163-216. Berkeley: University of California Press.

SENNETT, Richard. 2014. «El gueto judío de Venecia». En *El extranjero. Dos ensayos sobre el exilio*, editado por Richard Sennett, 11-63. Barcelona: Anagrama.

SENNETT, Richard. 2018. *Building and Dwelling. Ethics for the City*. New York: Farrar, Straus and Giroux.

SERFATY-GARÇON, Perla. 1985. «Experience and the Use of the Dwelling». En *Human Behavior and Environment*, vol. 8, editado por Irwin Altman y Carol M. Werner, 65-85. New York and London: Plenum Press.

SIMMEL, Georg. (1903) 1969. «The Metropolis and Mental Life». En *Classic Essays on the Culture of Cities*, editado por Richard Sennet, 47-60. Englewood Cliffs: Prentice Hall.

SIMMIE, James. 1974. *Citizens in Conflict: The Sociology of Town Planning*. London: Hutchinson Education.

SIMONE, AbdouMaliq. 2004. *For the City Yet to Come: Changing African Life in Four Cities*. Durham and London: Duke University Press.

SJOBERG. 1960. *The Preindustrial City*. Nueva York: Free Press.

SMETS, Peer y Marion DEN UYL. 2008. «The Complex Role of Ethnicity in Urban Mixing: A Study of Two Deprived Neighbourhoods in Amsterdam». *Urban Studies* 45, n.º 7: 1439-1460. https://doi.org/10.1177/0042098008090683.

SMITH, Michael P. 2001. *Transnational Urbanism: Locating Globalization*. Oxford: Blackwell.

SMITH, Michael P. 2005. «Transnational Urbanism Revisited». *Journal of Ethnic and Migration Studies* 31, n.º 2: 235-244. https://doi.org/10.1080/1369183042000339909.

SMITH, Michael P. y Joe R. FEAGIN. 1995. «Putting "Race" in its Place». En *The Bubbling Cauldron: Race, Ethnicity, and the Urban Crisis*, editado por Michael P. Smith y Joe R. Feagin, 3-27. Minneapolis: University of Minnesota Press.

SMITH, Michael P. y Luis E. GUARNIZO. 1998. *Transnationalism from Below*. New Brunswick: Transaction.

SOLOMON, Marla J. 1992. «"We Can Even Feel that We Are Poor, but We Have a Strong and Rich Spirit": Learning from the Lives and Organization of the Women of Tira Chapéu, Cape Verde». Tesis de doctorado, University of Massachusetts.

SOPRANZETTI, Claudio. 2019. «(Im)mobilizing Bangkok. Towards an Ethnography of Urban Circulation». En *The Routledge Handbook of Anthropology and the City*, editado por Setha Low, 113-125. New York: Routledge, 113-125.

SOW, Papa. 2005. «Formes et comportements d'épargne des Sénégalais et Gambiens de la Catalogne (Espagne)». *Geographie et Cultures* 56: 39-56. https://doi.org/10.4000/gc.8543.

STEIL, Justin y Jennifer RIDGLEY. 2012. «"Small-town defenders": the Production of Citizenship and Belonging in Hazleton, Pennsylvania». *Environment and Planning D: Society and Space* 30, n.º 6: 1028-1045. https://doi.org/10.1068/d0109.

STOLLER, Paul. 2002. *Money Has No Smell: The Africanization of New York City*. Chicago: University of Chicago Press.

STREBEL, Ignaz. 2011. «The Living Building. Towards a Geography of Maintenance Work». *Social & Cultural Geography* 12, n.º 3: 243-262. https://doi.org/10.1080/14649365.2011.564732.

STRÜVER, Anke. 2005. «Spheres of Transnationalism within the European Union: On Open Doors, Thresholds and Draw Bridges along the Dutch-German Border». *Journal of Ethnic and Migration Studies* 31, n.º 2: 323-343. https://doi.org/10.1080/1369183042000339954.

STRÜVER, Anke y Sybille BAURIEDL, eds. 2022. *Platformization of Urban Life. Towards a Technocapitalist Transformation of European Cities*. Bielefeld: Transcript Verlag.

SUTTLES, Gerald D. 1968. *The Social Order of the Slum*. Chicago: The University of Chicago Press.

SWYNGEDOUW, Erik. 2004. «Globalisation or "glocalisation"? Networks, Territories and Rescaling». *Cambridge Review of International Affairs* 17, n.º 1: 25-48. https://doi.org/10.1080/095575 7042000203632.

THRASHER, Federic. 1927. *The Gang*. Chicago: University of Chicago Press.

TORRES, Francisco. 2005. «Los espacios públicos en la ciudad multicultural: reflexiones sobre dos parques en Valencia». *Puntos de Vista. Cuadernos del Observatorio de las Migraciones y de la Convivencia Intercultural de la Ciudad de Madrid*, n.º 1: 33-49.

TORRES, Francisco. 2006. «La inserción urbana de los inmigrantes y su participación en la ciudad». En *La participación de los inmigrantes en el ámbito local*, editado por Carles Simó y Francisco Torres, 91-131. Valencia: Tirant lo Blanch.

TORRES, Francisco. 2008. «Los nuevos vecinos en la plaza. Inmigrantes, espacios y sociabilidad pública». *AIBR. Revista de Antropología Iberoamericana* 3, n.º 3: 366-397. https://doi.org/10.11156/aibr.030303.

TORRES, Francisco. 2011. *La inserción de los inmigrantes. Luces y sombras de un proceso*. Madrid: Talasa.

TORRES GUTIÉRREZ, Francisco José, Ventura GALERA NAVARRO, Víctor FERNÁNDEZ SALINAS, Federico BRIVIO, Juliette CHIOUA, Ibán DÍAZ PARRA, Núria FONT CASASECA, Felipe GARCÍA LEIVA y Alejandro GONZÁLEZ RODRÍGUEZ. 2011. *El distrito Macarena de Sevilla: migraciones recientes y transformaciones urbanas y sociales*. Sevilla: Dirección General de Coordinación de Políticas Migratorias, Consejería de Empleo, Junta de Andalucía.

TUAN, Yi-fu. 1974. *Topophilia: A Study of Environmental Perception, Attitudes, and Values*. Englewood Cliffs: Prentice-Hall.

UI, Shiori. 1991. «"Unlikely Heroes": The Evolution of Female Leadership in a Cambodian Ethnic Enclave». En *Ethnography Unbound: Power and Resistance in the Modern Metropolis*, editado por Michael Buroway, Alice Burton, Ann Arnett Ferguson y Kathryn J. Fox, 161-177. Berkeley and Los Angeles: University of California Press.

UITERMARK, Justus. 2003. «"Social Mixing" and the Management of Disadvantaged Neighbourhoods: the Dutch Policy of Urban Restructuring Revisited». *Urban Studies* 40, n.º 3: 531-549. https://doi.org/10.1080/0042098032000053905.

UNFPA. 2007. *Estado de la población mundial 2007. Liberar el potencial del crecimiento urbano*. Nueva York: Fondo de Población de las Naciones Unidas.

URRY, John. 2000. *Sociology Beyond Societies. Mobilities for the Twenty-First Century*. London: Routledge.

VAN DIJK, Rijk. 2011. «Cities and the Social Construction of Hot Spots: Rescaling, Ghanaian Migrants, and the Fragmentation of Urban Spaces». En *Locating Migration: Rescaling Cities and Migrants*, editado por Nina Glick Schiller y Ayşe Çağlar, 104-122. Ithaca and London: Cornell University Press.

VERKUYTEN, Maykel. 2005. *The Social Psychology of Ethnic Identity*. Hove: Psychology Press.

VOIGT-GRAF, Carmen. 2005. «The Construction of Transnational Spaces by Indian Migrants in Australia». *Journal of Ethnic and Migration Studies* 31, n.º 2: 365-384. https://doi.org/10.108 0/1369183042000339972.

WACQUANT, Loïc. 2004. «Las dos caras de un gueto. La construcción de un concepto sociológico». *Renglones, revista del ITESO* 56: 72-80.

WACQUANT, Loïc. 2011. «A Janus-Faced Institution of Ethnoracial Closure: A Sociological Specification of the Ghetto». En *The Ghetto: Contemporary Global Issues and Controversies*, editado por Ray Hutchison y Bruce Haynes, 1-31. Boulder: Westview Press.

WACQUANT, Löic. 2023. *Bourdieu in the City. Challenging Urban Theory*. Cambridge: Polity Press.

WEBBER, Richard. 2010. «Researching Behavioural Differences among Ethnic Minority Groups: The Case for Inferring Ethnicity on the Basis of People's Names». *International Journal of Market Research* 52, n.º 2: 191-215. https://doi.org/10.2501/S147078530920117X.

WEBER, Max. (1905) 1987. *La ciudad*. Madrid: La Piqueta.

WEBER, Rachel. 2002. «Extracting Value from the City: Neoliberalism and Urban Redevelopment». *Antipode* 34, n.º 3: 519-540. https://doi.org/10.1111/1467-8330.00253.

WEEKS, Samuel. 2013. «"As You Receive with One Hand, soShould you Give with the Other": the Mutual-Help Practices of Cape Verdeans on the Lisbon Periphery». Comunicación presentada en el Colóquio Internacional Cabo Verde e Guiné-Bissau: Percursos do saber e da Ciência, IICT, Instituto de Investigação Científica Tropical e ISCSP-UTL, Instituto Superior de Ciências Sociais e Políticas da Universidade Técnica de Lisboa, Lisboa.

WERBNER, Prina. 1998. «Diasporic Political Imaginaries: a Sphere of Freedom or a Sphere of Illusions?». *Communal/Plural* 6, n.º 1: 11-31.

WESSENDORF, Susanne. 2014. *Commonplace Diversity: Social Relations in a Super-diverse Context*. London: Palgrave Macmillan.

WHYTE, William Foote. 1943. *Street Corner Society. The Social Structure of an Italian Slum*. Chicago: The University of Chicago Press.

WILK, Richard R. y Robert McC. NETTING. 1984. «Households: Changing Forms and Functions». En *Households: Comparative and Historical Studies of the Domestic Group*, editado por Robert McC. Netting, Richard R. Wilk y Eric J. Amould, 1-28. Berkeley: University of California Press.

WINCHESTER, Hilary, Lily KONG y KevinDUNN. 2003. *Landscapes: Ways of Imagining the World*. Harlow: Pearson.

WIRTH, Louis. 1956. *The Guetto*. Chicago: University of Chicago Press.

WIRTH, Louis. (1938) 1969. «Urbanism as a Way of Life». En *Classic Essays on the Culture of Cities*, editado por Richard Sennet, 143-164. Englewood Cliffs: Prentice Hall.

WOLCH, Jennifer y Michael DEAR. 1988. *The Power of Geography*. London: Unwin Hyman.

WYMAN, Mark. 2005. «Emigrants Returning: the Evolution of a Tradition». En*Emigrant Homecomings: the Return Movement of Emigrants, 1600-2000*, editado por Marjory Harper, 16-31. Manchester: Manchester University Press.

YAN, Liping, Phil McMANUS y Elizabeth DUNCAN. 2018. «Understanding Ethnic Differences in Perceptions, Attitudes, and Behaviours: a Study of Domestic Water Use in Sydney». *Geographical Research* 56, n.º 1: 54-67. https://doi.org/10.1111/1745-5871.12244.

YEOH, Brenda S. A. y Katie WILLIS. 2005. «Singaporean and British Transmigrants in China and the Cultural Politics of "Contact Zones"». *Journal of Ethnic and Migration Studies* 31, n.º 2: 269-285. https://doi.org/10.1080/1369183042000339927.

YÚDICE, George. 2002. *El recurso de la cultura: usos de la cultura en la era global*. Barcelona, Gedisa.

ZUKIN, Sharon. 1991. *Landscapes of Power. From Detroit to Disney World*. Berkeley and Los Angeles: University of California Press.

ZUKIN, Sharon. 1995.*The Culture of Cities*. Cambridge and Oxford: Blackwell.

ZUKIN, Sharon. 2011. «Is There an Urban Sociology? Questions on a Field and a Vision». *Sociologica* 3: 1-17.